2주만에 자격증 취득을 위한
최종 마무리

정보보안
기사/산업기사
필기

저자 공병철 외 16인
감수 (사)한국인터넷정보학회, 정보보호연구회

2주완성
✓ 출제적중문제집

학습전략 / 2주 완성 학습 스케줄

❖ 학습전략

- 본 교재는 정보보안기사 및 산업기사 자격증 취득을 위한 최종마무리 단계에서 학습자에게 필요한 내용으로 작성되었습니다. 각 분야별 보안 최고전문가가 참여하여, 최신기출 경향분석을 통한 적중 예상 문제만을 엄선하였습니다.

- 자격증 취득을 위한 최종 단계로 모의고사 5회 500문제를 중심으로 최종점검을 하도록 합니다. 문제풀이 3회를 통해서 부족한 이론을 점검하고, 실전 모의고사 2회를 통해 2주간 최종 마무리하여 자격증 시험 합격을 위한 문제로 활용합니다.

❖ 2주 완성 학습 스케줄

일자	과목명	학습목표	학습	복습
1	출제적중문제 1회	1~3과목 문제풀이 및 해설공부	☐	☐
2	출제적중문제 1회	4~5과목 문제풀이 및 해설공부	☐	☐
3	출제적중문제 2회	1~3과목 문제풀이 및 해설공부	☐	☐
4	출제적중문제 2회	4~5과목 문제풀이 및 해설공부	☐	☐
5	출제적중문제 3회	1~3과목 문제풀이 및 해설공부	☐	☐
6	출제적중문제 3회	4~5과목 문제풀이 및 해설공부	☐	☐
7	출제적중문제 1~3회	틀린 문제풀이 및 해설공부	☐	☐
8	실전모의고사 1회	1~3과목 문제풀이 및 해설공부	☐	☐
9	실전모의고사 1회	4~5과목 문제풀이 및 해설공부	☐	☐
10	실전모의고사 2회	1~3과목 문제풀이 및 해설공부	☐	☐
11	실전모의고사 2회	4~5과목 문제풀이 및 해설공부	☐	☐
12	실전모의고사 1~2회	틀린 문제풀이 및 해설공부	☐	☐
13	출제적중문제 1~3회	틀린 문제 및 해설 이론 공부	☐	☐
14	모의고사 1~2회	틀린 문제 및 해설 이론 공부	☐	☐

발간사

정보보안산업기사는 정보보안 기사의 업무를 보조할 수 있는 기초 이론과 실무 능력 수행하며, 정보보안기사는 시스템 및 솔루션 개발, 운영 및 관리, 컨설팅 등의 전문 이론과 실무 능력을 기반으로 IT 기반시설 및 정보에 대한 체계적인 보안업무를 수행합니다.

또한, 정보시스템과 정보자산을 보호하기 위해 보안정책을 수립하고, 시스템에 대한 접근 및 운영을 통제하며, 침입 발생 시 신속히 탐지하여 즉각적으로 대응·복구하는 업무를 수행하고 있습니다.

정보보안(산업)기사 자격증을 취득하시려는 분들은 정보보안 기업, 안전진단 수행기관, 보안관제 전문업체, 군부대 등 공공기관, 기업의 정보보호업무로 취업을 준비하시는 사람들이 대부분입니다.

자격증 취득 후 정보보안전문가로 성장하기 위해서는 각종 운영체제(OS)와 H/W는 물론 네트워크, 프로그래밍, 암호, 데이터베이스 등 기술적 보안지식과 정보보호 조직, 위험관리, 침해사고 대응, 모의해킹, 정보보호 관련 법률 등 관리적 보안 지식 및 출입통제, 영상보안, 시설보안과 같은 물리적 보안 지식 등 다양한 영역에서 전문성을 두루 갖추는 것이 중요합니다.

한국정보보호심사원협회는 공공기관과 기업의 정보시스템에 대한 사이버위협으로부터 공동 예방 및 대응, 정보의 교류, 그밖에 공동의 사업을 수행함으로써 국내 정보보호심사원(ISMS, PIMS, PIPL)의 수준제고와 국내 정보보호의 저변 확대와 보급차원에서 심혈을 기울어 국가 경쟁력 강화 및 차세대 정보보안 인재양성에 기여하는데 목적으로 합니다.

본 협회 정보보안 교재 시리즈 3탄이 편찬되기까지 훌륭한 원고를 주신 집필위원님들의 노고에 감사를 드리며, 아울러 본 교재의 감수기관인 (사)한국인터넷정보학회 임원과 정보보호연구회 위원님들께도 깊은 감사를 드립니다.

KISCA 한국정보보호심사원협회 회장 공병철

정보보안기사 / 정보보안산업기사 시험정보

1. 수행직무
- 정보보안기사 : 시스템 및 솔루션 개발, 운영 및 관리, 컨설팅 등의 전문 이론과 실무 능력을 기반으로 IT 기반시설 및 정보에 대한 체계적인 보안업무 수행
- 정보보안산업기사 : 정보보안 기사의 업무를 보조할 수 있는 기초 이론과 실무 능력 수행

2. 시험과목 및 시험방법

- 정보보안기사

구분	시험과목	검정방법				
		문항수	배점	검정시간	문제유형	합격기준
필기시험	시스템 보안	20	100	각 과목 30분	4지 택일형	각 과목 40점 이상, 5과목 평균 60점 이상
	네트워크 보안	20	100			
	어플리케이션 보안	20	100			
	정보보안 일반	20	100			
	정보보안관리 및 법규	20	100			
실기시험	정보보안 실무	15	100	총180분	필답형	60점 이상

- 정보보안산업기사

구분	시험과목	검정방법				
		문항수	배점	검정시간	문제유형	합격기준
필기시험	시스템 보안	20	100	각 과목 30분	4지 택일형	각 과목 40점 이상, 4과목 평균 60점 이상
	네트워크 보안	20	100			
	어플리케이션 보안	20	100			
	정보보안 일반	20	100			
실기시험	정보보안 실무	15	100	총150분	필답형	60점 이상

3. 기타(자격검정 안내 및 문의사항)
한국인터넷진흥원(자격검정센터) https://kisq.or.kr (kisq@kisa.or.kr)

정보보안기사 / 정보보안산업기사 응시자 현황

❖ 자격검정 응시자 및 합격자 현황(KISA 2015.12.12 기준)

구분				응시자 수	합격자 수
2013년도	제1회	기사	필기	6,491	2,241
			실기	1,802	53
		산업기사	필기	973	272
			실기	221	103
	제2회	기사	필기	3,806	859
			실기	1,385	157
		산업기사	필기	833	180
			실기	215	46
2014년도	제3회	기사	필기	3,455	614
			실기	1,275	86
		산업기사	필기	926	209
			실기	231	49
	제4회	기사	필기	3,105	518
			실기	1,283	229
		산업기사	필기	928	312
			실기	325	38
2015년도	제5회	기사	필기	3,159	1,659
			실기	2,161	283
		산업기사	필기	860	258
			실기	340	112
	제6회	기사	필기	3,970	892
			실기	1,692	205
		산업기사	필기	961	298
			실기	330	140

정보보안기사 출제기준(필기)

| 직무분야 | 정보통신 | 중직무분야 | 정보기술 | 자격종목 | 정보보안기사 | 적용기간 | 2013.1.1. ~ 2016.12.31. |

직무내용 : 시스템과 응용 서버, 네트워크 장비 및 보안장비에 대한 전문지식과 운용기술을 갖추고 네트워크/어플리케이션 분야별 보안업무 및 보안정책수립과 보안대책 구현, 정보보호 관련 법규준수 여부를 판단하는 등의 업무 수행

필기과목명	문제수	주요항목	세부항목
시스템 보안	20	1. 운영체제	1. 운영체제 개요 2. 운영체제의 주요 구성기술 3. 운영체제 사례별 특징과 주요기능
		2. 클라이언트 보안	1. 윈도우 보안 2. 인터넷 활용 보안 3. 공개 해킹도구에 대한 이해와 대응 4. 도구활용 보안관리
		3. 서버보안	1. 인증과 접근통제 2. 보안관리 3. 서버보안용 S/W 설치 및 운영
네트워크 보안	20	1. 네트워크 일반	1. OSI 7 Layer 2. TCP/IP 일반 3. Unix/Windows 네트워크 서비스
		2. 네트워크 활용	1. IP Routing 2. 네트워크 장비 이해 3. 무선통신 4. 네트워크기반 프로그램 활용
		3. 네트워크 기반 공격 이해	1. 서비스 거부(Dos) 공격 2. 분산 서비스 거부 공격 3. 네트워크 스캐닝 4. IP spoofing, Session hijacking 5. 스피닝 및 암호화 프로토콜 6. 원격접속 및 공격
		4. 네트워크 장비 활용 보안 기술	1. 침입탐지시스템(IDS)의 이해 2. 침입 차단시스템(Firewall)의 이해 3. 가상사설망(VPN)의 이해 4. 라우터보안 설정 5. 각 장비의 로그 및 패킷 분석을 통한 공격방식의 이해 및 대처
		5. 네트워크 보안 동향	1. 최근 네트워크 침해사고 이해 2. 최근 네트워크 보안 솔루션

정보보안기사 출제기준(필기)

필기과목명	문제수	주요항목	세부항목
어플리케이션 보안	20	1. 인터넷 응용 보안	1. FTP 보안 2. MAIL 보안 3. Web 보안 4. DNS 보안 5. DB 보안
		2. 전자상거래 보안	1. 전자상거래 보안 2. 전자상거래 프로토콜 3. 전자상거래 응용보안
		3. 기타 어플리케이션 보안	1. 응용프로그램 보안개발방법 2. 보안기술
정보보안 일반	20	1. 보안요소 기술	1. 인증기술 2. 접근통제정책 3. 키분배 프로토콜 4. 전자서명과 공개키 기반 구조(PKI)
		2. 암호학	1. 암호 알고리즘 2. 해쉬함수와 응용
정보보안 관리 및 법규	20	1. 정보보호 관리	1. 정보보호관리 개념 2. 정보보호 정책 및 조직 3. 위험관리 4. 대책구현 및 운영 5. 업무연속성 관리 6. 관련 표준/지침
		2. 정보보호 관련 법규	1. 정보통신망 이용촉진 및 정보보호 등에 관한 법률 2. 정보통신기반 보호법 3. 정보통신산업 진흥법 4. 전자서명법 5. 개인정보보호법

정보보안산업기사 출제기준(필기)

| 직무분야 | 정보통신 | 중직무분야 | 정보기술 | 자격종목 | 정보보안산업기사 | 적용기간 | 2013.1.1. ~ 2016.12.31. |

직무내용 : 시스템과 응용 서버, 네트워크 장비 및 보안장비에 대한 전문지식과 운용기술을 갖추고 시스템/네트워크/어플리케이션 분야별 기초 보안업무를 수행

필기과목명	문제수	주요항목	세부항목
시스템 보안	20	1. 운영체제	1. 운영체제 개요 2. 운영체제의 주요 구성기술 3. 운영체제 사례별 특징과 주요기능
		2. 클라이언트 보안	1. 윈도우 보안 2. 인터넷 활용 보안 3. 공개 해킹도구에 대한 이해와 대응 4. 도구활용 보안관리
		3. 서버보안	1. 인증과 접근통제 2. 서버보안용 S/W 설치 및 운영
네트워크 보안	20	1. 네트워크 일반	1. OSI 7 Layer 2. TCP/IP 일반 3. Unix/Windows 네트워크 서비스
		2. 네트워크 활용	1. IP Routing 2. 네트워크 장비 이해 3. 네트워크기반 프로그램 활용
		3. 네트워크 기반 공격 이해	1. 서비스 거부(Dos) 공격 2. 분산 서비스 거부 공격 3. 네트워크 스캐닝 4. IP spoofing, Session hijacking 5. 스니핑 및 암호화 프로토콜 6. 원격접속 및 공격
		4. 네트워크 장비 활용 보안 기술	1. 침입탐지시스템(IDS)의 이해 2. 침입 차단시스템(Firewall)의 이해 3. 라우터보안 설정

정보보안산업기사 출제기준(필기)

필기과목명	문제수	주요항목	세부항목
어플리케이션 보안	20	1. 인터넷 응용 보안	1. FTP 보안 2. MAIL 보안 3. Web 보안 4. DNS 보안 5. DB 보안
		2. 전자상거래 보안	1. 전자상거래 보안 2. 전자상거래 프로토콜
정보보안 일반	20	1. 보안요소 기술	1. 인증기술 2. 접근통제정책 3. 키분배 프로토콜 4. 전자서명과 공개키 기반 구조(PKI)
		2. 암호학	1. 암호 알고리즘 2. 해쉬함수와 응용

정보보안 기사/산업기사 | 차례

정보보안 기사/산업기사 필기 출제적중문제 1회 — 11
　제1과목 시스템 보안 — 12
　제2과목 네트워크 보안 — 20
　제3과목 어플리케이션 보안 — 29
　제4과목 정보보안 일반 — 37
　제5과목 정보보안 관리 및 법규 — 45

정보보안 기사/산업기사 필기 출제적중문제 2회 — 55
　제1과목 시스템 보안 — 56
　제2과목 네트워크 보안 — 64
　제3과목 어플리케이션 보안 — 72
　제4과목 정보보안 일반 — 81
　제5과목 정보보안 관리 및 법규 — 88

정보보안 기사/산업기사 필기 출제적중문제 3회 — 97
　제1과목 시스템 보안 — 98
　제2과목 네트워크 보안 — 106
　제3과목 어플리케이션 보안 — 116
　제4과목 정보보안 일반 — 125
　제5과목 정보보안 관리 및 법규 — 134

정보보안 기사/산업기사 실전모의고사 1회 문제 — 144
　정보보안 기사/산업기사 실전모의고사 1회 정답 및 해설 — 175

정보보안 기사/산업기사 실전모의고사 2회 문제 — 188
　정보보안 기사/산업기사 실전모의고사 2회 정답 및 해설 — 220

제1과목 시스템 보안

001 유닉스 시스템의 세 가지 핵심 컴포넌트는 무엇인가?

① Kernel, Shell, File System
② Directories, Kernel, Files
③ OS, Kernel, Shell
④ Kernel, File System, OS

해 설
- 유닉스 시스템의 핵심은 3가지로 나누어볼 수 있다.
- Kernel : 유닉스 운영체제의 핵심으로, 메인 메모리에 상주하여 컴퓨터 자원을 관리한다. 커널의 기능은 메모리 관리, 프로세스 관리, 파일 관리, 입출력 관리, 프로세스간 상호 통신과 같은 여러 서브 시스템들로 나누어진다.
- Shell : Kernel과 사용자간의 인터페이스를 담당하며, 사용자 명령의 입출력을 수행하며, 프로그램을 실행시킨다.
- File System : Directories, Sub-Directories, File 등의 계층적인 트리구조를 제공한다. 하나의 File System은 Disk Label, Super Block, Inodes, Data Block 4개의 블록으로 구성된다.

[정답 ①]

002 프로세스는 상황과 조건에 따라 상태전이(State Transition)를 일으키는데 프로세스가 프로세서를 사용하여 실행할 준비가 되어 있는 준비(Ready)상태, 프로세스가 프로세서를 점유하여 실행되고 있는 실행(Run)상태 및 입출력 완료와 같이 어떤 사건이 발생하기를 기다리는 대기(Waiting)상태 등으로 나누어진다. 그러면 실행상태에서 준비상태로의 상태전이 과정을 무엇이라 하는가?

① 블록(Block)
② 디스패치(Dispatch)
③ 타이머 런아웃(Timer Runout)
④ 웨이크업(Wake Up)

해 설
- 타이머 런아웃(Timer Runout) : 실행상태에서 준비상태로 전이되는 과정으로 프로세스가 CPU를 계속 독점하여 사용하는 것을 막기 위해서, 주어진 시간 내에 끝나지 않으면, 운영체제가 CPU의 제어권을 해당 프로세스로부터 강제로 회수하여 프로세스의 상태가 준비상태로 바뀌는 것을 말한다.

[정답 ③]

003 내부단편화를 해결하기 위한 기법으로써 프로세스를 서로 다른 크기로 분할하며 메모리에 불연속적으로 할당하는 기법을 무엇이라 하는가?

① 페이징 기법
② 세그멘테이션 기법
③ 재배치 기법
④ 스와핑 기법

> **해설**
> - 세그멘테이션 기법은 페이징 기법에서 발생하는 내부단편화를 해결하기 위한 기법으로 프로세스를 서로 다른 크기로 분할하며 메모리에 불연속적으로 할당하는 기법이다. 이때 서로 다른 크기로 분할한 프로세스의 부분을 세그먼트라고 부른다.
> - 세그멘테이션 기법은 내부단편화를 해결할 수 있지만, 외부단편화가 발생할 수 있다.
>
> [정답 ②]

004 비선점(Non-Preemption)을 방지하는 방법으로 옳은 것은?

① 프로세스가 자기에 필요한 자원을 확보하기 위해서 해당 자원을 사용하고 있는 프로세스를 중단시킬 수 있어야 한다.
② 프로세스를 수행하기 전에 필요한 모든 자원을 한꺼번에 요청하고 할당받는다.
③ 자원의 최대 수와 사용 가능한 자원 수, 프로세스의 최대 요구 수를 이용하여 프로세스 자원 할당을 능동적으로 조종한다.
④ 모든 자원의 유형에 일련번호를 지정하여 프로세스 자원을 항상 오름차순으로 요청하도록 한다.

> **해설**
> - 비선점(Non-Preemption)을 방지하는 방법으로 프로세스가 자기에 필요한 자원을 확보하기 위해서 해당 자원을 사용하고 있는 프로세스를 중단시킬 수 있어야 한다.
>
> [정답 ①]

005 가상 메모리를 사용할 때 자주 사용하지 않는 주기억 장치의 내용을 가상 메모리로 옮기고, 자주 사용되는 가장 메모리 내용을 주기억 장치로 옮기는 것을 무엇이라고 하는가?

① 프레그맨테이션(fragmentation)
② 스왑(swap)
③ 세마포어(semaphore)
④ 뮤텍스(mutex)

> **해설**
> - 스왑 공간은 시스템에서 현재 프로세스를 처리하기에 충분한 물리적 메모리가 부족할 경우 가상 메모리 저장소로 사용한다.
>
> [정답 ②]

006 실행중인 프로세스가 참조하는 주소는 주기억장치의 실주소가 아닌 가상메모리의 가상주소이다. 실제로 프로세스는 주기억장치에서 실행되어야 하기 때문에 실행 시 자신이 참조하는 가상의 주소를 실 주소로 바꿔 주어야 하는데, 이를 무엇이라고 하는가?

① 스레싱(Thrashing)
② 워킹 셋(Working Set)
③ 사상(Mapping)
④ 페이징(Paging)

해 설
• 사상(Mapping)에는 동적주소전환(DAT:Dynamic Address Translation)과 블록사상(Block Mapping)이 있다.

[정답 ③]

007 윈도우 계정 정책 중 암호 정책 설정에 대한 설명으로 옳은 것을 고르시오.

① 암호의 복잡성 설정을 위한 규칙을 관리자가 지정해야 적용할 수 있다.
② 최소 암호 사용 기간은 기본 설정이 99999일로 사용자가 변경없이 사용할 수 있다.
③ 최소 암호 길이가 0으로 설정되어 있으면 암호 길이에 제한이 없다는 의미이다.
④ 최대 암호 사용 기간은 42일이 기본값이다.

해 설
• 암호의 복잡성은 사용 또는 사용 안함을 선택한다.
• 최소 암호 사용 기간 설정은 암호 정책 항목에 없다.
• 최소 암호 길이가 0인 경우는 암호를 사용하지 않는 다는 것을 의미한다.

[정답 ④]

008 윈도우 SAM(Security Account Manager) 파일에 대한 설명이다. 다음 중 옳지 않은 것은?

① SAM 파일은 사용자와 그룹 계정의 패스워드를 관리한다.
② LSA(Local Security Authority)를 통한 인증을 제공한다.
③ SAM 파일에 Administrator 및 System 그룹에는 모든권한, Everyone에게는 읽기권한만 부여하여야 한다.
④ SAM 파일은 %systemroot%\system32\config\에 위치한다.

해 설
• Administrator 및 System 그룹만 모든 권한을 설정하고 Everyone 등 나머지 그룹은 권한을 제거한다.

[정답 ③]

009 윈도우 방화벽의 인바운드 규칙 생성을 위해 새 인바운드 규칙을 추가 시 선택 가능한 규칙 종류가 아닌 것은?

① 프로그램
② 미리 정의됨
③ 포트
④ 서비스

해설
- 인바운드 규칙의 종류는 프로그램, 포트, 미리 정의됨, 사용자 지정 4가지가 있다.
  - 프로그램 : 윈도우에 설치된 프로그램별로 접근 권한을 설정한다.
  - 포트 : 포트 번호별로 접근 권한을 설정한다.
  - 미리 정의됨 : 미리 정의된 프로그램 또는 포트 번호별(서비스)로 접근 권한을 설정한다.
  - 사용자 지정 : 프로그램별로 특정 포트에 대한 접근 권한을 설정한다.

[정답 ④]

010 다음은 윈도우 운영체제 중 FAT32 파일 시스템에 대한 설명이다. 다음 내용 중 잘못된 내용을 고르시오.

① 윈도우 서버 2003 이상에서 33MB에서 2TB까지의 볼륨을 읽고 쓸 수 있다.
② 윈도우 서버 2003 이상에서 최대 64GB의 볼륨을 FAT32로 포맷할 수 있다.
③ 도메인을 지원하지 않는다.
④ 최대 파일 크기는 4GB 이다.

해설
- FAT32 파일 시스템은 최대 32GB의 볼륨을 FAT32로 포맷할 수 있다.

[정답 ②]

011 리눅스에서 파일과 디렉터리 생성 시 기본 권한에 대한 설명으로 틀린 것은 무엇인가?

① 리눅스에서 파일 생성 시 기본 권한은 umask 값에 의해 결정된다.
② 일반적으로 umask 값는 /etc/profile에서 설정한다.
③ 개별 계정에 대해 설정 시에는 /home 디렉터리의 .profile 파일에 설정한다.
④ bash 셸을 사용하는 경우에는 .bashrc에 설정한다.

해설
- 개별 계정에 대해 설정 시에는 /home 디렉터리 밑의 각 계정별 디렉터리의 .profile 파일에 설정해야 한다.

[정답 ③]

012 리눅스 관리자가 일반 계정 사용자의 패스워드를 관리하는 방법이다. 다음 중 틀린 것을 고르시오.

① # passwd -l (일반사용자 계정명) 명령을 통해 접속을 제한할 수 있고, shadow 파일의 암호화된 비밀번호 앞에 !!로 표시된다.
② # passwd -u (일반사용자 계정명) 명령을 통해 해당 계정의 기존 비밀번호로 다시 로그인을 허용할 수 있다
③ # passwd -d (일반사용자 계정명) 명령을 통해 로그인 시 사용자가 패스워드를 다시 설정 후 로그인한다.
④ # passwd -S (일반사용자 계정명) 명령을 통해 비밀번호에 적용된 암호화 방식을 알수 있다.

해 설
• passwd -d로 계정의 비밀번호(패스워드)를 삭제한 경우에는 어떠한 입력을 하더라도 로그인이 가능하다는 것을 의미한다.

[정답 ③]

013 비밀번호(Password)를 알아내기 위해 문자열의 조합을 통해 생성된 비밀번호를 이용한 공격은 무엇인가?

① 사전 공격(Dictionary Attack)
② 무작위 대입 공격(Brute-Force Attack)
③ 기지평문공격(Known Plaintext Attack)
④ 차분공격(Differential Attack)

해 설
• 무작위 대입 공격(Brute-Force Attack)은 비밀번호(Password)를 알아내기 위해 문자열의 조합을 통해 생성된 비밀번호를 이용한 공격이다.

[정답 ②]

014 유닉스/리눅스 서비스의 안전한 관리를 위해 조치해야 할 내용 중 틀린 것은?

① Finger(사용자정보 확인 서비스)를 통해서 네트워크 외부에서 해당 시스템에 등록된 사용자 정보를 확인할 수 있으므로, 사용하지 않는다면 해당 서비스를 중지하여야 한다.
② 일반 FTP 서비스의 Anonymous FTP 접속을 차단하기 위해서는 "/etc/passwd" 파일에서 ftp 또는 anonymous 계정을 삭제한다.
③ cron 파일의 권한이 잘못되어 있을 경우 불법적인 예약 파일 실행으로 시스템 피해를 일으킬 수 있기 때문에 cron.allow, cron.deny 파일 소유자가 root이고 권

한을 644 이하로 설정해야 한다.
④ NFS(Network File System) 서비스는 root 권한 획득 등 침해사고 위험성이 높으므로 사용하지 않는 경우 /etc/dfs/dfstab의 모든 공유 제거, NFS데몬 중지 및 시동 스크립트를 삭제해야 한다.

> **해설**
> • cron.allow, cron.deny 파일 권한을 644가 아니라 640 이하로 설정해야 한다.
>
> [정답 ③]

015 다음은 DNS 서비스에 대한 설명이다. 다음 중 틀린 것은?

① BIND는 BSD 기반의 유닉스 시스템을 위해 설계된 DNS로 서버와 resolver 라이브러리로 구성되어 있다.
② BIND 8.x는 BIND의 distribution을 Sendmail의 버전과 일치시키기 위해 사용하는 새로운 버전 번호로 BIND 4의 Production version에 비하여 안정성, 성능, 보안성 등이 향상되었다.
③ DNS Zone Transfer는 Primary Name Server와 Secondary Name Server 간에 Zone 정보를 일관성 있게 유지하기 위하여 사용하는 기능으로 Secondary Name Server로만 Zone 정보를 전송하도록 제한하여야 한다.
④ BIND 8.x에서 Zone Transfer를 제한적으로 허용하도록 named.boot 파일에 설정한다.

> **해설**
> • BIND 8.x에서 Zone Transfer 설정은 named.conf 파일에 설정한다.
>
> [정답 ④]

016 유닉스/리눅스 파일 및 디렉터리에 대한 설명으로 틀린 것은 어느 것인가?

① /etc/ftpusers는 특정 계정이 FTP 로그인 못하도록 설정하는 파일이다.
② /etc/rc.d/init.d는 시스템 로그에 대한 설정을 담은 파일이다.
③ /etc/hosts.equiv는 시스템에 대한 트러스트를 설정할 수 있는 파일이다.
④ /tmp는 임의의 사용자가 모두 사용할 수 있는 디렉터리이고 접근권한을 1777로 설정한다.

> **해설**
> • /etc/rc.d/init.d는 시스템을 부팅할 때의 설정 파일이다.
>
> [정답 ②]

017 유닉스/리눅스의 로그에 대한 설명이다. 다음 중 틀린 것을 고르시오.

① 솔라리스의 su log는 공격자가 일반 계정으로 로그인한 후 패스워드 추측 공격으로 권한 변경을 실패한 경우 '-'표시된다.
② 실행한 명령에 대한 history기록을 확인하는 방법은 history 명령어를 사용하거나 #cat .[셸 종류]_history 명령을 사용해서 확인할 수 있다.
③ 솔라리스에서 실패한 로그인 시도에 대한 로는 loginlog 파일을 생성하여 기록할 수 있다.
④ AIX에서 텔넷이나 FTP, 원격접속 등 인증과정을 거치는 로그를 secure 로그에 저장한다.

> **해 설**
> • 텔넷이나 FTP, 원격접속 등 인증과정을 거치는 로그를 저장하는 secure 로그는 Linux에만 사용된다.

[정답 ④]

018 다음은 리눅스의 /etc/shadow 파일에 test2 계정에 대한 비밀번호 설정 관련 설명이다. 이 중 틀린 것은?

```
test2:$6$mT97PFLu~(중간 생략)~sBaN37/f1:16814:0:99999:7:2::
          ①                                    ②        ③④
```

① 만일 다른 계정의 비밀번호가 test2와 동일하더라도 shadow 파일의 비밀번호 값은 동일하지 않다.
② 패스워드를 마지막으로 바꾼 날이 1971년 1월 1일로부터 며칠째의 날인지 나타내는 항목이다.
③ 패스워드가 만기가 되었음을 며칠 동안 사용자에게 계속 주의를 줄 것인지 나타내는 항목이다.
④ 패스워드가 만기가 되어서 계정 사용불가가 된지 며칠이나 되었는지 나타내는 항목이다.

> **해 설**
> • 패스워드를 마지막으로 바꾼 날은 1970년 1월 1일로부터 며칠째의 날인지 나타내는 항목이다. 16814의 경우 시작인 1970-01-01과 2016-01-14의 차일 일수이다.

[정답 ②]

019 유닉스/리눅스에서 chown 사용에 대한 설명이다. 이 중 맞는 것은?

① chmod test (파일명) : 파일의 소유 그룹은 test이다.
② chmod :test (파일명) : 파일의 소유자는 test이다.
③ chmod test1.test2 (파일명) : 파일의 소유 그룹은 test1이고 파일의 소유자는 test2이다.
④ chown -R test:test download --from=test1:test1 : download 디렉터리 하위에 소유그룹 및 소유자가 test1으로 되어 있는 모든 파일, 디렉터리의 소유 그룹 및 소유자를 test로 변경한다.

해 설
- chown 명령어는 chown [옵션][소유자]:[소유그룹][파일 또는 디렉터리] 이며 ":"대신에 "."도 사용 가능하다. 소유그룹을 특별히 지정하지않은 경우는 소유자를 의미한다.

[정답 ④]

020 리눅스에서 init 명령어에 대한 설명이다. 다음 중 틀린 것은?

① init 0 : 시스템 종료
② init 1 : 일반적인 쉘 기반의 인터페이스를 가진 다중 사용자 모드
③ init 5 : 기본적으로는 level 3과 같고 다른 점은 '그래픽 유저 모드'
④ init 6 : 시스템 재부팅

해 설
- 리눅스 init 명령어 init 1의 의미는 시스템 복원 단일 관리자 모드이다.

[정답 ②]

제2과목 네트워크 보안

021 다음은 OSI 7 Layer에 대한 설명이다. 옳지 않은 것은?

① 물리 계층은 물리적 통신 매체를 통하여 전달되는 구조화되지 않은 비트 스트림(bit stream)의 전송을 책임지며 허브나 스위치 장비를 사용한다.
② 데이터링크 계층은 데이터 전송을 위한 기능적이고 절차적인 수단을 제공하고 물리 계층에서 발생할 수 있는 오류 검출 및 수정을 담당한다.
③ 세션 계층은 상위 계층의 개체 간 대화(dialogue)를 맞추고 데이터 교환을 관리하는 논리적 연결(logical connection)을 확립하고 관리한다.
④ 표현 계층에서는 송신측 컴퓨터 내부에서 사용하는 형식으로 구성된 데이터를 전송하기에 적합한 형태로 인코딩(encoding)한 후 수신측 컴퓨터에서 인식할 수 있는 형태로 디코딩(decoding)하는 기능을 수행한다.

> **해설**
> • 물리 계층에서는 허브나 리피터 장비를 사용한다. 스위치 및 브리지 장비는 데이터링크 계층에서 사용한다.
>
> [정답 ①]

022 다음은 UDP 프로토콜에 대한 설명이다. 옳지 않은 것은?

① 비연결 지향성이고, 신뢰성을 보장하지 않는다.
② 대용량 스트리밍 서비스에 많이 사용되고, 온라인 게임 등에도 사용된다.
③ SNMP 프로토콜은 UDP 프로토콜의 대표적인 예이다.
④ 네트워크 트래픽의 혼잡을 최소화하기 위해 버퍼를 이용하여 전송하고, TCP 보다 빠르다.

> **해설**
> • 네트워크 트래픽의 혼잡을 최소화하기 위해 버퍼를 이용하여 전송하는 방식은 TCP 프로토콜이다. UDP 프로토콜은 일방향 전송이고, 오류/에러에 대한 체크를 하지 않기 때문에 TCP 프로토콜 전송 속도보다 빠르다.
>
> [정답 ④]

023 IP V.4와 IP V.6에 대한 설명으로 옳지 않은 것은?

① IP V.6에서는 플러그 앤드 플레이(Plug & Play) 기능이 생겨났다.
② IP V.4는 A, B, C, D 등 클래스 단위의 비순차적 할당이었으나, IP V.6는 네트워크 규모와 단말기 수에 따라 순차적으로 할당된다.
③ IP V.6는 이동성 모바일 IP 지원이 가능하다.
④ IP V.6는 사용할 수 있는 IP가 무제한이다.

> **해설**
> • IP V.6에서 사용할 수 있는 IP가 엄청 많지만, 무제한은 아니다.
>   (IP v.6의 IP수는 2의 128 제곱 개(43억×43억×43억×43억)개이고, IP v.4는 2의 32 제곱 개(43억 개))

[정답 ④]

024 아래사항은 IT 용어에 대한 설명이다. 다음 설명 중 옳지 않은 것은?

① SNMP 프로토콜은 네트워크 장비를 관리 감시하기 위한 목적으로 UDP 상에 정의된 응용 계층 표준 프로토콜이다. UDP 171, 172번 포트를 사용한다.
② NAT를 이용하는 이유는 대개 사설 네트워크에 속한 여러 개의 호스트가 하나의 공인 IP 주소를 사용하여 인터넷에 접속하기 위함이다.
③ OSPF(Open Shortest Path First)는 인터넷 프로토콜(IP) 네트워크를 위한 링크 스테이트 라우팅 프로토콜이다.
④ RIP 프로토콜은 경유하는 라우터의 대수(hop의 수량)에 따라 최단 경로를 동적으로 결정하는 거리 벡터 알고리즘을 사용한다.

> **해설**
> • SNMP는 UDP 161, 162번 포트를 사용한다.

[정답 ①]

025 IP주소 할당에 대한 다음 설명 중 옳지 않은 것은?

① DHCP(Dynamic Host Configuration Protocol)는 호스트 IP 구성 관리를 단순화하고, IP를 수동으로 할당하고 관리한다.
② BOOTP(bootstrap protocol) 하드 디스크를 갖지 않은 장치의 설정 정보를 자동적으로 할당, 관리하기 위해 개발된 통신 규약
③ BOOTP(bootstrap protocol)는 클라이언트가 자신의 IP 주소를 모를 경우, 역순 주소 결정 프로토콜(RARP)을 이용해서 IP 주소를 알아낸다.
④ DHCP는 네트워크 IP 관리 프로토콜인 BOOTP의 대안으로 사용된다. DHCP가 더욱 진보된 프로토콜이다.

> **해설**
> • DHCP 서버를 사용하여 IP 주소 및 관련된 기타 구성 세부 정보를 네트워크의 DHCP 사용 클라이언트에게 동적으로 할당하는 방법을 제공한다.
>
> [정답 ①]

026 다음 설명 중 옳지 않은 것은?

① ping은 특정한 사이트를 이용할 수 있는지를 검사하기 위한 프로그램이다. ICMP 프로토콜을 사용한다.
② VNC (Virtual Network Computing) 프로그램은 기본적으로 5900 포트를 사용하며, 가상 공간에서 악성코드를 분석하는 프로그램이다.
③ SFTP는 일반 FTP 접속 방식과 동일하지만, 신호 제어용 네트워크 포트가 21번이 아닌 22번을 사용한다는 점이 다르다.
④ FTP는 TCP/IP 네트워크 상에서 널리 알려져 있는 프로토콜로 TCP/IP상의 다른 종류의 컴퓨터와 파일 또는 문서를 교환할 수 있다.

> **해설**
> • VNC(Virtual Network Computing) 프로그램은 기본적으로 5900 포트를 사용하며, 원격접속 프로그램의 일종이다.
>
> [정답 ②]

027 다음 설명 중 옳지 않은 것은?

① 라우티드 프로토콜(Routed Protocol)은 IP, IPX, AppleTalk 등 호스트 간 통신을 위해 사용되는 프로토콜이다.
② 라우팅 프로토콜(Routing Protocol)은 RIP, EIGRP, OSPF 등 라우팅 알고리즘이라고도 하며, 라우터끼리 통신하는 프로토콜이다.
③ 디폴트 라우팅 설정 방법은 다음과 같다.
 - ip route 255.255.255 0.0.0.0 168.90.30.1
④ Router 동적 구성정보가 화면에 표시될 수 있도록 명령어는 'show config'이다.

> **해설**
> • 디폴트 라우팅 방법은 ip route 0.0.0.0 0.0.0.0 168.90.30.10이다.
>
> [정답 ③]

028 네트워크 토폴로지(망구성 방식)에 대한 설명이다. 이 중 버스형에 해당하는 것만 고르시오.

> 가. 공통 배선에 각 노드가 연결된 형태로, 특정 노드의 신호가 케이블 전체에 전달되는 방식이다.
> 나. 노드의 끝에는 터미네이터를 부착한다.
> 다. 한 방향을 순차적으로 통신하고, 신호 증폭이 가능하여 거리 제약이 적다.
> 라. 노드 수가 증가하면 트래픽이 증가하여 네트워크 성능이 저하된다.

① 가, 나
② 나, 다, 라
③ 가, 나, 라
④ 다, 라

해설
- 버스형(Bus) : 버스라는 공통 배선에 각 노드가 연결된 형태로, 특정 노드의 신호가 케이블 전체에 전달되는 방식이고, 노드의 끝에는 터미네이터를 부착한다. 터미네이터를 붙이는 목적은 신호를 흡수함으로써 그들이 다시 반향되지 않도록 하는데 있다.
- 이더넷 네트워크에는 버스 양단에 50 옴의 저항을 가진 터미네이터를 부착해야하며, SCSI 체인에는 체인의 맨 끝에 한 개의 터미네이터를 부착해야 한다.
- 드 수가 증가하면 트래픽이 증가하여 네트워크 성능이 저하된다.

[정답 ③]

029 다음은 무선랜 및 무선랜 보안에 대한 설명이다. 다음 설명 중 옳지 않은 것은?

① SSID를 숨김모드로 설정하여 허가되지 않은 사용자들의 접근을 제한하여야 한다.
② MAC을 사전에 등록하고 등록된 장비의 무선 접속을 허용한 경우, 공격자는 MAC 변조가 불가능하여 공격에 안전하다.
③ 무선 AP에서 고정 IP와 MAC을 매핑하여 사용하도록 설정하여 접근통제를 강화한다
④ WIPS(Wireless Intrusion Prevention System) 구축을 통해서 무선랜 침입을 탐지하고 차단할 수 있다.

해설
- 접속을 허용하는 사용자의 단말기 MAC을 사전에 등록하고 등록된 장비 접속을 허용한다. 하지만 무선랜에 대한 도청을 통해 인가된 무선단말장치의 번호를 수집 후 비인가된 장치의 MAC을 변조하여 접속을 시도하게 되는 위협이 존재하므로 추가적인 보안대책이 필요하다.

[정답 ②]

030 Dos 공격과 거리가 먼 것은?

① 시스템의 파괴공격
② 시스템 자원의 고갈
③ 네트워크 자원의 고갈
④ 사회공학적 공격

> **해설**
> • 사회공학적 공격 : 컴퓨터 보안에서 인간 상호 작용의 깊은 신뢰를 바탕으로 사람들을 속여 정상 보안 절차를 깨트리기 위한 비기술적 공격 방법이다.
>
> [정답 ④]

031 다음 DRDOS(Distributed Reflection Dos)설명 중 옳지 않은 것은?

① DRDOS는 악성봇을 이용하여 공격한다.
② DRDOS는 IP를 위조 한다.
③ DRDOS는 공격자 추적이 불가능 하다.
④ DRDOS는 TCP/IP의 취약점이다.

> **해설**
> • DRDOS의 특징은 다음과 같다.
>   – IP 우회(조작, 위조)
>   – 악성봇 불필요
>   – 공격자 추적 불가능
>   – 경유지 서버 목록 활용
>   – TCP/IP 취약점을 이용
>   – 공격 트래픽이 네트워크 경로를 타고 서버에서 패킷 전송
>
> [정답 ①]

032 다음 중 DDoS 공격 중 대응 방안으로 가장 올바르지 않은 것은?

① 인바운드 패킷을 필터링 한다.
② Null interface를 활용하여 공격 트래픽을 삭제한다.
③ 라우터 egress 필터링 기능을 적용한다.
④ 대역폭을 크게 증대한다.

> **해설**
> • 대역폭 증대도 방안으로 가능하나 일시적인 대응이 되고 실제 신속한 처리가 어려우므로 근본적인 해결책이 되지는 않는다.
>
> [정답 ④]

033 다음 중 nmap을 통해 획득할 수 없는 정보는 무엇인가?

① 시스템의 OS 버전정보
② 시스템에 설치되어 있는 응용 프로그램의 버전정보
③ OPEN PORT가 TCP/UDP 인지 여부에 대한 정보
④ OPEN PORT의 사용 권한 및 사용 프로그램

해설
- nmap의 옵션 및 탐지 유형은 다음과 같다.
  - 호스트 탐지 : 스캔대상의 컴퓨터들을 확인
  - 포트 스캔 : 하나 혹은 그 이상의 대상 컴퓨터의 open port 나열
  - 버전 탐지 : 응용 프로그램의 이름과 버전 정보를 확인
  - 운영체제 탐지 : 원격으로 운영체제와 네트워크 장치의 하드웨어 특성을 확인

[정답 ④]

034 IP Spoofing 공격의 대응방안으로 거리가 먼 것은?

① 외부에서 내부로 들어오는 IP Spoofing 패킷을 router에서 packet filtering한다.
② 내부에서 내부로 들어오는 IP Spoofing 패킷은 TCP wrapper, ssh 설치해서 운영한다.
③ 내부에서 내부로 들어오는 IP Spoofing 패킷은 rlogin 등 passwd 인증 과정을 사용한다.
④ 외부에서 내부로 들어오는 IP Spoofing 패킷은 F/W에서 차단한다.

해설
- 외부에서 내부로 들어오는 IP Spoofing 패킷은 F/W에서 차단하지 못한다. 공격자의 IP가 변조되는 경우에는 차단하기가 어렵다.

[정답 ④]

035 다음 설명하는 공격과 거리가 먼 툴(tool)은?

> 네트워크 상에서 자신이 아닌 다른 상대방들의 패킷 교환을 엿듣는 공격으로 웹호스팅, 인터넷 데이터센터(IDC) 등과 같이 여러 업체가 같은 네트워크를 공유하는 환경에서는 매우 위협적인 공격이 될 수 있다. 하나의 시스템이 공격당하게 되면 그 시스템을 이용하여 네트워크를 도청하게 되고, 다른 시스템의 사용자 ID와 비밀번호를 파악하는 것이 가능하다.

① Tcpdump
② Fragrouter
③ Dsniff

④ Armitage

> **해설**
> • 아미티지(Armitage)는 메타스플로잇(metasploit) 해킹툴을 GUI공격환경 제공 등으로 쉽게 사용할 수 있게 해주는 프로그램이다.
>
> [정답 ④]

036 다음 지문이 설명하는 공격은 어느 것인가?

> 공격 대상 컴퓨터에 헤더가 조작된 일련의 IP 패킷 조각(IP fragments)들을 전송함으로써 컴퓨터의 OS를 다운시키는 공격이다. 주로 MS 윈도나 리눅스 2.0.32와 2.1.63 이전 버전의 OS에 영향을 준다.

① UDP Flooding
② Smurf
③ Land Attack
④ Tear Drop

> **해설**
> • Teardrop은 Fragmentation의 취약점을 이용한 공격 방법이다. 정상적으로 패킷을 전송할 때 ip Fragmentation이 발생하면 패킷을 재 조립할 때 오프셋(offset)값을 더하게 됩니다. 하지만 공격자가 오프셋 값을 변형시켜 보내면 재조립 할 때 시스템이 오류를 일으켜 붕괴되거나 리부팅이 발생하게 됩니다. 따라서 저장되지 않은 데이터는 손실되게 된다. Teardrop 공격은 시스템에 손상을 주는 공격이 아니고 데이터를 손실시키기 위한 공격이다. 최근에는 시스템들이 거의 모두 패치되어 실효성이 없는 공격이다.
>
> [정답 ④]

037 방화벽에 대한 설명 중 가장 거리가 먼 것은?

① 일반적인 기본정책은 모든 트래픽을 차단하고 허용정책을 추가한다.
② 메일서버 운용시 SMTP 포트에 대해서는 인바운드, 아웃바운드 모든 트래픽을 허용한다.
③ 신뢰된 IP에서는 공격 트래픽이라도 허용이 되고, NAT 설정으로 IP를 효과적으로 사용 가능하다.
④ SSL 암호화 통신이라도 잘 알려진 XSS 공격패턴은 차단이 가능하다.

> **해설**
> • 방화벽은 XSS 공격패턴은 차단하는 기능은 없다.
>
> [정답 ④]

038. 홈페이지 웹서버 구축에 따른 방화벽 정책을 설정하려고 한다. 다음 중 가장 불필요한 정책은?

순번	출발지 IP	출발지 PORT	목적지 IP	목적지 PORT	프로토콜	행위
1	ANY	ANY	192.168.30.200	80	TCP	ACCEPT
2	192.168.30.50	ANY	192.168.30.200	21	TCP	ACCEPT
3	10.29.30.152	ANY	192.168.30.200	21	TCP	ACCEPT
4	10.55.0.2	ANY	192.168.30.200	22	TCP	ACCEPT
5	10.30.1.88	ANY	ANY	22	TCP	DENY
6	ANY	ANY	192.168.30.200	443	TCP	ACCEPT
7	ANY	ANY	ANY	ANY	ALL	DENY

① 2번 정책
② 3번 정책
③ 4번 정책
④ 5번 정책

해설
- 방화벽 정책은 정책번호 순서대로 적용이 된다. 7번 정책은 모든 트래픽을 차단하는 정책이다. 5번 정책과 상관없이 1~6번 정책중 허용되지 않은 모든 트래픽은 7번 정책에서 차단된다.

[정답 ④]

039. 다음 IDS 로그를 보고 판단한 결과 중 틀린 것은?

날짜	시간	출발지 IP	출발지 PORT	목적지 IP	목적지 PORT	프로토콜	탐지명
2016-01-15	16:44:01	10.44.1.40	5565	192.168.70.22	80	TCP	BruteForce
2016-01-15	16:44:06	10.44.1.40	5565	192.168.70.22	80	TCP	BruteForce
2016-01-15	16:44:11	10.44.1.40	5565	192.168.70.22	80	TCP	BruteForce
2016-01-15	16:44:16	10.44.1.40	5565	192.168.70.22	80	TCP	BruteForce

① 임계치 이상으로 트래픽이 발생하여 탐지되었다.
② 10.44.1.40 IP는 공격이 차단되지 않았다.
③ 오탐으로 확인될 경우 정책 수정이 필요하다.
④ 공격으로 확인될 경우 정책 수정 후 동일 공격 발생시 차단이 가능하다.

해설
- 설정된 패턴과 일치할 경우만 알람이 발생하므로 주기적인 패턴 추가와 함께 로그분석을 통한 패턴 수정이 반드시 필요하다. 또한 비정상 트래픽이 발생하여 탐지되더라도 차단하는 기능은 없으므로 반드시 확인된 탐지로그에 대해서는 추가 보안조치가 필요하다.

[정답 ④]

040 라우터에 외부 인터페이스에서 access-list를 이용하여 불필요 IP를 차단하려고 한다. 다음 중 기본적으로 차단해야 할 IP가 아닌 것은?

① 127.129.10.44
② 10.84.9.169
③ 169.254.1.20
④ 172.32.55.8

> **해설**
> - 외부 인터페이스에서는 TCP/IP 통신에서 사용되지 않는 IP대역과 사설IP는 트래픽이 올 수 없으므로 spoofing된 공격을 예방하기 위해 access-list를 이용하여 차단한다.
> - 사설 IP 대역
>   - 10.0.0.0/8 (10.0.0.0 ~ 10.255.255.255)
>   - 172.16.0.0/16~172.31.0.0/16 (172.16.0.0 ~ 172.31.255.255)
>   - 192.168.0.0/16 (192.168.0.0~192.168.255.255)
> - IP 미할당시 초기에 생성되는 IP
>   - 169.254.0.0/16 (169.254.0.0~169.254.255.255)
> - loopback 주소IP : 127.0.0.0/8 (127.0.0.0 ~ 127.255.255.255)
>
> [정답 ④]

제3과목 어플리케이션 보안

041 다음 DNS 설명 중 옳지 않은 것은?

① Recursive Query는 로컬 DNS 서버에 이름 분석 결과를 요청하는 쿼리이다.
② Iterative Query는 Query에서 요구하는 IP주소가 있으면, 질의한 호스트에게 결과를 반환한다.
③ Iterative Query에서 요구하는 IP주소가 없으면, 해당 도메인을 관리하는 DNS Server에게 같은 Query를 보낸다.
④ Zone은 DNS Server가 관리하는 Domain에 대한 정보가 저장되어 있는 DNS Database이며, FQDN으로 IP주소 알아올 때를 역방향 조회 영역이라 한다.

해설
- FQDN으로 IP주소 알아올 때를 역방향이 아니고 정방향 조회 영역이라 한다.

[정답 ④]

042 다음은 FTP에 관련 설명이다 다음 중 부적절한 것은?

① TCP/IP 네트워크상에서 한 호스트에서 다른 호스트로 데이터 파일을 전송하는 데 사용하는 표준 프로토콜이다.
② FTP는 IETF RFC 1959을 참조한다.
③ Transfer Layer 프로토콜로 TCP를 사용한다.
④ FTP 세션은 암호화되지 않으며, 개인정보 보호기능을 제공하지 않는다.

해설
- FTP는 IETF RFC 1959이 아니라 959를 참조한다.

[정답 ②]

043 다음은 FTP에 관련 설명이다 다음 중 옳은 것은?

> FTP는 제어를 위한 연결을 할 때엔 (A)번 포트를 사용하고, 데이터 전송을 위한 연결을 할 때엔 (B)번 포트를 사용한다.

① A: 21, B: 20
② A: 20, B: 21

③ A: 21, B: 19
④ A: 19, B: 21

해설
- FTP 서버는 클라이언트의 제어 채널 설정 요구를 받아들이기 위해 21번 포트에서 대기한다.
- 데이터 채널과 관련된 FTP 서버의 포트는 20번으로 고정되어 있고, 클라이언트는 자신의 데이터 채널용 포트를 생성한 후에 이 포트 번호를 제어 채널을 통해 서버에 넘겨준다.
- FTP 서버는 자신의 20번 포트를 통해 FTP 클라이언트가 전송한 클라이언트의 포트 번호와 데이터 채널 연결을 시도한다.
- 데이터 채널은 파일 송수신 요구가 발생할 때마다 새로 설정되고, 해당 파일의 송수신을 완료하면 즉시 연결을 해제한다.

[정답 ①]

044 다음 메일 서비스 운영시 필요한 용어에 대한 개념 설명 중 틀린 것은?

① MUA : Mail User Agent의 약어로 사용자가 메일을 송수신하기 위해 사용하는 프로그램이다.
② MTA : Mail Transfer Agent의 약어로 MUA로부터 전달받은 메일을 다른 MTA로 전송하는 서버프로그램이다.
③ MDA : Mail Delivery Agent의 약어로 최종 MTA에 도착한 후, 수신된 메일을 사용자의 메일함에 저장하는 프로그램이다.
④ MRA : Mail Recovery Agent의 약어로 MTA가 저장한 메일을 MUA로 가져오는 프로그램이다.

해설
- MRA(Mail Retrieval Agent)는 MDA가 저장한 메일을 MUA로 가져오는 프로그램으로 아이디와 패스워드로 사용자 인증 기능도 있다.

[정답 ④]

045 아래에서 설명하는 것은 무엇인가?

> SMTP(TCP 25)를 이용해 다른 MTA로 메일을 전달하는 프로그램으로 SMTP서버라도고 한다.

① MUA
② MTA
③ MDA
④ MRA

해설
- MTA는 STMP(TCP 25)를 이용해 다른 MTA로 메일을 전달하기 때문에 STMP 서버라고도 한다.

[정답 ②]

046 아래에서 설명하는 것은 무엇인가?

> 이 프로그램은 최종 MTA에 도착한 후, 수신된 메일을 사용자의 메일함에 저장하는 프로그램으로 POP과 IMAP 방식을 사용한다.

① MUA
② MTA
③ MDA
④ MRA

해설
- MDA(Mail Delivery Agent)는 최종 MTA에 도착한 후, 수신된 메일을 사용자의 메일함에 저장하는 프로그램으로 POP과 IMAP방식이 있다.

[정답 ③]

047 다음에서 설명하고 있는 웹 어플리케이션 공격 유형은 무엇인가?

> 웹 어플리케이션에서 system(), exec()와 같은 시스템 명령어를 실행시킬 수 있는 함수를 제공하며 사용자 입력 값에 대한 필터링이 제대로 이루어지지 않을 경우 공격자가 운영체제 시스템 명령어를 호출하여 백도어 설치나 관리자 권한 탈취 등 시스템 보안에 심각한 영향을 미칠 수 있는 취약점

① 자동화공격
② 악성콘텐츠
③ XPath 인젝션
④ 명령 실행

해설
- 명령 실행 공격 방법은 URL 파라미터 값부분에 운영체제 명령어를 이용하여 공격 시도한다.

[정답 ④]

048 다음은 어떤 웹 어플리케이션 공격에 대한 설명인가?

> 웹 어플리케이션에서 개인정보 수정 페이지나 통합 로그인(SSO)과 같은 곳에서 사용자 인증이 미흡(아이디로 인증)할 경우 공격자가 파라미터로 전달되는 값을 수정하여 사용자 도용 및 개인정보 노출 문제가 발생할 수 있는 취약점

① 불충분한 세션 관리
② 불충분한 인증 및 인가
③ 크로스사이트스크립트(XSS)
④ XPath 인젝션

> **해설**
> - 불충분한 인증 및 인가 공격은 웹 어플리케이션이 잘못 설계되었거나 개발자의 실수로 특정권한이 부여된 애플리케이션이 별도의 인증과정을 거치지 않고 방치되어 공격자가 접근할 수 있는 것을 말한다.
> - 해당 URL만 알고 있다면 누구나 인증우회가 가능하다.
>
> [정답 ②]

049 다음에서 설명하고 있는 웹 서비스 공격 유형은?

> 웹 어플리케이션에서 정상적인 경로를 통한 요청과 비정상적인 경로를 통한 요청을 서버가 구분하지 못할 경우 공격자가 스크립트 구문을 이용하여 정상적인 사용자로 하여금 조작된 요청을 전송 하도록 하여 게시판 설정 변경 및 자동 맷글, 회원 등급 변경 등의 문제가 발생할 수 있는 취약점

① 크로스사이트스크립트(XSS)
② SQL 인젝션
③ 크로스사이트 리퀘스트 변조 (CSRF)
④ URL/파라미터변조

> **해설**
> - CSRF공격(Cross Site Request Forgery)은 사용자가 자신의 의지와는 무관하게 공격자가 의도한 행위(수정, 삭제, 등록 등)를 하게하는 공격이다.
> - CSRF는 특정 사용자를 대상으로 하지 않고 불특정 다수를 대상으로 공격 한다.
>
> [정답 ③]

050 파일 업로드 취약점에 관한 사항으로 가장 부적절한 것은?

① 확장자 필터링
② 추측하기 어려운 파일 경로
③ 파일 실행권한 제한
④ 서버 사이드 인증

> **해설**
> - 파일 업로드 취약점에 대한 대응방안은 확장자 필터링, 추측하기 어려운 파일 경로, 파일 실행권한 제한이다.
>
> [정답 ④]

051 전자 지불 시스템의 정보보호 요구 사항에 해당하지 않는 것은?

① 위조 불가능(Unforgeability)
② 전자인증서 사용(PKI certification)
③ 무결성(Integrity)
④ 프라이버시(Privacy)

해 설
- 전자지불시스템의 정보보호 요구사항은 위조 불가능, 부인방지, 무결성, 인증, 프라이버시이다.

[정답 ②]

052 PKI 구성 요소 중 인증서 및 인증서 폐기 목록(CRL) 보관하는 곳은?

① 인증 기관(CA)
② 디렉토리(Directory)
③ 등록 기관(RA)
④ 인증서(Certificate)

해 설
- PKI 구성요소 중 디렉토리는 인증서 및 인증서 폐기 목록(CRL)을 보관하는 저장소이다.
- CA나 RA로부터 인증서 및 CRL을 받아서 저장하고 요청 시 제공하는 역할을 수행한다.

[정답 ②]

053 스마트폰 애플리케이션과 관련하여 악성 애플리케이션이 유통되지 않도록 마켓에서 판매되는 애플리케이션에 대한 보안성 검증을 강화하면서 애플리케이션 개발자의 신원 확인/인증을 강화하기 위해 사용된 기술은?

① repackaging
② decompile
③ code signing
④ mobile trusted module

해 설
- code signing은 실행 가능한 코드의 변조 방지 및 서명자 인증을 위한 전자 서명 기술이다.

[정답 ③]

054 다음 ebXML의 구성 요소와 설명 중 잘못된 것은?

① CC(Core Components) : 비즈니스 서비스에 사용되는 기능 객체를 의미, 이를 추출하여 이용할 수 있는 명세 제공

② BP(Business Process) : 비즈니스 프로세스 및 연관된 정보 모델 등 일관된 모델링 방법 제공
② TP(Trading Partner) : 거래상대자의 프로파일(TPP) 작성 및 거래협약(TPA) 작성
④ MS(Message Service) : 비즈니스 프로세스 기반의 재사용성, 확장성, 상속성을 지닌 의미 중립적인 비즈니스 객체

해설
- MS(Message Service)는 각 구성 요소 간의 메시지 전송 및 보안성을 정의하고, 거래 당사자 간 비즈니스 메시지 교환하는 표준 방법 제공한다.

[정답 ④]

055 다음 중 전자지불프로토콜(SET)에 대한 설명 중 틀린 것은?

① 전자 상거래 당사자간 신뢰성 및 안정성을 제공하기 위해 인증, 비밀성 등의 보안 기능과 지불 기능을 제공하는 프로토콜
② 소비자, 상점, 금융기관 사이 지불이 원활하게 처리될 수 있도록 안정적인 지불 인프라 제공
③ Master Card, Visa사 간 안전한 신용카드 거래를 위해 기술적 표준 제정 합의
④ 비밀성, 무결성, 인증, 부인방지 보안 기능을 제공

해설
- Master Card, Visa사 간 안전한 신용카드 거래를 위해 기술적 표준이 아니고 카드 사용자(소비자), 카드 발급자, 상점(가맹점), 금융기관(지불기관), 지불중계기관, 인증기관에 대한 기술적 표준이다.

[정답 ③]

056 다음은 개인정보 데이터 비식별화 기법에 대한 설명이다. 어떤 비 식별화 기법을 설명하고 있는가?

한국대학교 정보보안학과에는 학생의 키는 홍길동 170cm, 김철수 172cm, 이순신 181cm, 김영희 163cm이다. 학생의 신체 정보를 익명화 처리하여 한국대학교 정보보안학과 학생의 키의 합계는 686cm, 평균키는 171.5cm라고 제공하였다.

① 범주화(Data Suppression)
② 데이터값(가치) 삭제(Data Reduction)
③ 총계처리(Aggregation)
④ 데이터 마스킹(Data Masking)

> **해설**
> • 총계처리 또는 평균값 대체(Aggregation)는 데이터의 총합 값을 제공함으로써 개별 데이터 정보를 숨기는 기법이다.
> 예) 길동 170cm, 김철수 172cm, 이순신 181cm, 김영희 163cm 〉 평균 171.5cm
>
> [정답 ③]

057 데이터베이스의 데이터 무결성을 유지하기 위한 방법이 아닌 것은?

① Index
② Primary Key
③ Unique
④ Not Null Constraint

> **해설**
> • 데이터베이스의 무결성 보장 기법은 다음과 같다.
> – Primary Key : 테이블의 행을 유일하게 식별할 수 있는 컬럼
> – Foreign Key : 두 개 이상의 테이블을 조인(Join)시 참조되는 Primary Key
> – Unique Constraint : 테이블 범위 내에서 중복 값을 가질 수 없는 컬럼
> – Not Null Constraint : Null 값을 가질 수 없는 컬럼
>
> [정답 ①]

058 다음 데이터베이스 용어에 대한 설명 중 틀린 것은?

① 트랜잭션 : 한번에 수행되어야 할 데이터베이스 일련의 Read 와 Write를 수행해야 하는 처리의 최소 단위
② ACID : 트랜잭션이 가져야 할 기본적은 속성으로 Atomicity, Constraint, Isolation, Durability를 의미한다.
③ CRUD : 데이터베이스 응용 프로그램의 기능을 나타내며, Create, Read, Update, Delete를 의미 한다.
④ 무결성 : 데이터의 정확성과 정밀성을 유지하기 위한 개념으로 개체 무결성, 참조 무결성, 속성 무결성, 키 무결성 등이 있다.

> **해설**
> • ACID 트랜잭션이 가져야 할 기본적은 속성은 Atomicity, Consistency, Isolation, Durability이다.
>
> [정답 ②]

059 레이스 컨디션(Race Condition)공격에 필요한 요소 중 관계가 가장 먼 것은?

① Setuid
② Temp File

③ Symbolic Link
④ I-Node

> **해설**
> • 레이스 컨디션 공격에 이용되는 요소로는 setuid, temp file(임시 파일), 심볼릭 링크가 있다.
>
> [정답 ④]

060 Ad hoc Query 사용 시 발생할 수 있는 보안 취약점 중 가장 관계가 깊은 것은?

① ARP Spoofing
② DNS Cache Poisoning
③ SQL Injection
④ Session Hijacking

> **해설**
> • Ad hoc Query는 입력 값으로 받은 파라메터를 SQL 구문과 조합하여 완전한 SQL 문장을 만들어 내는 방식으로 입력 값에 대한 사전 처리(Injection 패턴 제거 등)가 미흡한 경우 SQL Injection 취약점을 유발할 수 있는 문제점을 가지고 있다.
>
> [정답 ③]

제4과목 **정보보안 일반**

061 주체(자원의 접근을 요구하는 활동 개체)와 객체(자원을 가진 수동적인 개체)사이의 정보흐름을 접근이라고 한다. 다음 중 접근의 단계에 대한 설명 중 잘못된 내용을 고르시오.

① 식별(Identification) : 사용자가 시스템에 본인이 누구라고 밝히는 행위
② 인증(Authentication) : 사용자가 맞음을 시스템이 인정
③ 권한부여(Authorization) : 접근권한 유무 판별 후 접근권한 부여
④ 책임추적성(Accountability) : 사용자 식별 및 활동 감사 추적

> **해설**
> • 책임추적성(Accountability)은 정보흐름 상 정보 접근 단계에 해당되는 요소가 아니다.
>
> [정답 ④]

062 메시지 출처 인증은 메시지 또는 자료의 출처가 맞는지 확인하는 것이다. 다음 중 통신상에서의 공격 위협에 대한 설명으로 잘못된 것은?

① 노출(Disclosure) : 암호키를 가지고 있는 사람에게 메시지 내용이 노출되는 것이다.
② 위장(Masquerade) : 삽입, 삭제, 전치, 수정을 포함한 메시지 내용을 변경하는 것이다.
③ 순서변경(Sequence Modification) : 통신 상대방들의 메시지 순서를 변경하는 것이다.
④ 트래픽 분석(Traffic Analysis) : 통신주체 사이에 전송되는 트래픽 형태를 연결주기, 메시지길이, 개수 등을 분석하는 것이다.

> **해설**
> • 위장(Masquerade)은 부정한 출처로부터 나온 메시지들을 네트워크상에 삽입하는 것이다. ②의 설명에 나온 내용은 내용수정(Contents Modification)에 대한 내용이다.
>
> [정답 ②]

063 얼굴의 특징점(눈, 코, 입)을 이용하여 사용자를 인식하는 방식으로, 노화, 안경, 조명 등에 영향을 받는다. 사진 등을 이용하여 사칭이 가능한 생체인식 기술로 옳은 것은?

① 얼굴인식
② 음성인식
③ 지문인식
④ 홍채인식

> **해설**
> • 생체인식기술 : 개인의 고유한 신체적 생리학적 특징과 행위를 이용한 인증방법이다.
> • 얼굴인식 : 얼굴의 특징을 이용하여 인식하는 가장 기본적인 인식 기술이다.
>
> [정답 ①]

064 다음 중 접근통제 정책 분류에 해당하지 않는 것은?

① 임의적 접근통제(DAC : Discretionary Access Control)
② 강제적 접근통제(MAC : Mandatory Access Control)
③ 역할기반 접근통제(RBAC : Role Based Access Control)
④ 네트워크 접근통제(NAC : Network Access Control)

> **해설**
> • 접근통제 정책의 특징은 다음과 같다.
>   – DAC : 데이터 소유자가 누가 자원에 대한 접근 권한을 가지는지 결정한다.
>   – MAC : 접근 결정이 보안레이블(security label)에 기반한다.
>   – RBAC : 접근 결정이 주체의 역할(role)에 기반한다.
>
> [정답 ④]

065 다음은 강제적 접근통제(MAC : Mandatory Access Control)에 대한 설명이다. 설명으로 틀린 것은?

① 접근 규칙수가 적어 통제가 용이하다.
② 보안관리자에 의하여 중앙 관리가 가능하다.
③ 비용이 적게 소모되어 시스템의 영향이 거의 없다.
④ 모든 객체는 비밀성을 가지고 있다고 보고 객체에 보안라벨을 부여한다.

> **해설**
> • 강제적 접근통제 정책은 시스템 성능에 영향을 끼치고, 비용이 많이 드는 단점이 있다.
>
> [정답 ③]

066 다음은 임의적 접근통제와 강제적 접근 통제를 비교한 내용이다. A와 B에 들어갈 내용으로 맞는 것은?

구 분	강제적 접근통제	임의적 접근통제
주 체	(A)	(B)
개체복사	상속	–
정 책	객체와 주체 사이에 동일	유연
장 점	임의적 접근통제에 비해 안전	구현이 쉬움
단 점	구현이 어려움, 높은 비용	아이디 도용시 통제 없음

① A : 시스템, B : 사용자
② A : 사용자, B : 시스템
③ A : 객체, B : 사용자
④ A : 사용자, B : 객체

> **해 설**
> • 강제적 접근통제의 주체는 시스템이고, 임의적 접근통제의 주체는 사용자이다.
>
> [정답 ①]

067 통신의 당사자가 아닌 중앙의 신뢰된 제3자 역할을 하는 키 분배 센터(KDC : Key Distribution Center)에 대한 설명이다. 다음 중 옳지 않은 것은?

① 비밀키 방식은 비교적 속도가 빠르다.
② 서버를 사용하지 않는 경우보다 키관리를 쉽게 해준다.
③ KDC가 공격되면 모든 비밀키가 노출될 수 있다.
④ 각 통신 주체는 마스터 키를 KDC와 공유한다.

> **해 설**
> • KDC에서 마스터 키는 KDC서버에서만 관리된다.
>
> [정답 ④]

068 공개키 기반 구조(PKI) 시스템에서 사용하는 공개키에 대한 인증서를 발급하는 인증서 형식은 다음 중 무엇인가?

① X.407
② X.409
③ X.507
④ X.509

> **해 설**
> • PKI시스템에 사용되는 공개키 인증서의 형식 표준은 X.509이다.
>
> [정답 ④]

069 다음 중 공개키 기반구조(PKI)가 제공하는 보안 서비스가 아닌 것은 무엇인가?

① 가용성
② 무결성
③ 인증
④ 부인방지

> **해설**
> - 기밀성 : 인가되지 않은 방식으로 정보를 획득할 수 없도록 하는 것으로 PKI에서는 기밀성을 보장하기 위해서 상대방에게 메시지 전송 시 수신자의 공개키를 이용하여 메시지를 암호화하여 전송하면 암호화된 메시지를 전송받은 수신자는 자신의 개인키를 이용하여 메시지를 복호화한다.
> - 무결성 : 전송된 데이터가 변경/파괴/위조되지 않은 상태를 말하며 PKI에서는 이를 보장하기 위하여 Hash 함수를 이용한다.
> - 부인방지 : 메시지의 송수신이나 교환 후, 또는 통신이나 처리가 실행된 후에 그 사실을 사후에 증명함으로써 사실 부인을 방지하는 것으로 PKI에서는 전자서명을 이용하여 부인방지를 제공하고 있다.
> - 인증 : 행위자의 신원확인. 인증서(Certificate)는 일종의 전자신분증으로 개인을 구별할 수 있는 정보와 공개키 및 부가적인 관리 정보에 대해 신뢰할 수 있는 인증기관의 비공개키를 이용하여 전자 서명을 한 결과값 포함되어 있다.
> - 접근제어 : 허가된 수신자만이 정보에 접근할 수 있다(강제 접근 제어(MAC), 임의 접근 제어(DAC), 역할 기반 접근 제어(RBAC)).
>
> [정답 ①]

070 전자서명의 특징 중 합법적인 서명자만이 전자서명을 생성할 수 있어야 하는 특징을 나타내는 것은 무엇인가?

① 위조불가 ② 부인불가
③ 변경불가 ④ 서명자 인증

> **해설**
> - 합법적인 서명자만이 전자서명을 생성할 수 있어야 하는 특징은 위조불가이다.
> - 서명자인증(Authentication)은 서명문의 서명자를 확인하는 특성이다.
>
> [정답 ①]

071 발신자 확인을 위한 전자서명과 전송 메시지의 기밀성 확보를 위한 암호화에 사용되는 키의 조합은 무엇인가?

① 발신자의 개인키로 서명하고 수신자의 공개키로 암호화한다.
② 발신자의 공개키로 서명하고 수신자의 개인키로 암호화한다.
③ 수신자의 개인키로 서명하고 송신자의 공개키로 암호화한다.
④ 수신자의 공개키로 서명하고 송신자의 개인키로 암호화한다.

> **해 설**
> • 발신자 확인을 위한 전자서명과 전송 메시지의 기밀성 확보를 위한 암호화에 사용되는 키의 조합은 발신자의 개인키로 서명하고 수신자의 공개키로 암호화한다.
>
> [정답 ①]

072 다음은 블록 암호에 대한 설명이다. 암호 시스템의 분류에 관한 설명이다. 다음 중 틀린 것은?

> (A)은/는 평문의 작은 변화가 암호문에 어떤 변화를 일으킬 것인지 예측할 수 없는 성질을 말한다. 비선형 함수이다.
> (B)은/는 평문을 구성하는 각각의 비트들의 정보가 여러 개의 암호문 비트들에 분산되는 성질을 말한다. 선형 함수이다.

① A : 혼돈(Confusion), B : 확산(Diffusion)
② A : 치환, B : 확산(Diffusion)
③ A : 혼돈(Confusion), B : 치환
④ A : 전치, B : 치환

> **해 설**
> • 혼돈은 평문의 작은 변화가 암호문에 어떤 변화를 일으킬 것인지 예측할 수 없는 성질을 말한다. 비선형 함수이다.
> • 확산은 평문을 구성하는 각각의 비트들의 정보가 여러 개의 암호문 비트들에 분선되는 성질을 만한다. 선형 함수이다.
>
> [정답 ①]

073 다음 중 DES(Data Encryption Standard) 암호의 특징이 아닌 것은?

① 64 비트 블록 암호이다.
② 키의 길이는 8비트이다.
③ 복호화는 암호화 과정과 같고, 키의 적용만 거꾸로 한다.
④ 처음과 마지막 순열을 제외하고 feistel 구조를 따른다.

> **해 설**
> • DES의 키의 길이는 56비트이다.
>
> [정답 ②]

074 다음은 암호 용어를 설명한 것이다. ( )에 들어갈 말은 무엇인가?

> 암호화란 평문을 권한이 없는 제 3자가 알아볼 수 없는 형태로 재구성하는 과정을 말하며 암호화의 역으로 암호문을 평문으로 복원하는 과정을 ( )라 한다.

① 복호화
② 치환
③ 평문화
④ 기본화

해설
- 암호화된 메시지를 원래의 메시지로 복원하는 것을 복호화(description)이다.

[정답 ①]

075 다음 암호공격 방식에 관한 설명이다. 능동적 공격에 관한 설명 중 틀린 것은?

① 재생공격 : 공격자가 이전에 특정 송신자와 수신자간에 통화하였던 통화내용을 도청하여 보관하고 있다가 나중에 재생한다.
② 삭제공격 : 특정 수신자에게 전송하는 메시지 일부 또는 공격자에 의해 삭제한다.
③ 트래픽 분석 : 메시지를 도청하여 메시지 내용 파악 및 송신측과 수신측 신원을 파악한다.
④ 메시지 변조 : 전송되는 메시지들의 순서를 바꾼다.

해설
- 트래픽 분석은 능동적인 암호화 공격 방법이 아니다.
- 능동적 암호화 공격
  - 재생공격 : 공격자가 이전에 특정 송신자와 수신자간에 통화하였던 통화내용을 도청하여 보관하고 있다가 나중에 재생한다.
  - 삭제공격 : 특정 수신자에게 전송하는 메시지 일부 또는 공격자에 의해 삭제한다.
  - 메시지 변조 : 전송되는 메시지들의 순서를 바꾼다.
  - 삽입공격 : 악의적인 공격자가 정당한 송신자로위장하여 특정 수신자에게 메시지를 보내어 불법적인 효과를 발생시킨다.

[정답 ③]

076 다음은 암호 메시지의 공격 유형의 설명이다. 맞는 것은?

① 암호문 단독 공격 : 평문을 선택하면 대응되는 암호문을 얻을 수 있는 상황에서 공격
② 알려진 평문 공격 : 암호문으로부터 평문이나 암호키를 찾아내는 방법
③ 선택 평문 공격 : 암호문에 대응하는 일부 평문이 가용한 상황에서의 공격
④ 선택 암호문 공격 : 암호문을 선택하면 대응되는 평문을 얻을 수 있는 상황에서 공격

> **해설**
> - 암호문 단독 공격은 암호문으로부터 평문이나 암호키를 찾아내는 방법이다.
> - 알려진 평문 공격은 암호문에 대응하는 일부 평문이 사용가능한 상황에서의 공격이다.
> - 선택 평문 공격은 평문을 선택하면 대응하는 암호문을 얻을 수 있는 상황에서의 공격이다.
>
> [정답 ④]

077 다음은 암호 시스템의 분류에 관한 설명이다. 틀린 것은?

① 대칭키 암호 시스템 : 암호키와 복호화 키가 동일하다.
② 공개키 암호 시스템 : 암호키와 복호화 키가 상이하다.
③ 스트림 암호 시스템 : 평문 길이의 최소단위가 10개의 비트이다.
④ 블록 암호 시스템 : 평문 길이의 최소단위가 한 개 이상이다.

> **해설**
> - 스트림 암호 시스템은 비트 단위로 암호화한다.
> - 스트림 암호 시스템 특징
>   - 원타임 패드를 실용적으로 구현한 목적으로 개발
>   - 다음에 출력 비트를 예측 확률이 1/2 이어야 안전함
>   - 블록 단위로 암호화 하는 것에 비하여 비트 단위로 암호화하기 때문에 더 빠름
>   - 주로 LFSR(Liner Feedback Shift Register)을 이용
>
> [정답 ③]

078 다음은 전자서명에 이용되는 해쉬 함수의 특성에 대해 설명하고 있다. 다음 중 옳지 않은 것은?

① 해쉬함수의 계산 효율이 양호해야 한다.
② 약 일방향성(Week onewayness)을 가져야 한다.
③ 강 일방향성(Strong onewayness)을 가져야 한다.
④ 충돌 회피성(Collision freeness)이 없어야 한다.

> **해설**
> - 해쉬 함수는 충돌 회피성(Collision freeness)을 가지고 있어야 한다.
>
> [정답 ④]

079 전용 해쉬 알고리즘이 아닌 것은?

① MD4
② HIGHT
③ SHA-1
④ HAS-160

> **해설**
> • HIGHT는 저전력, 경량 환경에서 사용할 수 있도록 개발된 64비트 블록암호 알고리즘으로 코드 사이즈가 작고 AES보다도 속도가 빠르다(2010년 12월 ISO/IEC 국제표준으로 제정).
>
> [정답 ②]

080 다음의 암호화/복호화 과정 중 어느 것이 송신자 또는 수신자에게 기밀성, 메시지 무결성, 부인봉쇄를 확보하는데 가장 크게 기여하는가?

① 수신자는 공인된 권한에 의해 검증된 송신자의 공용키를 이용하여 pre-hash code를 복호화한다.
② 수신자가 개인키를 이용하여 비밀키를 복호화한다.
③ 비밀키를 사용하여 암호화된 pre-hash 코드와 메시지를 암호화한다.
④ 암호화된 pre-hash 코드를 전달된 메시지로부터 수학적으로 추출한다.

> **해설**
> • 대부분의 암호화된 거래는 송신자 또는 수신자가 개인키, 공용키, 비밀키, 해시기능, 디지털 인증을 함께 사용하여 무결성, 메시지 무결성, 부인봉쇄를 달성한다.
> • 수신자는 송신자의 공용 키를 이용하여 Pre-hash Code를 Post-hash Code로 복호화하며, 같은 Pre-hash Code가 송신자의 신원을 검증하고, 통신 중에 메시지가 변경되지 않았으며, 최고의 보증을 한다. 각 송신자와 수신자는 자신만 아는 개인 키와 누구나 아는 공개 키를 갖는다.
> • 각 암호화/복호화 과정은 동일한 당사자로부터 최소한 하나의 공용 키와 개인 키를 요구한다. 단일 비밀 키는 메시지를 암호화하는데 쓰이는데, 비밀 키 암호화는 공용과 개인 키를 사용하는 것보다 적은 처리능력을 요구하기 때문이다. 인증기관에서 승인하는 전자인증은 송신자와 수신자의 공용 키를 검증한다.
>
> [정답 ①]

제5과목 정보보안관리 및 법규

081 시스템 내의 각 개인은 유일하게 식별되어야 한다는 정보 보호 원칙에 따라 DRM 이나 DLP와 같이 내부정보가 유출되더라도 감사가 가능하도록 하는 정보보호의 개념은 무엇인가?

① 책임추적성(Accountabliity)
② 무결성(Intergrity)
③ 정보보호 정책(Policy)
④ 정보보호 지침

> **해설**
> • 책임추적성(Accountabliity) 은 권한에 따른 사용자의 행위가 추적되어 책임질 수 있음을 보장할 수 있는 것을 말하며 정보가 유출되었을 때 사후 책임추적이 될 수 있어야 한다.
>
> [정답 ①]

082 정책을 만족하기 위하여 수행하여야 하는 사항을 순서에 따라 단계적으로 설명한 것으로 정보보호 활동의 구체적인 적용을 위해 필요한 적용 등 구체적인 세부적인 방법을 기술하는 것은?

① 정보보호 정책
② 정보보호 표준
③ 정보보호 지침
④ 정보보호 절차

> **해설**
> • 정보보호 절차
>   - 정책을 만족하기 위하여 수행하여야 하는 사항을 순서에 따라 단계적으로 설명
>   - 정보보호 활동의 구체적 적용을 위해 필요한 적용 절차 등의 구체적이고 세부적인 방법을 기술
>   예시) 보안성 검토 절차, 침해사고대응절차, 백업관리절차, 암호관리절차
>
> [정답 ④]

083 식별된 자산이 해킹 또는 화재 등으로 피해가 발생했을 때 조직의 업무에 얼마만큼의 영향이 발생하는지를 파악하는 과정으로 향후 보호해야 할 자산의 우선순위를 매기는 가치의 기준이 되는 것을 정보자산의 (A) 평가라 한다. (B)는 비인가된 방법을 통해 정보를 변경 또는 파괴하지 못하도록 하는 특성으로서 정보가 저장되는 과정에서 완전성과 정확성을 유지해야 한다. (A), (B)에 해당하는 것은?

① (A) : 중요도, (B) : 기밀성
② (A) : 중요도, (B) : 무결성
③ (A) : 중요도, (B) : 가용성
④ (A) : 가중치, (B) : 기밀성

> **해설**
> - 중요도 평가는 보안요구사항인 무결성, 기밀성, 가용성 측면에서 자산의 중요도를 평가하는 것이다. 무결성(Integrity)은 비인가된 방법을 통해 정보를 변경 또는 파괴하지 못하도록 하는 특성으로서 정보가 저장되는 과정에서 완전성과 정확성을 유지해야 한다. 무결성에 손상을 입었다는 뜻은 은행계좌를 예로 들어 설명하면 입금통장의 금액이 주인도 모르게 변경이 되면서 금전적인 손실을 입히는 경우를 빗대어 말할 수 있을 것이다.
>
> [정답 ②]

084 정보자산 도입시 관리절차의 순서로 옳은 것을 고르시오.

① 정보 및 정보자산 중요도 평가 → 정보 및 정보자산 식별 및 등록 → 정보 및 정보자산 그룹 → 정보 및 정보자산 관리대장 작성/관리
② 정보 및 정보자산 식별 및 등록 → 정보 및 정보자산 중요도 평가 → 정보 및 정보자산 그룹 → 정보 및 정보자산 관리대장 작성/관리
③ 정보 및 정보자산 식별 및 등록 → 정보 및 정보자산 그룹 → 정보 및 정보자산 중요도 평가 → 정보 및 정보자산 관리대장 작성/관리
④ 정보 및 정보자산 그룹 → 정보 및 정보자산 식별 및 등록 → 정보 및 정보자산 중요도 평가 → 정보 및 정보자산 관리대장 작성/관리

> **해설**
> - 정보자산 도입절차는 조직의 비즈니스에 중요한 영향을 미치는 다양한 정보자산식별을 통해 자산을 분류하고 동일한 자산은 그룹핑을 통해 정보자산 중요도를 평가한 후 정보자산의 등록, 변경, 폐기에 따라 정보자산관리대장을 수립하는 절차이다.
>
> [정답 ③]

085 중요도에 따라 조직은 문서에 대하여 핵심정보를 등급으로 구분하고 있다. 이때 문서는 등급에 따라 보관 방법이나 보관 주기에 따라 구분된다. 핵심정보 중 조직 내에서만 사용되도록 엄격히 제한되며 관련 부서에 일부 특정 직책자들만 업무적으로 공유되는 문서를 (A)라 한다. 출입관리대장, 체크리스트로 작성되어 있을 것을 (B)라 한다. (A), (B)에 해당하는 것은?

① (A) : 대외비(Confidential), (B) : 기록(Record)
② (A) : 비밀(Secrete), (B) : 문서(Document)
③ (A) : 대외비(Confidential), (B) : 문서(Document)
④ (A) : 비밀(Secrete), (B) : 기록(Record)

해설
- 조직이 보유하는 정보는 문서와 기록으로 분류할 수 있으며 일반적으로 문서는 현재 또는 미래에 해야 할 일을 문자, 기호 도형을 이용하여 기술한 상위 단계의 기록물이라면 기록은 과거에 한 일을 문자, 기호, 도형을 이용해 기술한 하위 단계의 기록물이라 할 수 있다. 물리적 보안 지침이 문서라면 지침에 작성되어 있는 통제구역인 전산실 출입통제 시 외부인을 기록하여 관리되는 출입관리대장은 기록의 한 예시이다.
- 또한 중요도에 따라 조직은 문서를 핵심정보 등급에 따라 비밀, 대외비, 일반으로 나누어서 관리를 하고 있다. 대외비 등급은 조직 내에서만 사용되도록 엄격히 제한되며 데이터에 대한 외부접근은 금지되는 것으로서 조직에서 해당 부서에 일부 해당 직책자가 관여하여 일부에만 문서를 공유하는 문서로서 취급 및 배포를 통제해야 하는 정보이다.

[정답 ①]

086 위험관리 5단계 순서로 옳은 것을 고르시오.

① 정보보호 계획 수립 → 위험분석 → 위험평가 → 정보보호 대책 선정 → 위험관리계획
② 정보보호 계획 수립 → 위험관리계획 → 위험분석 → 위험평가 → 정보보호 대책 선정
③ 위험관리계획 → 정보보호 계획 수립 → 위험분석 → 위험평가 → 정보보호 대책 선정
④ 위험관리계획 → 위험분석 → 위험평가 → 정보보호 대책 선정 → 정보보호 계획 수립

해설
- 일반적으로 위험관리 5단계란 위험관리 전략 및 분석방법인 위험관리 계획 단계, 위험을 식별하는 위험분석 단계, 위험의 규모를 결정하는 위험평가 단계, 새로이 필요한 대응책을 선별하는 정보보호 대책 선정 단계, 정보보호를 위한 우선순위, 일정, 계획을 수립하는 정보보호 계획 수립 단계인 위험관리 5단계로 구분할 수 있다.

[정답 ④]

087 다음 중 설명하는 보안 요구사항에 대한 설명 중 옳은 것을 고르시오.

- ( ) 비인가된 방법을 통해 정보를 변경 또는 파괴하지 못하도록 하는 특성으로서 정보가 저장되는 과정에서 완전성과 정확성을 유지해야 한다.
- ( ) 비인가자가 임의로 정보를 사용하거나 비인가자에게 임의로 정보가 노출되지 못하도록 하는 것이다.
- ( ) 인가된 사용자가 정보나 서비스를 요구할 때 언제든지 즉시 사용 가능해야 한다는 개념으로 인가된 사용자에게는 정보자산에 대한 접근이 지연, 방해되어서는 안 되며 즉시 또는 적시에 서비스 이용이 가능해야 한다.

① 무결성, 가용성, 기밀성
② 가용성, 무결성, 기밀성
③ 무결성, 기밀성, 가용성
④ 기밀성, 가용성, 무결성

해설
- 무결성(Integrity)은 비인가된 방법을 통해 정보를 변경 또는 파괴하지 못하도록 하는 특성으로서 정보가 저장되는 과정에서 완전성과 정확성을 유지해야 한다. 무결성에 손상을 입었다는 뜻은 은행계좌를 예로 들어 설명하면 입금통장의 금액이 주인도 모르게 변경이 되면서 금전적인 손실을 입히는 경우를 빗대어 말할 수 있을 것이다.
- 기밀성(Confidentiality)은 비인가자가 임의로 정보를 사용하거나 비인가자에게 임의로 정보가 노출되지 못하도록 하는 것이다. 허가되지 않는 자가 정보를 읽지 못하도록 암호 하거나 난독화하는 것으로 기밀성을 보장한다는 것은 정보자산 또는 데이터가 전송, 백업, 보관 중에 허가받지 않은 사람에게 노출되지 않는 다는 뜻이다.
- 가용성(Availability)은 인가된 사용자가 정보나 서비스를 요구할 때 언제든지 즉시 사용 가능해야 한다는 개념으로 인가된 사용자에게는 정보자산에 대한 접근이 지연, 방해되어서는 안 되며 즉시 또는 적시에 서비스 이용이 가능해야 한다. 바꾸어 말하면 자산이 적절한 시간에 인가된 당사자에게 접근이 가능해야 한다는 뜻이다.

[정답 ③]

088 다음 중 위협과 취약점으로 분류하여 올바르게 짝지어진 것은?

가. 정보시스템의 위험 요인
나. 시스템이나 조직에 피해를 끼칠 수 있는, 원치 않는 사고의 잠재적 원인
다. 바이러스 백신 미설치
라. 전담 조직 체계 미구성
마. 윈도우 패치가 미설치 되었을 때
바. 자체가 직접적인 위험을 초래하지는 않지만 보호대책이 수립되지 않은 상태

	위협	취약성
①	가, 나, 다, 라	마, 바
②	가, 나, 다	라, 마, 바
③	가, 나, 라	다, 마, 바
④	가, 나	다, 라, 마, 바

> **해설**
> - 위험은 특정 위협이 자산의 취약점을 이용하여 자산을 공격해서 손상을 초래할 수 있는 가능성을 말한다. 발생가능확률과 영향 두 가지 요소의 결합에 의해 위험도를 평가할 수 있으며 정보시스템의 위험요인을 위협이라고 한다면 위협(Threat)은 시스템이나 조직에 피해를 끼칠 수 있는, 원치 않은 사고의 잠재적 원인이다.
> - 취약점(Vulnerability)은 자체가 직접적인 위험을 초래하지는 않지만, 위협에 의해 이용될 경우 잠재적인 위험을 발생시킬 수 있는 요소를 의미한다. 즉 취약점은 위협으로부터 방어할 수 있는 보호대책이 수립되지 않은 상태에서 조건을 제공한다. 예를 들어 인터넷에 접속한 컴퓨터에 바이러스가 침입하고자 한다면(위협) 컴퓨터에 바이러스 백신 또는 윈도우 패치가 미설치 되었을 때(취약점) 컴퓨터에 바이러스가 감염될 수 있다(위험).
>
> [정답 ④]

089 다음 중 설명하는 위험분석기법에 해당되는 것은?

> 국내·외 표준인 ISO/IEC27001, 국내 ISMS에서 정보자산의 가치를 측정하고 자산에 대한 위협과 취약성을 분석하여 위험수준을 결정하는 것을 의미한다.
> 서버, 네트워크, DB등은 정보자산을 분석할 수 있는 전문적인 지식, 시간, 노력이 필요하다.

① 기준선 접근법
② 전문가 판단법
③ 상세위험분석접근법
④ 복합적 접근법

> **해설**
> - 복합적 접근법(Combined Approach) : 보안전략을 빠르게 구축할 수 있고 상대적으로 시간과 노력을 효율적으로 사용 가능
>
> [정답 ③]

090 다음 중 설명하는 위험분석 수행과정 중에서 가장 먼저 수행되어야 하는 것은?

① 위험 평가
② 취약성 분석
③ 위협 분석
④ 자산 분류 및 중요도 평가

> **해설**
> • 위험분석 수행과정 중에서 가장 먼저 수행하는 것은 자산을 식별하고 식별된 자산을 분류 및 평가하는 것이다.
>
> [정답 ④]

091 다음은 위험처리방법의 기준 예시이다. '19' 이상으로 결정하게 된다면 위험도 19 이상은 정보자산의 위험에 대해 개선대책을 수립해야 하며 19 미만의 자산은 위험을 수용할 수 있는 잔여 위험으로 처리한다는 의미이다. 이와 같이 정해진 기준을 고려하여 위험수준을 낮출 수 있는 보안대책을 고려할 수 있는 것을 무엇이라고 하는가?

위험도	상태	허용위험수준 단계 정의	위험처리방법
24 ~ 27	매우 취약	정보자산의 분류 및 중요도 평가와 기준이 수립되지 않음	위험조치계획
19 ~ 23	취약	정보자산의 분류 기준은 수립되어 있으며 평가는 미수립	
13 ~ 18	보통	정보보안의 관리적, 물리적, 기술적으로 조직의 보안현실에 맞는 조직 구성 및 R&R이 정의가 미흡함	위험수용
9 ~ 13	양호	정보보안의 관리적, 물리적, 기술적으로 조직의 보안현실에 맞는 조직 구성 및 R&R 정의	

① 허용위험수준(DoA)
② 위험회피
③ 위험전가
④ 위험감소

> **해설**
> • 수용가능한 위험수준(DOA, Degree of Assurance)
> – 조직에서는 비용대비 효과측면에서 효율성이 떨어지기 때문에 보안관리자 또는 경영층에서 정해진 기준을 고려하여 위험도에 위험수준을 낮출 수 있는 보안대책을 고려할 수 있음을 말한다.
> – DOA는 위험발생 빈도수가 적은 경우 위험으로 간주한다면 보안통제에 비용을 투자할 때 비용대비 효과측면에서 효율성이 떨어지기 때문에 관련 부서 담당자와 충분한 협의를 통해 어느 정도 수준의 위험은 감수할 수 있다고 판단하는 기준을 말한다.
> 예) DOA를 '19' 이상으로 결정하게 된다면 위험도 '19' 이상은 정보자산의 위험에 대해 개선대책을 수립해야 하며 '19' 미만의 자산은 위험을 수용할 수 있는 잔여 위험으로 처리한다는 의미이다.
> – 위험도 '19' 이상의 정보자산은 위험처리 방법중에 위험회피, 위험전가, 위험감소를 선택하여 개선대책을 수립해야 한다.
>
> [정답 ④]

092 다음은 위협의 유형 분류 외 다른 관점으로 자산에 미치는 영향으로서 조직에 의해 소유된 정보자산의 안전성을 위태롭게 하는 공격 유형이 있다. 다음 공격 유형으로 잘못된 내용을 고르시오.

① 중단(Interruption) : 데이터의 송수신을 가로막는 행위로 수신자측으로 정보가 전달되는 것을 방해하여 메시지의 기밀성을 저해하는 행위이다.

② 가로채기(Interception) : 중간에서 데이터를 가로채어 정보를 유출시키는 것으로 메시지의 기밀성을 저해하는 행위이다.
③ 변조(Modify) : 데이터를 다른 내용으로 변경하여 데이터의 무결성을 저해한다.
④ 위조(Fabrication) : 시스템 자원에 불법으로 접근하여 마치 다른 송신자로부터 데이터가 온 것처럼 거짓 정보등의 위조물을 삽입하는 행위로 데이터의 무결성을 저해한다.

> **해설**
> • 중단(Interruption)은 데이터의 송수신을 가로막는 행위로 수신자측으로 정보가 전달되는 것을 방해하여 메시지의 가용성을 저해하는 행위이다.
>
> [정답 ①]

093 다음은 위험 처리 방법에 해당되는 것은 다음 중 어느 것인가?

> 서버 또는 네트워크 장비의 보안설정을 강화하는 것으로써 보호해야 할 자산에 대해 보안 대응책을 적용하여 취약성을 제거

① 위험 회피(Risk Avoidance)
② 위험 전가(Risk Transference)
③ 위험 감소(Risk Reduction)
④ 위험 수용(Risk Acceptance)

> **해설**
> • 위험감소(Risk Reduction) : 보호해야 할 자산에 대해 보안 대응책을 적용하여 취약성을 제거 또는 감소시켜 그 결과 위험을 감소시키는 행위
>   예시) 서버 또는 네트워크 장비의 보안설정 강화
>
> [정답 ③]

094 다음은 위험 처리 방법에 해당하는 것으로 올바른 것은?

① 위험 회피는 위험에 대한 직접적인 대응 대신 간접적인 대응 방법을 적용하여 비용적인 측면에서 고려한다.
② 위험 전가는 위험이 발생할 수 있는 가능성을 가진 자산을 근본적으로 제거한다.
③ 위험 감소(Risk Reduction)의 예로서 서버 또는 네트워크 장비의 보안설정 강화를 말한다.
④ 위험 수용(Risk Acceptance)은 보험가입이 대표적인 예이다.

> **해설**
> - 위험 감소(Risk Reduction) : 보호해야 할 자산에 대해 보안 대응책을 적용하여 취약성을 제거 또는 감소시켜 그 결과 위험을 감소시키는 행위
>   예시) 서버 또는 네트워크 장비의 보안설정 강화
>
> [정답 ③]

095 다음 정보보호 조직 구성원의 업무 분장 및 역할에 대한 설명으로 옳지 않은 것은?

① 정보보안 담당자는 각종 정보보안 실무 업무를 기획 수행하며 최신 기술 동향 파악 및 정보 분석을 통해 안전한 정보시스템 관리를 이행한다.
② 정보보안 관리자는 정보보안 업무를 기획, 관리 감독하며, 규정된 정보보안 활동이 지속적으로 이행될 수 있도록 보장하고 전반적인 정보보안을 총괄한다.
③ 정보보안 책임자는 정보보안 관련 업무를 지도 및 감독하고 침해사고의 발생에 대비하여 침해사고대응계획을 수립하고 시행을 지시한다.
④ 정보보안 위원회는 침해사고 대응 및 예방 활동, 보안사고 처리 결과 및 정보보호 감사결과 보고 등을 주제로 개최한다.

> **해설**
> - 전반적인 정보보안을 총괄하는 사람은 정보보안책임자이다.
> - 정보보안관리자 : 정보보안 업무를 기획, 관리 감독하는 것으로서 시스템 담당자 및 일반사용자의 정보보안활동의 실천을 독려한다.
>
> [정답 ②]

096 OO회사는 최근 보안 이슈와 개인정보보호에 관한 가이드라인이 신규로 제정됨에 따라 사내 임직원과 외주용역을 대상으로 정보보호 지침 및 절차에 대해 교육을 실시하였다. 교육 후 실제 잘 효과가 있는지 여부를 확인하기 위해 할 수 있는 최선의 방법은 무엇인가?

① 참가자 이해도를 위해 성과 평가를 수행
② 임직원의 교유 받았다는 서명자 사인
③ 향후 교육에 대해서 참가한 임직원에게 필요한 설문지 취합
④ 신규 3개월 전에 입사한 모든 직원에 대한 교육

> **해설**
> - 보안인식교육의 고취를 위해 필요한 사항은 실제 교육에 대한 이해도를 측정하고 객관식 등 정량적인 방식을 통해 교육성과에 대한 효과성을 인식해야 한다.
>
> [정답 ①]

097 다음 손실크기를 화폐 단위로 측정이 가능할 때 사용하는 방법으로 접근방법이 다른 것은?

① 과거자료 접근법
② 수학공식 접근법
③ 확률분포 추정법
④ 델파이법

> **해설**
> • 델파이법은 손실크기를 화폐 단위로 측정이 가능할 때 사용하는 방법으로 분석자의 경험 및 지식에 기초한 위험 분석 방법인 정성적 분석법에 해당한다.
> 장점 : 금액화하기 어려운 정보의 평가가 가능하고, 분석의 소요시간이 짧다.
> 단점 : 평가결과가 주관적이어서 사용자에 따라 달라질 수 있다.

[정답 ④]

098 다음 분석자의 경험 및 지식에 기초한 위험분석 방법으로 접근방법이 다른 것은?

① 델파이법
② 시나리오법
③ 순위결정법
④ 확률분포 추정법

> **해설**
> • 확률분포 추정법은 손실크기를 화폐 단위로 측정이 가능할 때 사용하는 정량적인 분석법이다.
> 장점 : 비용, 가치분석, 예산계획, 자료 분석이 쉽다.
> 단점 : 분석의 시간, 노력, 비용이 많이 든다.

[정답 ④]

099 위험분석을 실행하는 이유로 적합하지 않은 것은?

① 비정형화된 주관적인 분석방법으로 인한 오류
② 비용에 관계없이 위험을 최소화하기 위함
③ 정보시스템의 취약성 증가
④ 보안대책의 결여 및 보안대책을 검증할 수 있는 전문가 부족

> **해설**
> • 위험분석시 고려해야 하는 사항은 비용적인 측면이며 즉 경제적인 범위에서 위험을 최소화하고 통제안을 찾고자 하는 것이 위험분석의 목적이 된다.

[정답 ②]

100 다음 위험분석 시 정성적 분석의 단점으로 올바른 것은?

[2013년 1회 기사 응용]

① 계산이 복잡하여 분석의 시간, 노력, 비용이 많이 든다.
② 평가결과가 주관적이어서 사용자에 따라 달라질 수 있다.
③ 계산이 복잡하게 되거나 이해가 안되면 결과를 신뢰하지 않는다.
④ 금액화하기 어려운 정보의 평가가 가능하다.

해 설

• ②를 제외한 ①, ③은 정량적인 위험분석 접근법의 단점이며 ④는 정성적 분석의 장점이다.

[정답 ②]

제1과목 시스템 보안

001 페이징(Paging) 시스템에 대한 설명으로 틀린 것은?

① 프로그램을 블록 단위로 분할할 때 같은 크기의 Page로 나누어 구현한 시스템이다.
② 페이지와 같은 크기인 페이지 프레임(Page Frame)이라고 불리는 주기억 장치의 저장 영역에 적재하는 시스템이다.
③ 보호 비트(Protection Bit)를 이용해 페이지에 대해 프로세스의 접근을 제어할 수 있다.
④ 실 주소를 구하는 주소 사상 기법에는 직접 사상 기법, 연관 사상 기법, 연관/직접 사상 기법이 있다.

> **해설**
> - Protection Bit(보호 비트)는 세그먼테이션(Segmentation) 시스템의 SMT(Segment Map Table)에 저장되며, 세그먼트(Segment)에 대해 프로세스의 접근을 제어한다. R/W/X/A와 같이 연산모드 정보를 기록한다.
>
> [정답 ③]

002 다음 중 쓰레드에 대한 설명으로 틀린 것은?

① 여러 가지 일을 하는 하나의 프로세스 내에 존재하는 별개의 작업 단위이다.
② 한 프로세스가 exit() 시스템 콜을 통해 종료해도, 쓰레드는 별개로 작업되기 때문에 해당 프로세스의 모든 쓰레드는 종료되지 않는다.
③ 쓰레드는 별개의 작업 단위이지만, 해당 쓰레드의 작업이 프로세스에 있는 다른 쓰레드에 영향을 미칠 수 있다.
④ 쓰레드는 프로세스의 일부분이기 때문에 다른 쓰레드와의 데이터 공유가 쉽다.

> **해설**
> - 하나의 프로세스 내에 여러 개의 쓰레드가 존재할 경우 프로세스가 할당받은 모든 자원에 대해서는 쓰레드들이 공유하지만, CPU를 할당 받는 단위는 쓰레드 별로 이루어진다. 프로세스가 종료되면, 디스크, 메모리 등과 같은 자원이 해제되기 때문에 쓰레드도 종료된다.
>
> [정답 ②]

003 다음 중 운영체제별 설명이 올바른 것은?

① 다중처리시스템 : I/O장비와 CPU사이의 속도차이를 이용하여 시스템의 이용도와 처리능력을 증대시키는 방식이다.
② 다중모드처리 : 여러개의 CPU와 하나의 주기억장치를 이용해, 여러 프로그램을 동시에 처리하는 방식이다.
③ 다중프로그램시스템 : 하나의 프로그램이나 데이터를 여러 CPU가 나누어 처리하거나, 여러 프로그램을 각각의 CPU가 동시에 처리하여 작업의 처리 속도가 빠르다.
④ 시분할시스템 : 인증되지 않은 다른 사용자에 의해 프로그램이나 자료가 변경, 파기되지 않도록 보안 기능을 추가해야 한다.

해설
- 다중처리시스템(Multi-Processing System) : 여러개의 CPU와 하나의 주기억장치를 이용해, 여러 프로그램을 동시에 처리하는 방식
- 다중모드처리(Multi-Mode Processing) : 일괄처리시스템, 시분할시스템, 다중처리시스템, 실시간처리 시스템을 한 시스템에서 모두 제공하는 방식
- 다중프로그램시스템(Multi-Programming System) : I/O장비와 CPU사이의 속도차이를 이용하여 시스템의 이용도와 처리능력을 증대시키는 방식

[정답 ④]

004 NTFS에 대한 설명으로 올바르지 않은 것은?

① 시스템 고장과 디스크 손상을 복구하는 능력이 있다.
② 어떤 파일을 열면, 해당 파일은 파일의 보안 속성을 관장하는 보안 서술자를 가진 파일 객체로 구현된다.
③ FAT에 비해 저용량에 적합하다.
④ MFT(Master File Table)을 사용하여 관리하며, 자동압축을 지원한다.

해설
- 저용량 파일에는 FAT가 적합하다.

[정답 ③]

005 프로세스 제어 블록(PCB:Process Control Block)에 대한 설명으로 올바르지 않은 것은?

① 운영체제가 프로세스에 대한 정보를 저장해 놓은 저장소이다.
② 다른 프로세스로 제어를 넘겨줄 때, 현재 실행중인 프로세서의 정보를 PCB에 저장하고 제어를 넘긴다.
③ 프로세스가 생성되면 PCB도 생성되고, 종료되면 해당 PCB도 제거된다.

④ 부모 프로세스와 자식 프로세스는 PCB를 서로 공유한다.

> **해설**
> • 부모 프로세스와 자식 프로세스는 PCB를 서로 공유하지 않는다.
>
> [정답 ④]

006 보조기억장치에서 특정 데이터를 검색하려고 할 때, 데이터를 순차적으로 읽지 않고 원하는 데이터만을 직접 액세스 하는 방법을 무엇이라고 하는가?

① 순차 접근 방법(Sequential)
② 임의 접근 방법(Random)
③ 선택 접근 방법(Select)
④ 스캔 접근 방법(SCAN)

> **해설**
> • 임의 접근 방법(Random Access) : 원하는 데이터만을 직접 액세스하는 방법으로 임의로 데이터가 액세스되므로 순차 접근 방법(Sequential Access)과 달리 어떤 특별한 순서로 저장될 필요는 없으나, 검색될 데이터를 명시하기 위해서는 임의로 액세스하려는 데이터들은 그들과 관련된 키(Key)를 가져야 한다.
>
> [정답 ②]

007 윈도우 공유를 안전하게 관리하기 위한 설정방법이다. 다음 내용 중 잘못된 내용을 고르시오.

① IPC$를 제외하고 디폴트 공유인 C$, Admin$는 삭제한다.
② 일반 공유 디렉터리를 사용할 경우 Everyone 권한을 제거해야 한다.
③ 공유 디렉터리를 영구적으로 삭제하기 위해서는 C:₩> net share(공유이름) /delete로 공유를 삭제한다.
④ 현재 공유 디렉터리를 확인하기 위해 C:₩> net share 명령으로 확인할 수 있다.

> **해설**
> • C:₩> net share(공유이름) /delete 로는 현재 시스템 운영 상태에서 공유한 폴더를 공유 해제하는 기능만 한다. 재부팅할 경우 다시 공유 설정되기 때문에 시작〉실행〉 REGEDIT 를 실행하여 아래 레지스트리 값을 0 으로 수정해야 한다.
>
> [정답 ③]

008 윈도우 시스템의 파일 시스템에 대한 설명이다. 다음 중 옳지 않은 것은?

① NTFS 파일 시스템은 포맷 시 모든 파일과 디렉터리에 소유권과 사용 권한 설정이 가능하고 ACL(접근 통제 목록)을 제공한다.

② FAT32 파일 시스템은 컴퓨터에 액세스 가능한 모든 사용자가 파일을 읽을 수 있다.
③ 파일 시스템이 제공하는 최대 파일 크기는 FAT이 2GB, FAT32가 4GB이다.
④ FAT32에서 NTFS로 파일 시스템을 변경하는 명령어는 convert(볼륨명) /FAT 32:NTFS이다.

> **해설**
> • FAT32에서 NTFS로 파일 시스템을 변경하는 명령어는 convert(볼륨명) /FS:NTFS이다.
>
> [정답 ④]

009 다음 중 NTFS에서 설정할 수 있는 디렉터리 권한이 아닌 것은?

① 모든 권한
② 읽기 및 쓰기
③ 수정
④ 폴더내용 보기

> **해설**
> • NTFS에서 설정할 수 있는 디렉터리 권한의 종류는 6가지이다.
> - 모든 권한
> - 수정 : 폴더를 삭제할 수 있으며 '읽기 및 실행'과 '쓰기'가 동일한 권한을 갖는다
> - 읽기 및 실행
> - 폴더 내용 보기
> - 읽기
> - 쓰기
>
> [정답 ②]

010 다음은 윈도우 운영체제 파일 시스템에 대한 설명이다. 다음 내용 중 잘못된 내용을 고르시오.

① NTFS의 최대 볼륨 및 파티션 크기는 2TB(테라바이트) 이상이다.
② FAT의 최대 볼륨 크기는 32GB까지이다.
③ NTFS의 최대 파일 크기는 16TB에서 64KB를 뺀 크기이다.
④ FAT의 최대 파일 크기는 2GB이다.

> **해설**
> • FAT : 파일 할당 테이블(File Allocation Table, FAT)은 디지털 카메라 등에 장착되는 대부분의 메모리 카드와 수많은 컴퓨터 시스템에 널리 쓰이는 컴퓨터 파일 시스템 구조이다. 최대 2GB
> • NTFS : 메타데이터의 지원, 고급 데이터 구조의 사용으로 인한 성능 개선, 신뢰성, 추가 확장 기능을 더한 디스크 공간 활용이 가능하며, 복구성 및 보안성이 FAT 보다 우수하다. 최대 2TB
>
> [정답 ②]

011 리눅스 계정의 식별을 위한 UID, GID에 대한 설명 중 틀린 것은?

① root 이외의 계정인 경우 UID, GID의 값은 '0' 값을 제외한 임의의 번호가 사용된다.
② 누구인가를 식별하는 RUID(Real UID), RGID(Real GID)와 어떤 권한을 가지고 있는가를 정하기 위한 EUID(Effective UID), EGID(Effective GID)로 구분된다.
③ 리눅스에 로그인 시 최초로 RUID와 EUID, RGID와 EGID는 각각 다른 값을 갖는다.
④ SetUID를 이용해 EGID를 관리자 권한으로 획득할 수 있다.

해설
• 리눅스에 로그인 시 RUID와 EUID, RGID와 EGID는 동일한 값을 갖는다.

[정답 ③]

012 유닉스/리눅스에서 로그인 실패 시 계정 잠금 설정에 대한 설명으로 틀린 것은?

① 계정 잠금 설정은 무작위 대입 공격(Brute Force Attack), 비밀번호 추측 공격(Password Guessing) 공격 시 비밀번호 실패 횟수를 제한하여 공격에 대응하기 위해 설정한다.
② SunOS 5.9 이상 버전에서는 /etc/default/login 파일에 계정 잠금 횟수를 설정하고, /etc/security/policy.conf 파일에 계정 잠금 정책사용 설정을 수행한다.
③ Linux의 root계정에는 비밀번호 잠금 설정을 적용하지 않을 경우 /etc/pam.d/system-auth 파일에 auth required와 account required 부분에 no_lock_root 를 추가한다.
④ AIX의 경우 /etc/security/user 파일에 계정 잠금 횟수를 설정한다.

해설
• 리눅스의 경우 계정 잠금 설정은 /etc/pam.d/system-auth 파일에 다음과 같이 설정할 수 있다(no_lock_root가 아닌 no_magic_root으로 설정).

[정답 ③]

013 유닉스/리눅스의 중요 파일의 소유자는 대부분 root이고 파일의 특성에 따라 적절한 권한을 부여한다. 다음 중 적절하게 권한이 설정되지 않은 파일은 어느 것인가?

① /etc/hosts 파일의 권한이 600인 경우
② /etc/inetd.conf 파일의 권한이 600인 경우
③ /etc/syslog.conf 파일의 권한이 644인 경우
④ /etc/services 파일의 권한이 600인 경우

해설
- services 파일은 서비스 제공을 위해 644로 설정해야 한다.

[정답 ④]

014 RPC (Remote Procedure Call) 서비스는 분산처리 환경에서 개발을 하는 데 있어 많은 이점을 제공하지만, 일부 서비스들은 버퍼 오버플로우(Buffer Overflow)취약성이 존재하여 root 권한 획득 및 침해사고 발생 위험이 있으므로 서비스를 중지하여야 한다. 다음 RPC 서비스에 대한 설명으로 틀린 것은?

① rstatd : inet 데몬에서 얻은 성능 통계 리턴
② rusersd : rusers 명령의 조회에 응답
③ rpc.ypupdated : Network Information Services(NIS) 맵 정보 갱신
④ rpc.cmsd : 데이터베이스 관리 프로그램으로 Open Windows의 Calendar Manager와 CDE의 Calendar 프로그램에서 사용

해설
- rstatd은 커널에서 얻은 성능 통계를 제공한다.

[정답 ①]

015 다음은 Apache 서버 설정에 대한 설명이다. Apache 서버를 안전하게 운영하기 위한 설정 방법이 아닌 것은?

① Apache의 매뉴얼 파일 및 디렉터리를 제거한다.
② Apache 데몬을 root 가 아닌 별도 계정으로 구동한다.
③ 디렉터리 검색 기능 제거를 위해 httpd.conf 파일에 설정된 모든 디렉터리의 Options 지시자에서 Indexes 옵션을 제거한다.
④ 심볼릭 링크와 aliases 사용을 제한하기 위해 httpd.conf 파일에 설정된 모든 디렉터리의 AllowOverride를 None으로 설정한다.

해설
- 일부 서버는 심볼릭 링크(Symbolic link)를 이용하여 기존의 웹 문서 이외의 파일시스템 접근이 가능하도록 하고 있다. 이러한 방법은 편의성을 제공하는 반면, 일반 사용자들도 시스템 중요 파일에 접근할 수 있게 하는 보안 문제를 발생시킬 수 있다. 따라서 심볼릭 링크, aliases 사용 제한을 위해 httpd.conf 파일에 설정된 모든 디렉터리의 Options 지시자에서 심볼릭 링크를 가능하게 하는 FollowSymLinks 옵션을 제거해야 한다.

[정답 ④]

016 솔라리스 10에서 패치하는 방법을 설명한 것이다. 다음 중 틀린 것은?

① # smpatch analyze : 해당 시스템에 패치가 필요한 목록은 확인한다.

② # smpatch update : 설치된 패치 현황을 확인하고 설치되지 않은 패치가 있을 경우 설치한다.
③ # smpatch get : 접속하는 patch 서버 정보를 확인한다.
④ # smpatch delete : 시스템에서 패치를 삭제한다.

> **해설**
> • 솔라리스에서 패치를 삭제하기 위해서는 옵션은 delete가 아니고 remove를 사용해야 한다.
> [정답 ④]

017 유닉스/리눅스 시스템에서 다음과 같이 파일을 생성 후에 생성된 파일의 권한으로 맞는 것은?

```
$ umask 024
$ touch kisca
$ ls -l kisca

(        ) 1 pi pi 0 Jan 14 09:08 kisca
```

① -rw-r--r--
② -rwxr-xr-x
③ -rw-r---w-
④ -rwxr-x-wx

> **해설**
> • umask 값은 파일 및 디렉터리의 생성 시 기본 권한(permission)을 정의한다. 파일의 경우 666값에 대해 umask값을 빼주면 되고 디렉터리의 경우 777값에 umask 값을 빼주면 된다. umask 기본 값은 일반적으로 0220이나 문제에서 umask 값을 024로 변경하여 파일의 경우 642(rw-r----w-)가 되는 것이다.
> [정답 ③]

018 다음은 리눅스의 /etc/shadow 파일에 test 계정에 대한 비밀번호 설정에 관한 설명이다. 이 중 틀린 것은?

```
test:1234:16814:0:90:7::30:
      ①    ②   ③ ④
```

① useradd -p 1234 test 명령으로 생성된 계정의 비밀번호는 1234이다.
② 1970년 1월 1일로부터 패스워드를 마지막 변경일 간의 날(day) 수를 표시한 것이다.

③ 패스워드 최대사용일(day)수를 정의한 것으로 90일이다.
④ 패스워드가 만기가 되어서 계정이 사용불가가 된지 며칠인지 표시하는 항목으로 30일이 경과되었다.

> **해 설**
> • ④ 필드는 패스워드 만료일을 지정하는 필드로 1970년 1월 1일부터 만료일까지의 날(day)수가 계산되어 표시된다.
>
> [정답 ④]

019 유닉스/리눅스에서 현재 파일 생성 시 umask는 0220이다. 파일 생성 후 파일의 권한을 -rwxrw-----로 변경하고자 chmod 명령을 사용하려고 한다. 다음 중 맞는 것은?

① chmod o-r (파일명) | chmod u+x (파일명)
② chmod 744 (파일명) | chmod g-w (파일명)
③ chmod o-r (파일명) | chmod 750 (파일명)
④ chmod 760 (파일명) | chmod u+x (파일명)

> **해 설**
> • chmod 첫번째 숫자는 user(u) 두번째 숫자는 group(g) 세번째 숫자는 other(o)를 의미하고 권한은 rwx(r=4, w=2, x=1) r 읽기, w 쓰기, x 실행하기 권한을 의미한다. 예를 들어 umask 022(즉, 파일의 권한은 644)인 경우 소유자(user)에게 읽기, 쓰기, 실행하기 권한을 부여하고 group, other에게는 모든 권한을 부여하지 않으려면 chmod 700 또는 chmod u+x,g-r,o-r 명령을 실행하면 된다.
>
> [정답 ④]

020 리눅스에서 reboot과 halt 명령어 옵션에 대한 설명이다 다음 중 틀린 것은?

① -n : sync처리가 없으며 -d 옵션을 동반함
② -w : reboot, halt명령이 실행되지 않지만 utmp파일에 기록만 남김
③ -d : wtmp파일에 기록을 하지 않음
④ -f : shutdown을 호출하지 않고 강제로 halt, reboot함

> **해 설**
> • reboot, halt 명령어의 -w 옵션은 실제로는 실행되지 않지만 /var/log/wtmp 파일에 기록을 남긴다.
>
> [정답 ②]

제2과목 네트워크 보안

021 다음은 TCP 프로토콜에 대한 설명이다. 옳지 않은 것은?

① TCP 프로토콜은 연결 지향적이며, 동기식 방식이다.
② TCP 타이머에서 재전송 타이머(RTO) 값은 타이머가 끝나기 전에 확인응답이 수신된 후에도 타이머는 소멸하지 않는다.
③ 패킷이 중간 유실 되거나, 흐름 장애시 재전송을 하는 프로토콜이다.
④ UDP 프로토콜 전송보다 느리다.

해 설
- TCP 타이머에서 재전송 타이머(RTO) 값은 타이머가 끝나기 전에 확인응답이 수신되면 더 이상 타이머는 불필요하므로, 타이머는 소멸한다.

[정답 ②]

022 IP V.4와 IP V.6에 대한 설명으로 옳지 않은 것은?

① IP V.4 보다 IP V.6에서는 헤더 필드가 더 단순해 졌다.
② IP V.4는 4개의 옥텟(.)으로 구분하고, 총 32비트로 구성되어 있다.
③ IP V.6는 16진수 8개로 구성되어 총 128비트로 구성되어 있다.
④ IP V.6에서는 IPsec 프로토콜을 별도로 설치해야 한다.

해 설
- IP V.6에서는 IPsec 프로토콜을 별도로 설치하지 않아도 되며, 확장기능에서 기본으로 제공한다.

[정답 ④]

023 IP address 203.252.108.0 일 때, SubnetMask 255.255.255.128로 서브넷팅 하면 서브넷과 호스트 개수는 각각 몇 개인가?

① 서브넷 1개, 호스트 254개
② 서브넷 6개, 호스트 128개
③ 서브넷 8개, 호스트 224개
④ 서브넷 2개, 호스트 128개

> **해설**
> • 256-128=128로 호스트 개수는 128개이고, 256/128 = 2로 서브넷은 2개이다.
>
> [정답 ④]

024 각 프로토콜에 대한 설명이다. 다음 설명 중 옳지 않은 것은?

① ARP 프로토콜은 MAC주소를 참조하여 IP 주소로 변환하는데 사용한다.
② IP는 다른 컴퓨터와 구별될 수 있도록 적어도 한 개 이상의 고유한 주소를 갖는다.
③ IP헤더에서 UDP는 IP 프로토콜 번호 17번을 사용하고, ICMP는 번호 1, TCP는 6 을 사용한다.
④ PING을 이용하면 DESTINATION UNREACHABLE 이라는 메시지를 볼 수 있는데, 이는 수신 호스트가 존재하지 않거나, 존재해도 필요한 프로토콜이나 포트 번호 등이 없어 수신 호스트에 접근이 불가능한 경우에 발생한다.

> **해설**
> • ARP 프로토콜은 IP주소를 참조하여 MAC 주소로 변환하는데 사용한다. 이와 반대되는 개념은 RARP 이다. RARP는 MAC주소를 참조하여 IP주소를 변환한다.
>
> [정답 ①]

025 SNMP와 CMIP에 대한 설명이다. 다음 설명 중 옳지 않은 것은?

① 트랩(Trap)의 역할은 Agent가 Manager에게 상황 발생시에 해당 이벤트 정보를 전달한다.
② CMIP는 SNMP와 같은 네트워크 관리프로토콜이며, SNMP 보다 시스템 리소스를 많이 소모하지 않고, 구조가 매우 단순하여 SNMP보다 더 널리 활용된다.
③ SNMP에서 매니저는 161 UDP 포트, 에이전트는 162 UDP 포트로 메시지를 전송한다.
④ 종합된 정보들은 MIB(Managerment Infomormation Base)를 통해 DB에 저장된다.

> **해설**
> • SNMP는 네트워크 망에 대한 효율적인 관리를 위한 Protocol이다.
>   - Manager-Agent 관계로 이루어져 있으며, 통신과정에서 인증을 위해 Community Sting을 사용하게 된다.
>   - 네트워크 장치를 모니터링하고 제어하기도 하고, 환경설정, 통계, 자료수집, 수행 성능, 보안 기능을 관리하는 수단이다.
>   - 이러한 종합된 정보들은 MIB(Managerment Infomormation Base)를 통해 DB에 저장된다.
>   MIB는 구성관리, 성능관리, 고장관리, 보안관리, 계정관리의 5가지 기능이 있다.
> • CMIP(Common Management Information Protocol) : SNMP와 같은 네트워크 관리프로토콜이며, SNMP 보다 시스템 리소스를 많이 소모하는 단점이 있고, 보안성이 우수하고 능률적으로 네트워크를 관리할 수 있지만 구조가 너무 복잡해서 사용되지 않는다.
>
> [정답 ②]

026 네트워크 장비에 대한 설명이다. 다음 설명 중 옳지 않은 것은?

① 리피터(Repeater)는 디지털 통신에서 감쇠된 전송신호를 새롭게 재생하여 다시 전달하는 재생 중계 장치를 뜻한다.
② 브리지는 OSI 7레이어중 3계층에 사용되며, 스위치와 동일한 기능을 수행한다.
③ 허브와 달리 스위치는 두 개의 노드가 통신하는 동안 다른 노드들도 서로 간 동시 통신이 가능하다.
④ 허브는 OSI 참조 모델의 물리 계층만을 지원하는 멀티포트 리피터 개념의 네트워크 장비이다.

해설
• 브리지는 OSI 7레이어중 2계층에 사용되며, 스위치와 기능이 동일하지 않다.

[정답 ②]

027 라우터에서 사용하는 ACL에 대한 설명이다. 다음 설명 중 옳지 않은 것은?

① ACL(Access Control Lists)에는 Standard ACL과 Expansion ACL이 있다.
② Standard ACL은 100-199의 번호를 사용한다.
③ Standard ACL 출발지 IP 주소를 검사하여 프로토콜 전체를 허용/거부 한다.
④ ACL의 차단 순서는 위에서 부터 아래로 내려간다.

해설
• ACL(Access Control Lists)에는 Standard ACL과 Extended ACL의 2종류가 있다.

[정답 ①]

028 무선랜 암호화에 대한 설명이다. 다음 설명 중 옳지 않은 것은?

① 무선LAN 은 전파를 이용하므로 보안에 취약하다. 이를 보완하기 위해 고안된 기술로 WEP, WPA 등이 있다.
② WPA2는 WEP 등의 취약점으로 인해 그 대안으로 만든 것으로 와이파이 보호 접속(Wi-Fi Protected Access)이라고도 한다.
③ WEP는 데이터 암호화를 강화하기 위해 TKIP(Temporal Key Integrity Protocol, 임시키 무결성 프로토콜)을 사용한다.
④ WEP에 사용되는 암호키의 값이 노출되면 누구나 쉽게 데이터 확인 가능하다는 단점이 있다.

해설
• WEP는 TKIP을 사용하지 않는다. WPA2는 데이터 암호화를 강화하기 위해 TKIP(Temporal Key Integrity Protocol, 임시키 무결성 프로토콜)을 사용한다.

[정답 ③]

029 다음은 VLAN에 대한 설명이다. 다음 설명 중 옳지 않은 것은?

① VLAN은 논리적인 Bus의 분할은 Ethernet Network의 물리적인 구조를 변경하지 않더라고 논리적으로 Network의 형태를 자유롭게 변경할 수 있는 것을 말한다.
② VLAN은 하나의 broadcast domain을 다수의 broadcast domain으로 분리하는 기법을 의미한다.
③ VLAN을 구성하는 방식에는 OSI 7 레이어중 데이터링크계층의 MAC 주소에 의한 방식과 3계층의 IP 주소에 의한 방식이 있다.
④ 전체 네트워크에 걸쳐 VLAN 구성의 일관성을 유지하기 위한 프로토콜은 전송계층(4계층)에서 사용하는 VTP(VLAN Transport Protocol) 프로토콜이다.

해 설
• 전체 네트워크에 걸쳐 VLAN 구성의 일관성을 유지하기 위한 프로토콜은 데이터링크계층(2계층)에서 사용하는 VTP(VLAN Trunking Protocol) 프로토콜이다.

[정답 ④]

030 다음 그림은 콜리전 도메인과 브로드캐스팅 도메인으로 구성되었다. 다음 중 옳은 것은?

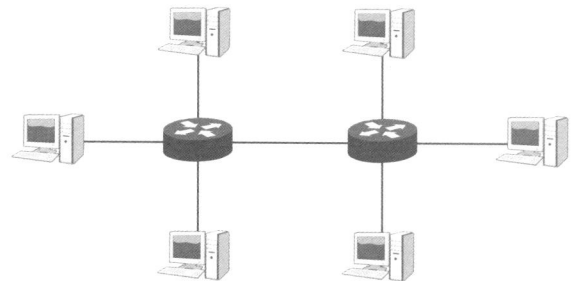

① 콜리전 도메인은 2개, 브로드캐스트 도메인은 6개
② 콜리전 도메인은 1개, 브로드캐스트 도메인은 9개
③ 콜리전 도메인은 7개, 브로드캐스트 도메인은 2개
④ 콜리전 도메인은 7개, 브로드캐스트 도메인은 7개

해 설
• 라우터는 스위치의 기능도 하기 때문에, 그림에서 콜리전 도메인은 모든 연결선이 총 7개이므로, 콜리전 도메인은 7개이다. 브로드캐스트 도메인은 라우터에 연결된 선은 모두 브로드캐스트 도메인 개수이다. 원리를 다시 한번 꼭 이해하기 바란다.

[정답 ④]

031 다음은 지문에 들어갈 단어 중 적절한 것은?

> - DoS : 한 개의 (　) 를 이용하여 타겟 시스템을 공격하는 형태
> - DDoS : 한 개 이상 (　) 를 이용하여 분산 공격하는 형태

① Malware
② Virus
③ Trojan
④ Host

> **해설**
> • DoS 한 개의 Host를 이용하여 DDoS는 2개 이상의 Host를 이용하여 대상의 가용성을 공격한다.
>
> [정답 ④]

032 TCP SYN Flooding 공격의 조치 방법으로 옳지 못한 것은?

① 클라이언트가 서버에게 요구한 SYN 개수보다 큰 Connect Queue Size를 증대시킨다.
② SYN 쿠키 사이즈를 크게 늘려준다.
③ 중간 게이트웨이에서 SYN 패킷이 지나간 후 일정한 시간이 지난 후에도 ACK가 이루어지지 않으면 해당 서버로 RST 패킷을 날려준다.
④ 서브넷 이외의 소스주소가 외부로 나가는 패킷에 대하여 허용한다.

> **해설**
> • 서브넷 이외의 소스주소를 가지고 외부로 나가는 패킷을 로우레벨에서 폐기시킨다.
>
> [정답 ④]

033 다음은 Land Attack 공격의 예이다. 괄호 안에 들어갈 내용으로 올바른 것은?

hping 192.168.0.100 -a (　) -s 100 -p 100 -S -c 100

① 192.168.0.1
② 192.168.0.255
③ 192.168.255.255
④ 192.168.0.100

> **해설**
> • Land Attack은 출발지와 목적지가 같은 공격 형태이다.
>
> [정답 ④]

034 다음 nmap의 옵션 중 UDP Port Scan 옵션은?

① -sF
② -sN
③ -sX
④ -sU

해설

- -sU 는 UDP Port Scan 에 쓰임. 다른 옵션은 Tcp Scan.

[정답 ④]

035 다음 중 Sniffing 공격과 거리가 먼 것은?

① Switch Jamming
② ARP Redirect
③ ICMP Redirect
④ IPID sampling

해설

- Switch Jamming : 스위치의 MAC Adress Table의 버퍼를 오버플로우시켜서 스위치가 허브처럼 동작하게 강제적으로 만드는 기법을 말한다. 스위치는 fail open 정책, 즉 실패 시에 모두 허용해주는 정책을 따르는 장비이므로 문제가 발생하면 Hub처럼 연결된 모든 노드에게 패킷을 전송한다. MAC Address Table을 채우기 위해 MAC주소를 계속 변경하면서 ARP reply 패킷을 지속적으로 전송하는 방식으로 공격하는 기법

[정답 ④]

036 웹메일서버 구축에 따른 방화벽 정책을 설정하려고 한다. 다음 중 잘못된 정책은?

순번	출발지 IP	출발지 PORT	목적지 IP	목적지 PORT	프로토콜	행위
1	ANY	ANY	192.168.90.50	25	TCP	ACCEPT
2	192.168.90.50	ANY	ANY	25	TCP	ACCEPT
3	ANY	ANY	192.168.90.50	80	TCP	ACCEPT
4	192.168.90.50	ANY	ANY	80	TCP	ACCEPT

① 1번 정책
② 2번 정책
③ 3번 정책
④ 4번 정책

해설

- 메일서버는 SMTP(TCP 25번 PORT) 프로토콜을 이용하여 메일을 송수신하므로 any에서 메일서버로 SMTP 접근 허용. 메일서버에서 any로 SMTP 접근이 허용되어야 한다.

[정답 ④]

037 다음 IDS 로그를 보고 판단한 결과 중 맞는 것은?

날짜	시간	출발지 IP	출발지 PORT	목적지 IP	목적지 PORT	프로토콜	탐지명
2016-01-16	8:23:10	10.9.20.20	10525	192.168.0.40	80	TCP	XSS
2016-01-16	8:23:29	10.9.20.20	10840	192.168.0.41	80	TCP	XSS
2016-01-16	8:24:01	10.32.0.60	3788	192.168.25.30	80	TCP	Syn flood
2016-01-16	8:32:00	10.40.8.5	7575	192.168.10.24	9000	TCP	SQL injection

① 탐지된 웹해킹 공격은 설정된 공격 패턴과 일치하므로 모두 탐지되어 차단되었다.
② 탐지된 출발지 IP는 추가 공격을 막기 위해 모두 방화벽에서 차단시킨다.
③ 목적지 PORT 번호가 9000번이므로 SQL injection은 오탐이다.
④ syn flood가 오탐으로 확인될 경우 임계치를 수정한다.

> **해설**
> • 설정된 패턴과 일치할 경우만 알람이 발생하므로 주기적인 패턴 추가와 함께 로그분석을 통한 패턴 수정이 반드시 필요하다 또한 비정상 트래픽이 발생하여 탐지되더라도 차단하는 기능은 없으므로 반드시 확인된 탐지로그에 대해서는 추가 보안조치가 필요하다.
>
> [정답 ④]

038 다음 IPS 로그를 보고 판단한 결과 중 맞는 것은?

날짜	시간	출발지 IP	출발지 PORT	목적지 IP	목적지 PORT	프로토콜	탐지명	행위
2016-01-25	8:01:30	10.20.5.71	5565	192.168.92.14	80	TCP	File download	BLOCK
2016-01-25	8:02:11	10.20.5.71	5568	192.168.92.14	80	TCP	File download	BLOCK

탐지명	패턴
File download	../../etc/passwd

① 패스워드 파일 다운로드 공격을 시도하였으나 성공여부는 알 수 없다.
② /../../../etc/passwd 패턴으로 공격시 탐지할 수 없다.
③ 잘 알려진 공격 패턴이므로 오탐 가능성은 없다.
④ 근본적으로 소스코드에 취약점을 이용한 공격이다.

> **해설**
> • 해당 공격 패턴은 파일다운로드 공격으로 서버에 존재하는 중요파일에 ../../ 패턴을 이용하여 상대경로로 접근하는 공격이다 공격 성공시 공격자는 해당 파일을 열람할 수 있다.
>
> [정답 ④]

039 shellshock 취약점에 대한 설명 중 맞는 것은?

① 주기적인 백신 업데이트로 예방 할 수 있다.
② 인터넷익스플로러에서 발생하는 취약점으로 다른 웹브라우저는 안전하다.
③ 주로 해킹메일을 통해 감염된다.
④ 공격 성공시 중요파일 삭제가 가능하다.

해 설

- 유닉스 계열 운영체제에서 사용하는 GNU Bash에 임의코드를 실행할 수 있는 취약점이 발견되었고 해당 취약점을 shellshock라고 한다.

[정답 ④]

040 최근 보안 이슈사항에 대한 설명이다. 다음 중 옳지 않은 것은?

① 랜섬웨어는 프로그램 파일이 아닌 문서, 사진, 동영상 등 개인적인 파일을 암호화 시킨다.
② 랜섬웨어는 암호화된 파일은 강제로 복호화가 어렵고, 네트워크로 공유된 파일도 암호화 시킬 수 있다.
③ 취약한 IoT 서비스를 검색하는 검색엔진 Shodan(쇼단)을 통해 의료정보가 노출된 정황 포착과 실제 운영되는 CCTV가 인터넷을 통해 노출된다.
④ Tor 웹 브라우저는 웹 취약점 자동 스캔 툴이다.

해 설

- Tor 웹 브라우저는 웹 취약점 자동 스캔 툴이 아니며, 사용자의 IP를 속일 수 있으며, 익명성을 악의적으로 사용하여 불법적인 행위가 가능한 프로그램이다.

[정답 ④]

제3과목 어플리케이션 보안

041 다음은 DNS Zone에 대한 설명이다. 옳지 않은 것은?

① 해당 DNS가 직접 관리하며 모든 권한을 가지고 있는 영역을 주 영역이라 한다.
② 다른 DNS Server의 주 영역을 읽기 전용 데이터로 복사 해온 영역을 보조 영역이라 한다.
③ 보조영역으로 복사해 오는 행위를 Zone Mover라고 한다.
④ 해당 영역에 대한 권한은 없으면서 다른 DNS Server의 정보가 있는 영역을 스텁(stub) 영역이라 한다.

> **해설**
> - Zone의 종류
>   - 주 영역 : 해당 DNS가 직접 관리하며 모든 권한을 가지고 있는 영역
>   - 보조 영역 : 다른 DNS Server의 주 영역을 읽기 전용 데이터로 복사 해온 것(복사해 오는 행위를 Zone Transfer라고 함)
>
> [정답 ③]

042 다음은 FTP에 관련 설명이다 다음 중 옳지 않은 것은?

① PI(Protocol Interpreter)는 제어 명령을 송/수신하는 역할을 한다.
② FTP는 제어를 하기위한 연결과 데이터 전송을 위한 연결을 서로 분리 사용하여 효율적이고 신뢰성 있는 데이터 전송을 제공 한다.
③ FTP는 제어를 위한 연결을 할 때엔 20번 포트를 사용하고 FTP 세션 동안 계속 유지된다.
④ DTP(Data Transmission Process) : 데이터를 송/수신하는 역할

> **해설**
> - FTP는 제어를 위한 연결을 할 때는 21번 포트를 사용하고 FTP 세션 동안 계속 유지하며 데이터 전송을 위한 연결시 20번 포트를 사용하고 파일을 전송하는 동안 유지한다.
>
> [정답 ③]

043 다음은 FTP 동작 모드 중 Active Mode에 대한 설명이다. 옳지 않은 것은?

① 클라이언트가 서버에게 자신이 어떤 포트로 데이터를 전송할지 알려주는 방식이다.

② 방화벽과 같은 보안솔루션 때문에 방화벽을 통해 FTP를 사용해야하는 문제점을 해결한다.
③ 서버가 클라이언트로 연결을 시도한다는 점에서 문제점이 발생할 수 있다.
④ 클라이언트는 1024 이상의 임의의 포트를 사용한다.

> **해설**
> • 방화벽을 통해 FTP를 사용해야 하는 문제점을 해결하기 위해서는 능동모드가 아닌 수동모드로 해결이 가능하다.
>
> [정답 ②]

044 다음 설명 중 옳지 않은 것은?

① POP3는 기본적으로 MRA가 가져간 메일은 서버에서 삭제된다.
② IMAP은 POP3와 유사한 역할을 하지만 MRA가 메일을 가져가도 서버에 계속 남는다.
③ IMAP은 메일의 제목 및 본문의 일부 내용만 볼 수 있다.
④ POP3는 선택적으로 메일을 가져올 수 있다.

> **해설**
> • POP3(Post Office Protocol 3 ; TCP 110)
> - 기본적으로 MRA가 가져간 메일은 서버에서 삭제된다
> - 추가적인 옵션을 통해, 삭제를 안 시킬 수는 있다.
> - 선택적으로 메일을 가져올 수가 없다.
>
> [정답 ④]

045 아래는 MIME에 관한 설명이다. 다음 중 틀린 것은?

① 이메일을 위한 인터넷 표준 포맷이다.
② SMTP가 7Bit ASCII 문자만을 지원하기 때문에 가지는 문제를 해결하기 위해 등장했다.
③ 8Bit 이상이 코드를 가지는 문자나 파일들은, 이메일 프로그램이나 서버에서 자동으로 MIME형식으로 변환해 전달한다.
④ SMTP가 7비트 ASCII 문자로 표현할 수 없는 영어 및 스페인어 이외의 언어로 쓰인 전자우편은 제대로 전송 될 수 없다.

> **해설**
> • SMTP가 7비트 ASCII 문자로 표현할 수 없는 영어 및 스페인어 이외의 언어로 쓰인 전자우편은 제대로 전송 될 수 없다.
>
> [정답 ④]

046 아래 Mail 서비스 공격유형이 설명하는 것은 무엇인가?

> 메일 열람시, CSS(Client Side Script)가 실행되어 컴퓨터 정보를 유출하거나 악성프로그램을 실행시키는 공격

① Malware Attack
② Active Contents Attack
③ 이메일 피싱 공격
④ Directory Harvest Attack

해 설
- Active Contents Attack
  – 메일 열람시, CSS(Client Side Script)가 실행되 컴퓨터 정보를 유출하거나 악성프로그램을 실행시키는 공격
  – 대응 : 스크립팅 기능을 제거하거나 스크립트 태그를 다른 이름으로 바꾸어 저장한다.

[정답 ②]

047 아래 취약점에 관한 사항으로 가장 적절한 것은?

> 웹 어플리케이션 상에 존재하는 모든 실행경로에 대해서 접근제어를 검사하지 않거나 미흡한 경우 공격자가 접근 가능한 실행경로를 통해 사용자의 정보를 유출 하거나 일시적인 권한 상승이 가능한 취약점

① 실행 코드의 조작을 통해 눈에 보이지 않는 값을 예측하는 방법
② HTTP 프로토콜의 stateless 특징을 고려하여 사용자의 Session을 관리하고 편의성을 도모하기 위해 사용되는 기술적 방법
③ 사용자가 자신의 의지와는 무관하게 공격자가 의도한 행위(수정, 삭제, 등록 등)를 하게하는 방법
④ 특정권한이 부여된 애플리케이션이 별도의 인증과정을 거치지 않고 방치되어 공격자가 접근할 수 있는 공격

해 설
- URL 파라미터 변조
  – URL 파라미터 조작은 개발자가 표준화된 규격양식에 따라 작성한 실행 코드의 조작을 통해 눈에 보이지 않는 값을 예측하는 방법이다. 많은 웹 페이지들은 사용자로부터 파라미터 값을 입력 받아 데이터베이스에 대한 SQL query를 만든다.
  – 악의적인 사용자는 표준화된 규격 양식을 예측하여 URL 파라미터를 조작하고 비정상적인 호출을 통하여 권한상승이나 시스템정보를 획득할 수 있다.

[정답 ①]

048 아래 취약점에 관한 사항으로 가장 부적절한 것은?

> 웹 어플리케이션에서 일반적으로 사용하는 GET, POST 메소드 이외의 PUT, DELETE, COPY, MOVE 등의 불필요한 메소드를 허용하였을 경우 공격자가 이를 이용하여 웹 서버에 파일을 생성하거나 삭제 및 수정이 가능한 취약점

① HEAD : POST와 같은 명령이지만, 자료에 대한 정보(Information)만을 받는다.
② POST : 서버가 처리할 수 있는 자료들을 보낸다.
③ TRACE : 이전에 요청한 내용을 들을 것을 요청한다.
④ CONNECT : 프록시가 사용하는 요청

> **해 설**
> • 웹 서비스 메소드 설정 취약점 설명
>   - 인터넷에서 하이퍼텍스트 문서를 교환하기 위하여 사용되는 통신규약. 하이퍼텍스트는 문서 중간 중간에 특정 키워드를 두고 문자나 그림을 상호 유기적으로 결합하여 연결 시킴으로서, 서로 다른 문서라고 할지라도 하나의 문서인 것처럼 보이면서 참조하기 쉽도록 하는 방식을 의미한다.
>
> [정답 ①]

049 다음 중 공격 성격이 나머지 3개와 다른 하나는?

① 크로스사이트 리퀘스트 변조(CSRF)
② 쿠키 변조
③ 취약한 패스워드 복구
④ 디렉토리 인덱싱

> **해 설**
> • 취약점 공격들은 공격피해 결과에 따라 다음과 같이 분류가 가능하다.
> ① 크로스사이트 리퀘스트 변조(CSRF) : 사용자 권한 탈취
> ② 쿠키 변조 : 사용자 권한 탈취
> ③ 취약한 패스워드 복구 : 사용자 권한 탈취
> ④ 디렉토리 인덱싱 : 시스템파일 누출
>
> [정답 ④]

050 아래 취약점 공격을 방어하기 위한 방법이 아닌 것은?

> 웹 어플리케이션에서 확장자 필터링이 제대로 이루어지지 않았을 경우 공격자가 악성 스크립트 파일(웹쉘)을 업로드 하여 웹을 통해 해당 시스템을 제어할 수 있어 명령어 실행 및 디렉터리 열람이 가능하고 웹 페이지 또한 변조가 가능한 취약점

① 확장자 필터링 처리
② Server Side Script 파일은 업로드 되지 않도록 처리
③ 필터링 처리는 Client Side에서 처리
④ 파일의 확장자 검사 시 대소문자를 구별하지 않고 비교하는 함수를 사용

> **해 설**
> • 업로드 취약점 공격 : 필터링 처리는 반드시 Server Side에서 처리해야 한다.
>
> [정답 ③]

051 다음이 설명하는 기법은 무엇인가?

- 전달한 데이터를 임의의 비밀키를 이용하여 암호화
- 이 비밀키를 수신자의 공개키를 이용하여 암호화
- 수신자는 개인키로 비밀키를 복호화 후, 비밀키로 데이터 복호화
- 사용된 비밀키는 한번만 사용하는 세션 키 개념

① 이중 서명
② 전자 서명
③ 메시지 인증 코드
④ 전자 봉투

> **해 설**
> • 전자 봉투의 개요
> - 송신자가 송신내용을 암호화하기 위하여 사용한 비밀키(Secret key, Symmetric Key)를 수신자만 볼 수 있도록 수신자의 공개키(Public Key)로 암호화시킨 것을 전자봉투라 한다.
>
> [정답 ④]

052 다음이 설명하는 OTP 방식은 무엇인가?

- OTP 기기의 버튼을 누를 때마다 OTP값이 생성됨
- 가장 간단한 구조로 구현이 쉬움
- 인증서버와 OTP기기 이벤트 값을 자주 일치시켜야 하는 불편함이 있음
- OTP값의 유효시간이 정해지지 않아 추출시 보안위협

① 시간 동기화 방식 OTP
② 비동기화 방식 OTP
③ 질의 응답 방식 OTP
④ PKI 방식 OTP

> **해설**
> - 비동기화 방식 : OTP 버튼 클릭 시 OTP 생성
>   - 간단한 구조로 구현 용이
>   - 인증서버와 OTP 기기 이벤트 값을 일치시켜야 하는 불편함 존재
>   - OTP값의 유효시간이 정해지지 않아 추출 시 보안위협
>
> [정답 ②]

053 전자 화폐에 대한 설명 중 틀린 것은?

① Mondex : IC카드 전자화폐 / Off-Line 시스템 / 현금 지불의 장점과 카드 지불 장점 결합
② Milicent : 통화 발행 및 관리하는 중앙 기관 대신 P2P 기반 분산 DB에 의해 거래 발생
③ Visa Cash : Visa에서 개발한 선불카드 개념의 화폐
④ PC Pay : 스마트 카트와 카드 리더기로 구성된 전자 화폐

> **해설**
> - 통화발행 및 관리하는 중앙 기관 대신 P2P기반 분산 DB에 의해 거래가 발생하는 전자화폐는 Milicent가 아니라 비트코인이다.
>
> [정답 ②]

054 다음 중 전자지불프로토콜(SET)의 구성 요소와 관련이 가장 없는 것은?

① 상점(Merchant)
② 지불 중계기관(Payment Gateway)
③ 공급자(Supplier)
④ 매입사(Acquirer)

> **해설**
> - SET 개요
>   - 전자상거래의 신뢰성, 안전성을 위해 보안 기능과 지불기능을 제공하는 프로토콜
>   - 사용자와 상점이 상품을 안전하고 편리하게 주문하거나 배송할 수 있도록 지원
>   - 사용자, 상점, 금융기관사이의지불이 원활하게 실시간으로 처리될 수 있도록 지원하는 인프라
>
> [정답 ③]

055 SSL 프로토콜 단계를 순서대로 나열한 것은?

① Hello Request → Server Hello → Certificate Verify → Client Certificate
② Hello Request → Client Certificate → Certificate Verify → Server Hello
③ Hello Request → Client Certificate → Server Hello → Certificate Verify
④ Hello Request → Server Hello → Client Certificate → Certificate Verify

> **해설**
> • SSL 프로토콜 메시지 교환 순서는 hello request → server hello → client certificate → certificate verify 와 같다.
>
> [정답 ④]

056 여러 곳에 물리적으로 분산된 데이터베이스를 하나의 가상 통합 데이터베이스로 구성하는 기법을 분산 데이터베이스라 한다. 분산 데이터베이스에 요구되는 투명성이 아닌 것은?

① 위치 투명성
② 중복 투명성
③ 병행 투명성
④ 연결 투명성

> **해설**
> • 분산 데이터베이스에서 요구되는 투명성은 위치/중복/병행/분할/장애 투명성이다.
>
> [정답 ④]

[보안기사 2014년 4회]
057 데이터베이스 보안 강화를 위한 통제 방법 중 추론 통제에 대한 설명이 틀린 것은?

① 허용 가능한 질의 제한, 질의에 대한 응답 정보의 제한 등으로 통제 구현
② 정보가 높은 보호 수준에서 낮은 보호수준으로 이동하면서 발생
③ 인가된 요청으로 구한 정보를 활용하여 비인가 정보를 획득하는 방법
④ 빅 데이터와 같은 대규모 데이터의 통계적 분석에서 주로 발생

> **해설**
> • 흐름통제 : 정보가 높은 보호 수준에서 낮은 보호수준으로의 객체로 이동하면서 발생한다.
>
> [정답 ②]

058 ORACLE DB에 접속 가능한 사용자 계정의 비밀번호 변경 명령어 사용이 올바른 것은?

① CHANGE PASSWORD *user_name* IDENTIFIED BY *new_password*;
② ALTER PASSWORD *user_name* IDENTIFIED BY *new_password*;
③ ALTER USER *user_name* IDENTIFIED BY *new_password*;
④ CHANGE USER *user_name* IDENTIFIED BY *new_password*;

> **해 설**
>
> - ORACLE 사용자 계정 관리 명령어
>   - 비밀번호 변경 : ALTER USER *대상 계정* IDENTIFIED BY *신규비밀번호*;
>
> [정답 ③]

059 아래는 적절한 오류 처리가 누락되어 시스템의 중요 정보가 노출된 사례이다. 아래 오류 메시를 통해 확인할 수 있는 정보가 아닌 것은?

① 적용한 프레임워크 정보
② 데이터베이스 정보
③ Web Application Server 정보
④ 오류가 발생한 시스템 소스 코드 줄 번호

> **해 설**
>
> - 정보 시스템 운영 시 오류 메시지는 대상 시스템에 중요 정보를 담고 있어, 외부에 노출될 경우 민감한 시스템 구성 정보가 공개되는 취약점을 가진다.
> - 문제로 제시된 오류 메시지에는 데이터베이스 정보는 없으나, 오류 발생 위치에 따라서 데이터베이스 제품명, 접속 방법, 테이블 명 등 구체적 정보가 노출될 수 있다.
>
> [정답 ②]

060 소프트웨어 개발 보안 약점 유형에 대한 설명이 틀린 것은?

① 보안 기능 : 인증, 접근제어, 기밀성, 암호화, 권한 관리, 백업 및 복원 등이 적절하지 않게 구현될 경우 발생할 수 있는 보안 약점
② 시간 및 상태 : 동시 또는 거의 동시 수행을 지원하는 병령 시스템, 하나 이상의 프로세스가 동작되는 환경에서 시간 및 상태를 부적절하게 관리하여 발생할 수 있는 보안 약점

③ 캡슐화 : 중요한 데이터 또는 기능성을 불충분하게 캡슐화 하였을 때 인가되지 않은 사용자에게 데이터 누출이 가능해지는 보안 약점
④ API 오용 : 의도된 사용에 반하는 방법으로 API를 사용하거나, 보안에 취약한 API를 사용하여 발생할 수 있는 보안 약점

해 설
- SW 보안 약점 중 보안기능에는 인증, 접근제어, 기밀성, 암호화, 권한관리 등이 있다.

[정답 ①]

제4과목 정보보안 일반

061 AES 암호화 방식에 대한 설명 중 옳지 않은 것은?

① 미국 NIST에서 선정함
② Joan Deamen과 Vincent Rijmen이 제안한 Rijndael이 채택 됨
③ 입력이 좌우로 분할되는 Feistel 알고리즘을 사용함
④ 128비트 평문 블록이 128, 192, 256비트의 키 중 하나로 암호화 됨

해 설
- AES는 입력이 좌우로 분할되는 DES의 Feistel 알고리즘이 아니라 병렬 수행을 하는 SPN 구조를 가지고 있고 블록의 크기에 따라 10 ~ 14 라운드를 거쳐, 평문을 암호화한다.

[정답 ③]

062 암호화에 대한 다음 설명 중 옳지 않은 것은?

① 암호화는 LAN 환경에서도 반드시 구현되어야 한다.
② 소프트웨어 암호화는 시스템 성능을 저하시킨다.
③ 하드웨어 암호화를 사용해도 시스템 성능은 저하된다.
④ 키 관리상의 주의가 필요하다.

해 설
- 암호화는 메인프레임에서는 거의 필수적인 것으로 간주되지만, LAN 환경에서는 성능문제 때문에 반드시 그렇지는 않다.
- 하드웨어를 기반으로 한 암호화는 속도는 빨라지긴 하지만, 이 역시 소프트웨어 기반의 암호화처럼 시스템 성능을 저하시킨다. 또한 암호화 키는 배정/유지/폐기 등과 관련된 관리상의 주의가 요구된다.

[정답 ①]

063 다음 [보기]는 사용자 인증 시 보안 요구사항과 그에 대한 내용이다. 빈칸에 들어갈 내용으로 알맞은 것은?

보안 요구사항	내 용
A	시스템에게 주체의 식별자를 요청하는 과정
B	임의의 정보에 접근할 수 있는 주체의 능력이나 주체의 자격을 검증하는 단계
C	사용자, 프로그램, 프로세스에게 허가한 권한을 의미
책임 추적성	누가, 언제, 어떤 행동을 하였는지 기록하여 필요 시 그 행위자를 추적하게 하여 책임 소재를 명확하게 할 수 있음

① A : 식별, B : 인증, C : 인가
② A : 인가, B : 인증, C : 식별
③ A : 인가, B : 식별, C : 인증
④ A : 식별, B : 인가, C : 인증

> **해설**
> • 식별(시스템에게 주체의 식별자를 요청하는 과정), 인증(임의의 정보에 접근할 수 있는 주체의 능력이나 주체의 자격을 검증하는 단계), 인가(사용자, 프로그램, 프로세스에게 허가한 권한).
>
> [정답 ①]

064 다음 중 접근통제 정책 구성요소 중 기능적 요소에 포함되지 않는 것은?

① 사용자 접근 및 모든 접근제한 조건 등을 정의하는 접근통제 정책
② 보안 요구명세로부터 보다 정확하고 간결한 기능적 모델을 표현하는 접근통제 관련 모델
③ 접근을 요청하는 사용자의 식별에 기초하여 어떤 객체에 대하여 권한을 추가하는 기능
④ 접근 요청을 정의된 규칙에 대응시켜 검사함으로써 불법적인 접근을 방어하는 메커니즘

> **해설**
> • 접근을 요청하는 사용자의 식별에 기초하여 어떤 객체에 대하여 권한을 추가하는 기능은 임의적 접근통제(DAC : Discretionary Access Control)의 기능이다.
>
> [정답 ③]

065 임의적 접근통제(DAC : Discretionary Access Control)에 대한 설명으로 잘못된 것은?

① 데이터 소유주가 접근을 원하는 유저에게 권한을 부여하는 방법이다.
② 일반적으로 ACL(Access Control List)이 있다.
③ ACL은 중앙집중적으로 통제되는 환경에 적합하다.
④ 대부분의 OS에서 지원이 된다.

> **해설**
> • ACL은 중앙집중적으로 통제되는 환경에는 적합하지 않다. 중앙집중적으로 통제되는 환경에 접합한 것은 방화벽과 같은 방법이며, MAC 형태의 통제 방식이다.
> • DAC은 사용자 기반과 ID기반 접근통제 기반으로 구성된다.
>
> [정답 ③]

066 다음은 접근통제의 무슨 정책을 의미하는가?

- 주체와 객체가 어떻게 상호작용을 하는지 결정하는 통제들이 중앙에서 집중적으로 관리된다.
- 이 유형의 모델은 회사 내에서 사용자가 담당하는 역할에 근거하여 직원 접근을 관리한다.

① 역할기반 접근통제
② 강제적 접근통제
③ 임의적 접근통제
④ 강제적 접근통제 + 임의적 접근통제

해 설
- 역할 기반 접근통제는 담당하는 역할에 근거하여 자원에 대한 접근을 관리한다.

[정답 ①]

067 다음 그림은 대칭키 암호 시스템에 관한 설명이다 A, B에 들어갈 내용으로 맞는 것은?

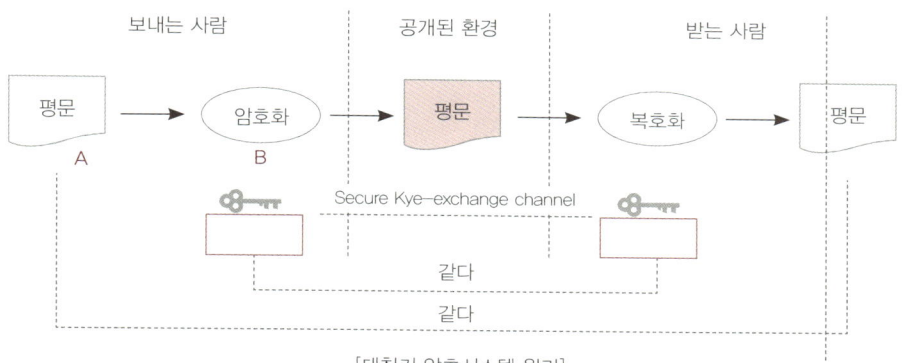

[대칭키 암호시스템 원리]

① A : 비밀키, B : 비밀키
② A : 비밀키, B : 공개키
③ A : 공개키, B : 비밀키
④ A : 공개키, B : 공개키

해 설
- 대칭키 암호 시스템의 원리 : 대칭키는 송신자와 수신자가 같은 키를 가지고 있고 그 키를 통하여 송신자가 평문을 암호화 하여 암호문을 보내면 수신자는 같은 키를 가지고 있던 키로 복호화를 하여 평문으로 만드는 원리이다. 따라서 암호화나 복호화에 쓰이는 키는 비밀키이다.

[정답 ①]

068 다음은 대칭키 암호 시스템의 단점으로 옳지 않은 것은?

① 키를 배분하는데 복잡성이 있다.
② 데이터 처리량이 크다
③ 안전성을 분석하기가 어렵다.
④ 중재자가 필요하다.

> **해설**
> • 대칭키 암호 시스템의 단점
>   - 데이터 처리량이 크다.
>   - 디지털 서명 등에는 적용하기 곤란하다.
>   - 안전성을 분석하기가 어렵다.
>   - 중재자가 필요하다.
>   - 교환 당사자간에 동일한 키를 공유해야 하므로 키 관리에 어려움이 있다.
>
> [정답 ①]

069 다음 중 공개키 알고리즘의 종류가 아닌 것은?

① RAS(소인수 분해)
② Rabin(소인수 분해)
③ ECC(타원곡선)
④ DES

> **해설**
> • 공개키 알고리즘 : RSA, Rabin, ECC, DSA, KCDSA 등.
>
> [정답 ④]

070 다음 중 대칭키 알고리즘의 종류가 아닌 것은?

① DES
② 3DES
③ SEED
④ DSA

> **해설**
> • 대칭키 알고리즘 : DES, 3DES, AES, SEED, ARIA 등.
>
> [정답 ④]

071 다음의 괄호 안에 들어갈 것으로 올바른 것은?

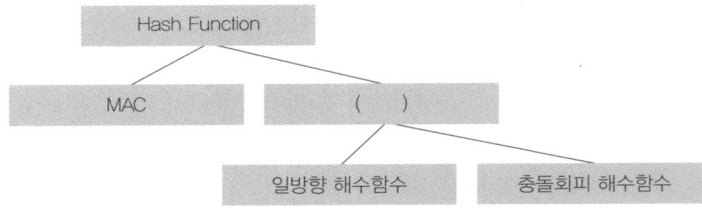

① MDC(Manipulation Detection Code)
② DAC
③ HMAC
④ NMAC

> **해설**
> • MDC의 대표적인 것이 MD5와 SHA-1, SHA-2
>
> [정답 ①]

072 해쉬함수(Hash Function)를 이용하여 수행할 수 있는 주요 기능은?

① 메시지에 대한 기밀성
② 메시지에 대한 무결성
③ 키 분배
④ 키 관리

> **해설**
> • 해쉬 함수는 임의의 길이를 갖는 메시지를 입력 받아 고정된 길이의 해쉬값을 출력하는 함수이다. 암호 알고리즘에는 키가 사용되지만, 해쉬 함수는 키를 사용하지 않으므로 같은 입력에 대해서는 항상 같은 출력이 나오게 된다. 이러한 함수를 사용하는 목적은 입력 메시지에 대한 변경할 수 없는 증거값을 뽑아냄으로서 메시지의 오류나 변조를 탐지할 수 있는 무결성을 제공하는 목적으로 주로 사용된다.
>
> [정답 ②]

073 해쉬 함수는 디지털 서명의 효율성을 높이고 컴퓨터 시스템에서 중요 정보의 무결성 확인을 위한 수단으로 사용되며 몇 가지 조건을 만족해야 한다. 해쉬함수가 가져야할 조건으로 옳지 않은 것은?

① 고정 길이의 입력을 받아 가변 길이의 출력 값을 만든다.
② 충돌 쌍을 찾는 것은 계산상 불가능해야 한다.
③ 동일한 해쉬 값을 가지는 서로 다른 메시지 쌍을 발견하는 것이 불가능해야 한다.
④ 계산 효율성이 좋아야 한다.

> **해설**
> • 해쉬 함수는 다양한 길이의 입력을 고정된 짧은 길이의 출력으로 변환하는 함수이다.
>
> [정답 ①]

074 다음 중 암호화 방식이 다른 하나는?

① AES
② 3DES

③ ECC(Elliptice Curve Cryptosystem) ④ SEED

> **해설**
> - 대칭키 암호화 알고리즘 : DES, 3DES, SEED, IDEA, RC5, RC6
> - 공개키(비대칭키) 암호화 알고리즘 : Diffie-Hellman, RSA, ECC(Elliptic Curve Cryptosystem), Elgamal, Rabin 서명, LUC
>
> [정답 ③]

075 접근통제 모델 중 미 국방부가 개발한 것으로 No read up과 No Write down 특징을 가지고 있는 것은?

① Bell-LaPadula 모델
② Biba 모델
③ Clark-Wilson 모델
④ Mandatory Access Control

> **해설**
> - Bell-Lapadula 모델 : 미 국방부(U.S Department of Defense)의 다수준 보안 정책(Multilevel Security Policy)으로부터 개발되었고 특정 객체에 대한 접근은 특정 직무가 접근을 요구하는 경우에만 분류된 수준에 대하여 허가한다.
>
> [정답 ①]

076 다음 중 전자서명이 제공하는 기능이 아닌 것은 무엇인가?

① 신원확인   ② 재사용
③ 기밀성   ④ 부인방지

> **해설**
> - 전자서명은 재사용이 불가하다.
>
> [정답 ②]

077 X.509와 PGP(Pretty Good Privacy)의 인증에 대하여 잘못 설명한 것은 무엇인가?

① X.509는 한 서명인을 가지고 있고, PGP는 여러 명의 서명인을 가질 수 있다.
② PGP 사용자들은 자신의 전자인증을 생성하고 서명하게 된다.
③ X.509 사용자 인증은 신뢰성 있는 CA에 의해서 생성되어진다.
④ PGP 사용자 인증은 신뢰성 있는 CA에 의해서 생성되어진다.

> **해설**
> - PGP는 강력한 암호화 시스템으로 X.509다 강력하며, 공인된 CA가 필요하지 않다.
>
> [정답 ④]

078 서명자가 서명을 한 후 서명의 검증과정에 참여할 수 없는 상황에서 서명자 대신 서명자가 지정한 확인자가 서명의 검증과정에 참여할 수 있도록 고안된 서명이다. 해당하는 디지털 서명은 무엇인가?

① 은닉 서명
② 부인방지 서명
③ 다중 서명
④ 위임 서명

해 설
- 위임서명 : 부인방지서명에 서명자가 참여할 수 없을 때 서명자가 지명한 확인자가 서명의 검증에 참여한다.

[정답 ④]

079 PKI 구성 객체의 기능 중 가입자의 등록과 초기 인증(신원확인)을 제공하는 역할을 수행하는 객체는 무엇인가?

① 인증기관(CA)
② 인증서취소목록(CRL)
③ 등록기관(RA)
④ 디렉터리(Directory)

해 설
- 등록기관(RA: Registration Authority): 가입자의 등록과 초기 인증(신원확인)을 담당한다.

[정답 ③]

080 전자서명의 특징으로 옳지 않은 것은?

① 위조불가(Unforgeable)
② 서명자 인증(User authentication)
③ 부인불가(Non-repudiation)
④ 변경가능(Alterable)

해 설
- 전자서명의 특징은 위조불가, 서명자 인증, 부인불가, 변경불가, 재사용불가이다.

[정답 ④]

정보보안 기사/산업기사 필기 | 제2회

제5과목 **정보보안관리 및 법규**

081 다음 어떤 위험 분석방법론을 설명한 것인가?

> 각 분야의 전문가들로 그룹을 구성하여 특정분야에 대한 의사 결정에 이용하는 것을 가리킨다.
> 특히 설문방식을 도입하여 특정분야의 의사결정을 보다 손쉽게 하는데 사용되는 기법은 전문가들의 Know-how를 반영할 수 있다는 점에서 많이 사용되나 전문다들의 주관적인 의견이 필요이상으로 강하게 작용될 수 있는 단점이 있다.

① 델파이법
② 시나리오법
③ 과거자료 접근법
④ 수학공식 접근법

해설
- 델파이법은 정성적인 위험분석 방법론으로 특징은 다음과 같다.
  - 각 분야의 전문가들로 그룹을 구성하여 특정분야에 대한 의사 결정에 이용하는 것을 가리킨다.
  - 특히 설문방식을 도입하여 특정분야의 의사결정을 보다 손쉽게 하는데 사용되는 델파이 기법은 전문가들의 Know-how를 반영할 수 있다는 점에서 많이 사용되나 전문다들의 주관적인 의견이 필요이상으로 강하게 작용될 수 있는 단점이 있다.

[정답 ①]

082 통제 영역에 관한 설명 중 잘못 작성된 것은 무엇인가?

① 교정통제는 적발된 문제와 오류를 교정하며 문제의 원인을 파악하는 것으로서 향후 문제의 발생을 최소화 할 수 있도록 처리 시스템을 수정하는 것을 말하며 체크포인트 및 재실행 절차가 있다.
② 적발 통제는 발생한 오류, 누락 또는 악의적인 행위를 탐지하고 보고하는 것을 말한다.
③ 예방 통제는 문제 발생 전에 이를 탐지하는 것을 말하며 신입사원 채용 절차, 직무분리 및 승인, 물리적 접근 통제, 바이러스 스캐너가 있다.
④ 일반 통제는 각종 정책과 절차, 직무 분리, 하드웨어 통제 등 정보 시스템의 구입, 구현, 유지보수 과정에 대한 통제를 말한다.

> **해 설**
> • 바이러스 스캐너는 적발통제에 해당되며 안티 바이러스 소프트웨어로는 예방통제가 있다.
>
> [정답 ③]

083 업무영향분석(BIA: Business Impact Analysis)은 재해발생시 영향을 미칠 수 있는 단위업무를 정의하고, 업무중단 영향에 대한 정량적/정성적분석을 통해 복구우선 순위를 도출하는 것을 말한다. 다음 중 업무영향분석의 수행 절차를 옳게 나열한 것은?

> 가. 주요 업무 프로세스 식별
> 나. 주요 재해 유형 식별 및 업무 중단의 지속시간 평가
> 다. 업무 중단시의 정성적/정량적 영향평가
> 라. 업무 프로세스별 복구대상 우선 순위 정의
> 마. RTO/RTP의 업무연관도 분석
> 바. 경영진 전략적 고려사항 반영
> 사. 재해발생시 업무 프로세스의 복원 시간 및 대상 우선 순위 결정

① 가 - 다 - 나 - 라 - 바 - 마 - 사
② 가 - 다 - 나 - 라 - 바 - 사 - 마
③ 가 - 나 - 다 - 라 - 마 - 바 - 사
④ 가 - 다 - 나 - 라 - 사 - 마 - 바

> **해 설**
> • 업무영향분석은 다음 수행 절차를 따른다.
> 가. 주요 업무 프로세스 식별
> 나. 주요 재해 유형 식별 및 업무 중단의 지속시간 평가
> 다. 업무 중단시의 정성적/정량적 영향평가
> 라. 업무 프로세스별 복구대상 우선 순위 정의
> 마. RTO/RTP의 업무연관도 분석
> 바. 경영진 전략적 고려사항 반영
> 사. 재해발생시 업무 프로세스의 복원 시간 및 대상 우선 순위 결정
>
> [정답 ③]

084 다음 업무연속성을 위해 재해발생시 가장 빠르게 백업을 제공하여 서비스를 가동할 수 있는 안정화 순서 중 가장 빠른 방법은?

① 미러사이트
② 핫 사이트
③ 웜 사이트
④ 콜드 사이트

> **해설**
> • 미러사이트 : 주센터와 동일한 수준의 정보기술자원을 원격지에 구축, Active-Active 상태로 실시간 동시 서비스를 제공한다.
>
> [정답 ①]

085 재해 및 재해 복구에 대한 다음 설명 중 올바른 것은?

① 국민의 생명·신체 및 재산과 국가에 피해를 주거나 줄 수 있는 것을 재난이라 하며 재난으로 인하여 발생하는 피해를 재해라 한다
② 복구목표시간(RTO : Recovery Time Objective) : 재해로 인하여 중단된 서비스를 복구하였을 때, 유실을 감내할 수 있는 데이터의 손실 허용시점
③ 복구목표시점(RPO : Recovery Point Objective) : 재해로 인하여 서비스가 중단되었을 때, 서비스를 복구하는데 까지 걸리는 최대 허용시간
④ 업무연속성계획(BCP : Business Continuity Planning) : 정보기술서비스기반에 대하여 재해가 발생하는 경우를 대비하여, 이의 빠른 복구를 통해 업무에 대한 영향을 최소화하기 위한 제반 계획

> **해설**
> • 재해(災害, disaster)의 사전적 의미는 재앙으로 말미암은 피해(동아 새국어사전)이다. 한편, 재난(災難)은 뜻밖의 불행한 일(동아 새국어사전)으로 정의되어 있어, 재난이 사건을 가리키는 반면 재해는 재앙적 사건으로 인해 발생한 피해를 가리킨다는 차이가 있다.
> • ②번은 복구목표시점(RPO)에 대한 설명
> • ③번은 복구목표시간(RTO)에 대한 설명
> • ④번은 재해복구계획(DRP)에 대한 설명임
>
> [정답 ①]

086 다음 재해복구시스템의 복구수준별 유형 중에서 다음 설명과 관련 있는 것은?

> 주센터 재해시 재해복구센터의 정보시스템을 액티브로 전환하여 서비스하는 방식으로써 데이터 최신성, 높은 안정성, 신속한 업무재개, 데이터의 업데이트가 많은 경우에 적합한 방식이다.

① 미러사이트
② 핫 사이트
③ 웜 사이트
④ 콜드 사이트

> **해설**
> - 핫사이트(Data Mirroring Site)의 장단점
>   - 장점 : 데이터 최신성, 높은 안정성, 신속한 업무재개, 데이터의 업데이트가 많은 경우에 적합
>   - 단점 : 높은 초기투자비용, 높은 유지보수비용

[정답 ②]

087 다음 업무영향분석(BIA : Business Impact Analysis)의 목적으로 잘못 작성된 것은 무엇인가?

① 주요 업무 프로세스의 식별
② 업무 프로세스별의 우선순위 및 복구대상범위의 설정
③ 재해 발생시의 업무 프로세스의 복원 시간이나 우선순위 결정
④ 주요 업무 프로세스별 복구목표시간 및 복구목표시점 정의

> **해설**
> - 주요 업무 프로세스별 복구목표시간 및 복구목표시점 정의는 업무영향분석(BIA : Business Impact Analysis)의 목적이 아니다.

[정답 ④]

088 다음 모의훈련의 유형중에서 다음 설명과 관련 있는 것은?

> 주센터 시스템의 운영을 지속하면서 재해복구 시스템을 가동하여 재해복구시스템이 적절히 가동되는지, 실제 단계별로 전환 수행이 적절히 이루어지는지, 두 시스템간 데이터 정합성이 보장되는지 등의 절차와 기능을 검토하는 훈련을 의미한다. 따라서 이 방법은 대부분의 재해복구 모의훈련에서 채택하는 방법이다.

① 체크리스트(Checklist) 훈련
② 역할수행(Role Play) 훈련
③ 모의전환 훈련
④ 실전환 훈련

> **해설**
> - 모의전환 훈련이란 주센터 시스템의 운영을 지속하면서 재해복구 시스템을 가동하여 재해복구시스템이 적절히 가동되는지, 실제 단계별로 전환 수행이 적절히 이루어지는지, 두 시스템간 데이터 정합성이 보장되는지 등의 절차와 기능을 검토하는 훈련을 의미한다.

[정답 ③]

089 다음 재해복구훈련 절차 및 수행내용 중에서 관련 주관 부서의 순서로 맞는 것은?

순서	훈련방법	수행 내용	주관부서	① 체크리스트 훈련	② 역할수행 훈련	③ 모의전환 훈련	④ 실전환 훈련
1	사전준비	- 업무영향도 파악 - 일정 및 방법 협의 - 관련 상세 작업계획 작성 및 승인 - 재해복구시스템 점검 및 미진 사항 조치	가	✓	✓	✓	✓
2	재해선언	- 재해선포 및 통보 (주센터, 재해복구센터)	나			✓	✓
3	재해복구 시스템가동	- 재해복구시스템 가동작업 실시 : DB, Server, APP, N/W 포함	다			✓	✓
4	업무테스트	- 자체테스트 실시, 정상유무 판단	업무담당			✓	✓
5	재해복구 시스템 실 업무전환	- 모의전환 훈련시에는 실 업무 전환 안함	시스템, 네트워크, 업무담당				✓
6	정상여부 모니터링	- 재해복구센터 업무 수행여부 모니터링	시스템, 네트워크, 업무담당			✓	✓
7	재해복구 시스템 중단	- 재해복구시스템 가동중지	시스템, 네트워크, 업무담당			✓	✓
8	업무복귀	- 주센터 복귀작업 실시	시스템, 네트워크, 업무담당				✓
9	결과정리	- 일정, 절차, 훈련결과 정리 - 미진사항 확인 및 조치	관련 실무 담당자	✓	✓	✓	✓

	가	나	다
①	관련 실무 담당반	비상대책반	시스템 및 네트워크 업무 담당
②	비상대책반	관련 실무 담당반	시스템 및 네트워크 업무 담당
③	관련 실무 담당반	시스템 및 네트워크 업무 담당	비상대책반
④	비상대책반	시스템 및 네트워크 업무 담당	관련 실무 담당반

해 설
- 재해선언 단계를 통해 비상대책반이 재해를 선포하며 관리조직, 기술조직, 지원 조직으로 구성된다.

[정답 ①]

090 다음 재해복구시스템의 운영형태 중에서 다음 설명과 관련 있는 것은?

- 장점 : 초기투자비용 및 운영비용이 저렴하다.
  - 업무시스템의 갱신에 의한 재해복구시스템의 유지보수의 부담이 경감된다.
  - 정보시스템으로부터 네트워크, 전화 등 통신수단, 사무공간까지 다양한 형태의 위탁운영서비스 중에서의 선택이 가능하다.
- 고려사항 : 정보시스템 운영기관의 보안성 유지를 위한 정책 및 계약이 신중하게 검토되어야 한다. 일반적으로, 재해복구서비스 제공업체는 설비의 효율적 활용을 위해 동일 설비를 여러 조직에 계약하게 되는 경우가 많으므로, 재해시 복구서비스의 제공 내역 및 우선순위 등에 대한 명확한 계약이 이루어져야 한다.

① 독자 구축 ② 위탁 운영
③ 상호 운영 ④ 공동 이용

> **해설**
> - 위탁운영은 재해복구시스템의 구축 및 운영을 전문적 재해복구서비스 제공업체 등 외부의 다른 기관에 위탁하는 방식을 의미한다.
>
> [정답 ②]

091 전체 백업 시점으로부터 다음 전체 백업까지 전체 백업 이후 변경된 부분의 데이터를 백업하는 것을 무엇이라고 하는가?

① 전체 백업 ② 증분 백업
③ 일일 백업 ④ 주간 백업

> **해설**
> - 증분백업에는 다음과 같이 차별증분 백업과 누적증분백업의 2가지가 있다.
>   - 차별증분백업 : 전체 백업이후로 다음 전체 백업이 실시되기 직전까지 전체 백업이후의 변화된 데이터를 백업받는 방식이다.
>   - 누적증분백업 : 전체 백업이후 변경분이 누적되어 백업되어 가는 방식이다.
>
> [정답 ②]

[2015년 기사 1회 응용]

092 다음 [보기]에서 정량적 위험분석 방법으로 분류 되어진 것을 고르시오.

```
가. 델파이법
나. 과거자료분석법
다. 시나리오법
라. 순위결정법
마. 몬테카를로 시뮬레이션
바. 수학공식접근법
사. 확률분포추정법
```

① 나, 라, 마, 바
② 나, 마, 바, 사
③ 라, 마, 바
④ 가, 나

> **해설**
> - 정량적 위험분석방법에는 수학공식접근법, 확률분포추정법, 몬테카를로 시뮬레이션, 과거자료분석법 등이 있으며, 정성적 위험분석방법에는 델파이법, 시나리오법, 순위결정법, 질문서법, 퍼지행렬법 등이 있다.
>
> [정답 ②]

093 사업위험의 분석에 대한 설명으로 잘못된 것은?

① 위험관리는 분석 및 평가가 함께 이루어져야 한다.
② 위험분석방법에는 정량적 방법과 정성적 방법이 있다.
③ 위험분석방법에 문제가 존재하여도 적절한 위험평가가 이루어질 수 있다.
④ 위험평가란 위험을 위험분석자료를 바탕으로 보안현황을 평가하고 적절한 방법을 선택하여 효과적으로 위험수준을 낮추기 위한 과정이다.

해 설
• 사업위험의 분석이 제대로 이루어지지 않으면 당연히 그에 대한 적절한 위험 평가가 이루어질 수 없다.

[정답 ③]

094 정보보안담당자가 판단한 결과 조직원의 도덕적인 신뢰가 어려워, 조직원간의 의사소통은 물론 의사결정체계가 비합리적임을 발견하였다. 이러한 조직에 대해서 위험분석방법론으로 가장 적합한 방법은?

① 수학공식접근법
② 확률분포추정법
③ 과거자료분석법
④ 질문서법과 과거자료분석법의 혼용

해 설
• 조직이 전반적인 위험을 내포하고 있을 때 정량적인 또는 정성적인 방법을 선택하여 해결될 수 없음을 알 수 있다. 따라서 일차적인 정성적인 방법을 이용하되 특정한 관심사에는 면밀한 정량적인 위험방법론으로 결정을 내리는 방식의 혼합적인 방식을 통해서 정밀한 분석을 해야 한다.

[정답 ④]

095 다음은 중요복구시간대(Critical Recovery Time Period)에 관한 설명이다. 다음 중 설명이 잘못되어진 것은?

① 사업이 심각한 위험을 초래하기 전에 사업이 정상화 될 수 있는 시간대를 말한다.
② 중요한 응용시스템의 소프트웨어와 데이터 파일이 제일 먼저 복구되어야 한다.
③ 제조회사는 은행, 증권회사등의 금융기관에 비해 훨씬 더 짧은 중요 복구시간대를 갖는다.
④ 은행에서 토요일 야간에 발생한 중요한 문제는 월요일 야간에 발생한 것 보다 복구에 긴 시간을 가질 수 있다.

해 설
• 금융부분이 다른 제조부문보다 통상적으로 더 짧은 복구시간대를 가진다. 중요 복구 시간대를 기준으로 금융 회사는 수작업으로 대치할 만한 업무가 적기 때문이다.

[정답 ③]

096 다음 중에서 예방통제와 교정통제에 모두 사용될 수 있는 통제는?

① 접근 로그
② 백업
③ 비상계획
④ 패스워드

해설
- 비상계획은 계획 수립 및 테스트는 예방통제이지만 실제 손상된 데이터의 복구는 교정통제이다.

[정답 ③]

097 다음 대체 백업 설비 중에서 하드웨어에 대한 호환성 문제가 발생하지 않은 것은?

① 콜드 사이트
② 핫 사이트
③ 웜 사이트
④ 상호계약

해설
- 콜드 사이트는 재해가 발생하였을 경우 하드웨어를 임대하거나 구매하여 대체처리시설로 활용할 수 있는 설비가 갖추어지지 않는 곳이다. 콜드 사이트는 이중 마루, 유틸리티, 네트워크 케이블 만 제공된다. 따라서 콜드 사이트에서 하드웨어가 존재하지 않으므로 기존 시설과의 호환성 문제는 해당사항이 없다.

[정답 ①]

098 다음은 위험 처리 방법에 해당되는 것은 다음 중 어느 것인가?

> 위험에 대한 직접적인 대응 대신 간접적인 대응 방법을 적용하여 비용적인 측면에서 고려되는 것으로 보험가입, SLA 등이 있다.

① 위험 회피(Risk Avoidance)
② 위험 전가(Risk Transference)
③ 위험 감소(Risk Reduction)
④ 위험 수용(Risk Acceptance)

해설
- 위험전가(Risk Transference)는 위험에 대한 직접적인 대응 대신 간접적인 대응 방법을 적용하여 비용적인 측면에서 고려되며, 대표적인 사례로는 보험가입, 위험에 대응력있는 외주업체, SLA 등이 있다.

[정답 ②]

099 위험관리에서 자산 가치가 100억원, 노출 계수가 80%, 연간발생율(ARO)이 4/10, 보안관리 인원수가 10명일 경우, 연간 예상 손실(ALE)을 계산하면 얼마인가?

① 32억
② 3.2억
③ 320억
④ 80억

해설
- 예상 손실액(SLE) = 자산가치(AV) * 노출 계수(EF)
  80억 = 100억 * 0.8
  연간 예상 손실액(ALE) = 예상 손실액(SLE) * 연간 발생률(ARO)
  32억 = 80억 * 0.4

[정답 ①]

100 D사의 100억짜리 자산에 연간 발생률(ARO : Annualized Rate Of Occurrence)은 5/10이라고 가정하고, 위험손실 노출 지수(EF : Exposure Factory)는 0.3으로 가정할 때 연간 손실액(ALE : Annualized Loss Expectancy)은 얼마인가?

① 30억
② 0.6억
③ 60억
④ 15억

해설
- 예상 손실액(SLE) = 자산가치(AV) * 노출 계수(EF)
  30억 = 100억 * 0.3
  연간 예상 손실액(ALE) = 예상 손실액(SLE) * 연간 발생률(ARO)
  15억 = 30억 * 0.5

[정답 ④]

제1과목 | 시스템 보안

001 분산처리시스템에 대한 장점으로 올바르지 않은 것은?

① 자원을 서로 공유할 수 있어서, 작업 처리를 신속하게 할 수 있다.
② 중앙에 업무가 폭주하는 것을 막을 수 있다.
③ 정보 교환이 필요한 경우에 상호 협력이 가능한 컴퓨터만 이용하면 되기 때문에 사용 가능도가 향상된다.
④ 트래픽이 분산되기 때문에 운영체제가 네트워크 관리의 부담이 없다.

해설
- 분산처리시스템은 트래픽은 분산될 수 있으나, 컴퓨터와 컴퓨터간에는 서로 네트워크로 연결하여 필요한 자료를 주고받아야 하므로 운영체제의 네트워크 관리 부하는 증가된다.

[정답 ④]

002 프로세스 교착 상태의 발생 조건이 아닌 것은?

① 상호 배제(Mutual Exclusion)
② 환형 대기(Circular Wait)
③ 읽기 전용(Read-Only)
④ 비선점(Non-Preemption)

해설
- 읽기 전용(Read-Only) : 상호배제(Mutual Exclusion)이 발생하는 경우와 반대의 경우로 읽기 전용 파일과 같은 경우는 동시에 여러 프로세스가 공유할 수 있다.

[정답 ③]

003 프로세스 스케쥴링 기법중 같은 프로세스 선점 기법끼리 짝지어진 것은?

① FIFO(First-In First-Out) - RR(Round-Robin)
② SRT(Shortest Remaining Time) - MFQ(Multi-Level Feedback Queue)
③ FIFO(First-In First-Out) - SRT(Shortest Remaining Time)
④ HRN(Highest Response-Ratio Next) - RR(Round-Robin)

> **해설**
> - 선점 스케줄링(Preemption)
>   - RR(Round-Robin) : 지정된 시간동안 작업이 돌아가면서 수행
>   - SRT(Shortest Remaining Time) : 작업이 끝나기까지 남아있는 실행 시간의 추정치가 가장 작은 프로세스 먼저 실행
>   - MFQ(Multi-Level Feedback Queue) : 여러개의 큐를 생성하고 입출력 위주의 프로세스에게 우선권 부여, 큐마다 미리 정해진 스케줄링 실행 처리
> - 비선점 스케줄링(Non-Preemption)
>   - FIFO(First-In Fist-Out) : 도착 순서에 따라 할당하고 해당 프로세스가 완전히 끝나고 나면 다음 프로세스 수행
>   - SJF(Shortest Job First) : 작업 실행시간 추정치가 가장 적은 작업을 먼저 실행
>   - HRN(Highest Response-Ratio Next) : 각 작업의 우선순위를 서비스를 받을 시간과 대기 시간을 조합하여 계산하여 처리
>
> [정답 ②]

004 다음 지문은 백업의 종류에 대한 설명이다. 잘못된 설명으로 짝지어진 것은?

> 가. Day-zero Backup은 시스템 설치 후 시스템 사용 전에 모든 파일과 프로그램을 백업하는 것이다.
> 나. 완전백업(Full Backup)은 일반적 기준에 의해 주기적으로 시스템 전체를 백업하는 것이다.
> 다. 증분백업(Incremental Backup)은 차등백업(Differential Backup)보다 백업속도가 느리다.
> 라. 증분백업(Incremental Backup)은 차등백업(Differential Backup)보다 복원속도가 빠르다.
> 마. 실시간백업(Real-time Backup)은 추가 데이터 발생 즉시 실시간으로 백업에 반영하는 것이다.

① (가), (다)
② (나), (다)
③ (라), (마)
④ (다), (라)

> **해설**
> - 증분백업은 백업 대상의 양이 적기 때문에 차등백업보다 백업속도가 빠르다.
>   - 증분백업은 복원시 여러개의 백업본이 필요하고 순서에 맞춰 복원해야 하기 때문에 차등백업보다 속도가 느리다.
>
> [정답 ④]

005 Window에서 NTFS의 기본 사용권한 설명이 잘못 설명된 것은?

① Administrators : 모든 권한
② SYSTEM : 모든 권한
③ CREATE OWNER : 자신의 폴더에 대한 모든 권한
④ Authenticated Users : 읽기 및 실행, 폴더 내용 보기, 읽기

> **해 설**
> • Authenticated Users의 권한은 수정, 읽기 및 실행, 폴더 내용 보기, 읽기, 쓰기가 있다.
>
> [정답 ④]

006 파일 시스템(File System)에 대한 설명으로 잘못된 것은?

① 파일에 저장, 참조, 공유할 수 있도록 하며 파일이 안전하게 보호될 수 있도록 하는 기법을 제공한다.
② 보조기억 장치에 파일을 저장하는데 필요한 공간을 할당하는 방법과 관련되어 보조기억 장치 관리요소가 포함된다.
③ 데이터의 백업과 복구 기능을 제공한다.
④ 사용자가 물리적인 장치 이름을 사용하여야만 자신의 파일을 참조할 수 있도록 한다.

> **해 설**
> • 파일시스템은 사용자가 물리적인 장치 이름을 사용하는 대신에 기호화된 이름을 사용하여 자신의 파일을 참조할 수 있도록 한다.
>
> [정답 ④]

007 윈도우 서버 시스템 로깅에 대한 설명이다. 다음 내용 중 잘못된 내용을 고르시오.

① 로그온 이벤트 : 사용자가 컴퓨터에 로그온하거나 로그오프 할 때마다 로그온이 시도된 컴퓨터의 보안 로그에 이벤트 생성
② 계정 로그온 이벤트 : 사용자가 도메인에 로그온하면 도메인 컨트롤러에 로그온 시도 기록
③ 개체 액세스 : 보안 로그에 이벤트를 표시하려면 먼저 개체 액세스 감사를 활성화한 후 감사할 각 개체에 대해 SACL 정의
④ 시스템 이벤트 : 시스템 이벤트 감사를 설정한 경우 시스템 시간변경, 시스템 실패감사로 인한 감사이벤트 손실, 프로세스 종료 등을 감사

> **해 설**
> • '시스템 이벤트 감사'를 설정한 경우 아래 이벤트 중 하나를 감사하며, 프로세스 종료는 '프로세스 추적감사'를 설정하는 경우에 감사 가능함.
>   – 시스템 시간 변경
>   – 보안 시스템 시작 또는 종료
>   – 확장할 수 있는 인증 구성 요소 로드
>   – 시스템 실패 감사로 인한 감사 이벤트 손실
>   – 보안 로드 크기가 구성 가능한 경고 임계값 수준을 초과
>
> [정답 ④]

008 윈도우 인증 및 패스워드에 대한 설명이다. 다음 중 옳지 않은 것은?

① LSA는 모든 계정의 로그인에 대한 검증을 하고 시스템 자원 및 파일 등에 대한 접근 권한을 검사한다.
② SAM은 사용자/그룹 계정 정보에 대한 데이터베이스를 관리하고 사용자 로그인 입력 정보의 인증 여부를 결정한다.
③ SRM은 사용자에게 SID(Security Identifier)를 부여하고 SID에 기반하여 파일 및 디렉터리에 대해 접근 허용 여부를 결정한다.
④ 윈도우 인증시 사용되는 해시 알고리즘은 LM, NTLM, SLM이 있다.

해설
- LSA(Local Security Authority), SAM(Security Account Manager), SRM(Security Reference Monitor).
- 윈도우에 사용되는 해시 알고리즘은 LM, NTLM, NTLM v2 이다.

[정답 ④]

009 윈도우 보안 기능 중 EFS 기능에 대한 설명이다. 다음 설명 중 틀린 것을 고르시오.

① EFS는 파일이나 디렉터리에 적용할 수 있다.
② EFS는 폴더를 압축 할 수 있다.
③ EFS는 압축 기능과 암호화 기능 중 하나를 선택하여 적용해야 한다.
④ EFS이 적용된 파일이나 디렉터리는 관리자와 생성자만 읽을 수 있다.

해설
- EFS는 압축과 암호화 2가지 기능을 제공하며 동시에 적용 가능하다.

[정답 ③]

010 다음은 윈도우 운영체제에서 제공되는 방화벽에 대한 설명이다. 다음 내용 중 잘못된 내용을 고르시오.

① 방화벽 규칙을 적용할 프로필은 도메인, 개인, 공용 3가지이다.
② 방화벽의 작업은 연결 허용, 보안 연결만 허용, 그룹 연결만 허용, 연결 차단 4가지이다.
③ 방화벽은 인바운드 규칙에 사용자별로 연결 허용, 거부를 지정할 수 있다.
④ 방화벽의 연결보안규칙 중 인증예외는 지정한 컴퓨터로부터의 연결을 인증하지 않는다.

해설
- 윈도우 방화벽의 작업은 연결 허용, 보안 연결만 허용, 연결 차단 3가지이다.

[정답 ②]

011 다음 중 SetUID, SetGID의 권한 표시가 맞는 것은?

① SetUID와 SetGID가 설정됨 : 5755 (rws r-x r-x)
② SetGID와 SetUID가 설정됨 : 6622 (rws -w- -w-)
③ SetUID만 설정됨 : 6644 (rw- rw- r--)
④ SetGID만 설정됨 : 2721 (rwx -ws --x)

> **해설**
> • 파일 소유자 읽기(r) 권한은 400, 쓰기(w) 권한은 200, 실행(x) 권한은 100으로 표시되며 SetUID(s)는 4000, SetGID(s)는 2000 값을 갖는다. 예를 들어 rws r-x r-x의 권한은 4755로 표시할 수 있다.
>
> [정답 ④]

012 유닉스/리눅스 관리자가 비밀번호(패스워드)의 최소 길이를 설정하려고 한다. OS별 패스워드 최소 길이 설정을 위한 파일 중 틀린 내용은?

① SunOS의 /etc/default/passwd
② Linux의 /etc/login.defs
③ AIX의 /etc/security/login.cf
④ HP-UX의 /etc/default/security

> **해설**
> • AIX의 경우 비밀번호 최소 길이 설정은 /etc/security/user 파일에 minlen=8 (최소 길이가 8인 경우)로 설정한다.
>
> [정답 ③]

013 유닉스/리눅스의 파일의 안전한 관리 방법을 설명한 것이다. 이 중 틀린 것을 고르시오.

① root 소유의 SUID 파일의 경우 필요한 파일을 제외하고는 SUID, SGID 속성을 제거해주어야 한다. 제거 방법은 #chmod -s 〈file name〉을 사용한다.
② 홈 디렉터리의 환경변수(.profile, .bashrc 등) 파일은 root 이외의 다른 사용자가 있으면 #chown 명령어를 사용하여 쓰기 권한을 삭제해주어야 한다.
③ /dev에 존재하지 않거나 이름이 잘못 입력된 디바이스 파일이 있는 경우 시스템은 /dev 디렉터리에 계속해서 파일을 생성하여 에러를 발생시키므로 실제 존재하지 않는 디바이스 파일을 찾아 제거해야 한다.
④ 불필요한 world writable 파일이 악용될 경우 주요 파일 정보가 노출되거나 시스템 장애를 유발할 수 있으므로 #find / -perm -2 ls 명령어로 찾아 불필요한 world writable 파일을 삭제해야 한다.

> **해 설**
> - 홈 디렉터리의 환경변수 파일에 쓰기 권한은 root와 해당 계정 소유자에게 부여되어야 한다.
> - 홈 디렉터리 환경변수 파일은 홈 디렉터리 환경변수 파일 소유자가 root 또는 해당 계정으로 지정되어 있고, 홈 디렉터리 환경변수 파일에 root와 소유자만 쓰기 권한이 부여되어야 안전하다.
> - 쓰기 권한을 삭제할때의 명령어는 chown이 아니라 chmod를 사용하여야 한다.
>
> [정답 ②]

014 유닉스/리눅스에서 NIS(Network Information Service)에 대한 설명이다. 다음 중 틀린 것은?

① NIS는 중요한 시스템 데이터베이스 파일들을 네트워크를 통하여 공유한다.
② NIS+는 NIS에 보안 및 편의 기능들을 추가한 그 후의 버전이다.
③ NIS를 사용하는 경우 root 권한 획득이 가능하므로 사용하지 않는 것이 가장 바람직하다.
④ ypbind 데몬은 master와 slave 서버에서 실행되며 클라이언트로부터의 ypbind 요청에 응답한다.

> **해 설**
> - ypbind 데몬은 모든 NIS 시스템에서 실행되며 클라이언트와 서버를 바인딩하고 초기화하는 역할을 한다.
> - NIS 관련 서비스 데몬
>   - ypserv : master와 slave 서버에서 실행되며 클라이언트로부터의 ypbind 요청에 응답
>   - ypbind : 모든 NIS 시스템에서 실행되며 클라이언트와 서버를 바인딩하고 초기화함
>   - rpc.yppasswdd : 사용자들이 패스워드를 변경하기 위해 사용
>   - ypxfrd : NIS 마스터 서버에서만 실행되며 고속으로 NIS 맵 전송
>   - rpc.ypupdated : NIS 마스터 서버에서만 실행되며 고속으로 암호화하여 NIS 맵 전송
>
> [정답 ④]

015 다음은 유닉스/리눅스에서 ftp 보안관련 내용이다 다음 중 틀린 것은?

① FTP 서비스 설치 시 생성되는 ftp 계정에 대해 쉘이 부여되지 않도록 /etc/passwd 파일에 설정해야 한다.
② FTP 접근제어 설정파일을 관리자가 아닌 일반 사용자가 접근 및 변경할 수 없도록 ftpusers 파일 소유자를 root로 설정하고 권한을 640 이하로 설정해야 한다.
③ 일반 FTP 서비스 사용 시 root 계정의 패스워드 정보가 노출되지 않도록 ftpusers 파일에 root 계정을 삭제한다.
④ SunOS의 일반 FTP서비스 중지를 위해서는 /etc/inetd.conf 파일에서 ftp 서비스 라인에 # 주석처리 한다.

> **해설**
> - FTP 서비스는 아이디 및 패스워드가 암호화되지 않은 채로 전송되어 간단한 스니퍼에 의해서도 아이디 및 패스워드가 노출될 수 있으므로 반드시 필요한 경우를 제외하고는 FTP 서비스 사용을 제한하여야 한다.
> - 불가피하게 FTP 서비스를 사용하여야 하는 경우 root 계정의 직접 접속을 제한하여 root 계정의 패스워드 정보가 노출되지 않도록 한다. 이를 위해 접속 차단 계정을 등록하는 ftpusers 파일에 root 계정을 추가한다.
>
> [정답 ③]

016 utmp 로그에 대한 설명으로 틀린 것은?

① 현재 시스템에 로그인한 사용자의 상태를 출력한다.
② utmp 데몬이 저장하는 로깅 정보의 형식은 /usr/include/utmp.h 파일에서 확인할 수 있다.
③ utmp.h 파일에서 확인할 수 있는 utmp 텍스트 구조체는 로그인 계정 이름, 로그인 환경(initab id), 로그오프 여부 및 시간 등을 포함한다.
④ utmp 데몬에 저장된 로그를 출력하는 명령어는 w, who, users, finger로 확인 가능하다.

> **해설**
> - utmp.h에서 정의된 구조체는 텍스트가 아닌 바이너리 형태로 저장된다. 따라서 로그를 출력하는 명령어를 사용해서 확인한다.
>
> [정답 ③]

017 다음은 사용자 계정 관리에 대한 설명이다 다음 중 틀린 것은?

① 생성된 계정 중 셸이 필요 없는 경우에는 /etc/passwd 파일의 해당 계정 줄의 끝에 /bin/false로 변경한다.
② 특정 계정을 사용하지 못하도록 잠금 설정할 경우 # passwd -l (계정명)을 실행한다.
③ /etc/passwd 파일에 boan이라는 계정의 정보가 boan:x:600:600:root:/home/boan:/bin/bash와 같이 설정될 경우 boan은 root 그룹에 속한다.
④ 계정 삭제 시 계정의 홈디렉터리까지 삭제하려면 # userdel -r (계정명) 명령어로 삭제한다.

> **해설**
> - /etc/passwd 파일에 각 계정에 대한 정보는 다음과 같다.
>   - username:password:uid:gid:comment:home_directory:shell
>   - 따라서 문제의 root는 계정 정보 주석(comment)에 대한 내용으로 실질적인 권한 설정에 영향을 주지 않는다. 즉, boan은 root그룹에 속하는 것이 아니다.
>
> [정답 ③]

018 다음은 리눅스의 useradd로 계정 생성에 관한 설명이다. 이 중 맞는 것은?

① -c 옵션 : 생성되는 계정의 정보를 /etc/shadow 파일에 기록한다.
② -d 옵션 : 계정 생성 시 /home 밑에 계정이 사용할 디렉터리를 생성한다
③ -f 옵션 : 생성되는 계정이 사용할 유효 날(day) 수를 지정한다
④ -s 옵션 : 생성되는 계정이 사용할 시작일을 지정한다

> **해 설**
> • -c 옵션은 /etc/passwd 파일에 계정의 정보를 주석으로 달아준다.
>   -d 옵션은 계정이 사용할 디렉터리를 지정해주지만 생성되지는 않는다.
>   -s 옵션은 계정이 사용할 shell(쉘)을 지정해준다.
>
> [정답 ③]

019 유닉스/리눅스에서 현재 파일의 권한이 750이다. 이 파일의 권한을 622로 변경하고자 한다. 다음 중 맞는 것은?

① chmod u-x (파일명) | chmod g+w (파일명)
② chmod 600 (파일명) | chmod go=w (파일명)
③ chmod g-rx (파일명) | chmod u-x (파일명)
④ chmod u-x (파일명) | chmod g-rx o+w (파일명)

> **해 설**
> • 파일 권한을 622로 변경하고자 할 때, 먼저 chmod 600으로 변환한 후, 022 부분의 권한을 부여하기 위해서 그룹권한(group)인 '-w-' 중에 2(2의 1승)는 쓰기 권한인(w)를 주어야 한다. 기타사용자(other) 권한에서 마찬가지로 (w)를 추가해야 한다. 명령어 'chmod go=w'를 이용하여 실행하면 '622' 권한으로 변경한다.
>   - 간편한 방법으로는 chmod 622 (파일명) 으로 실행하여 위와 동일한 결과값을 얻을 수 있다.
> • chmod 명령에 user, group, other 2개 이상 복수로 권한을 변경할 경우(콤마)로 구분하여야 한다. 또는 복수로 동일한 권한을 부여할 경우 "=" 구분자를 사용하여 지정할 수도 있다.
>
> [정답 ②]

020 리눅스에서 su 명령에 대한 설명이다. 다음 중 틀린 것은?

① 일반 사용자뿐만 아니라 root도 su 특정 계정으로 변경 시 해당 계정의 비밀번호를 입력해야 한다.
② su - 와 su root 명령은 동일하게 명령어이다.
③ su 명령 실행 후 다시 이전 사용자로 돌아가려면 exit를 입력한다.
④ su 계정명은 여러번 사용할 수 있고 다시 원래의 로그인 계정으로 돌아오기 위해서는 exit 명령을 su 명령어를 사용하는 수 만큼 실행해 주어야 한다.

> **해 설**
> • root 관리자는 su 계정명 실행 시 비밀번호를 입력하지 않도록 바로 변경된다.
>
> [정답 ①]

제2과목 네트워크 보안

021 다음은 TCP 헤더의 구조이다. 이에 대한 설명으로 옳지 않은 것은?

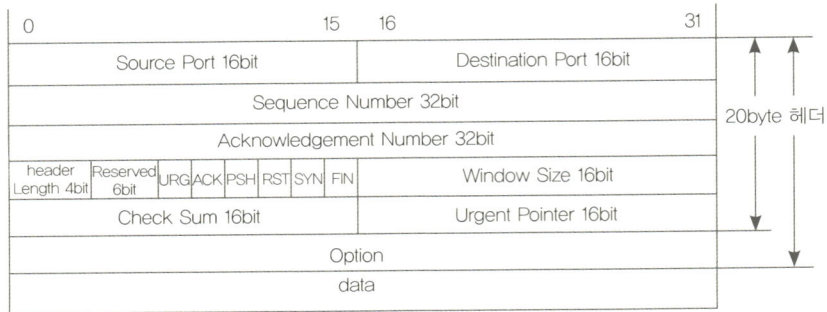

① Windows Size는 메시지 전송시 흐름 제어를 한다.
② Check Sum은 메시지가 목적지에 제대로 도착하였는지 검사한다.
③ FIN은 송신측이 데이터 전송을 종료할 때 사용한다.
④ RST는 연결을 재설정하지 않는다.

> **해 설**
> • RST(Reset)는 연결을 재설정한다. 즉, 초기화 한다는 의미이다.
>
> [정답 ④]

022 다음은 잘 알려진 포트번호에 대한 설명이다. 옳지 않은 것은?

① 포트는 인터넷이나 기타 다른 네트워크의 메시지가 호스트에 도착했을 때, 전달되어야 할 특정 프로세스를 인식하기 위한 방법이다.
② 170번 포트번호는 TFTP(단순한 구조의 데이터 전송) 프로토콜에 사용된다.
③ SSH는 암호화 전송으로 22번을 사용한다.
④ SMB 프린터 공유는 UDP/445, 자원공유는 TCP/445 번호를 사용한다.

> **해 설**
> • TFTP 프로토콜은 179번 포트를 사용한다.
> • 포트는 인터넷이나 기타 다른 네트워크의 메시지가 호스트에 도착했을 때, 전달되어야 할 특정 프로세스를 인식하기 위한 방법이다.
>
> [정답 ②]

023 다음 설명 중 옳지 않은 것은?

① 도메인을 이용한 네트워크 그룹을 구성할 때, 컴퓨터들은 같은 네트워크 대역에 존재하여야 하며, 외부의 인터넷상에 위치한 단말기는 동일한 도메인에 참여하지 못한다.
② 워크그룹은 계정을 각 컴퓨터에서 독립적으로 관리하고, 도메인은 계정관리를 PDC 서버에서 한다.
③ 도메인그룹에서는 도메인 사용자가 도메인에 접근시에는 암호나 자격증명을 제공해야 한다.
④ 도메인그룹은 윈도우 운영 체제가 설치된 컴퓨터들이 공용 디렉터리 데이터베이스를 공유하며, 네트워크를 통해 참가하는 논리적 그룹이다.

해설
• 도메인을 이용한 네트워크 그룹을 구성할 때, 컴퓨터들은 같은 네트워크 대역에 존재하지 않아도 되며, 외부의 인터넷상에 위치한 단말기는 동일한 도메인에 참여가 가능하다. 워크그룹 네트워크는 동일한 로컬 네트워크 대역에 존재해야 한다.

[정답 ①]

024 다음 설명 중 옳지 않은 것은?

① IP 라우팅이란 주어진 IP패킷을 IP헤더에 있는 목적지 주소까지 잘 전달하는 것을 뜻한다.
② 동적라우팅은 네트워크 변화가 발생하면, 인접 라우터에게 전달되어 자동으로 라우팅 테이블을 업데이트 한다.
③ 디폴트 라우팅이란 경로를 찾아내지 못한 모든 네트워크 패킷은 null 처리하는 방식이다.
④ 라우터의 설정내용이 전원이 꺼져도 내용이 지워지지 않고 저장되게 하는 명령어는 다음과 같다.
  - Router# copy running-config startup-config(시스코 라우터)

해설
• 디폴트 라우팅은 경로를 찾아내지 못한 모든 네트워크를 디폴트 라우트로 전송되도록 정의한 것이다. 디폴트 라우팅 명령으로 설정할 수 있다.

[정답 ③]

025 다음은 무선랜 암호화에 대한 설명이다. 다음 설명 중 옳은 것을 고르시오.

> 가. WEP는 데이터 송수신의 무결성을 위해 CRC-32 체크섬을 사용한다.
> 나. WPA는 TKIP이라는 임시키 무결성 프로토콜을 사용한다.
> 다. WEP는 AES 수학적 알고리즘을 사용한다.
> 라. WPA2는 취약한 암호화 방식으로 최근 거의 사용하지 않는다.

① 가, 다
② 가, 나
③ 가, 나, 다
④ 다, 라

해설
- 보기 중 틀린 것으로는 "다, 라"이다.
  - 다. WEP는 AES 수학적 알고리즘을 사용하지 않으며, WPA2에서 AES를 사용한다.
  - 라. WPA2는 안전한 암호화 방식으로 최근에도 지속 사용된다.

[정답 ②]

026 Netstat 명령어에 대한 설명이다. 다음 중 옳지 않은 것은?

① 열려져 있는 포트 및 서비스 중인 프로세스들의 상태 정보를 확인할 수 있다.
② netstat -n 옵션 명령은 주소 및 포트 번호를 숫자 형식으로 표시한다.
③ netstat -e 옵션 명령은 이더넷 통계를 표시한다.
④ netstat -s 옵션 명령은 기본값으로 UDP를 제외한 IP, ICMP, TCP에 관한 통계를 표시한다.

해설
- netstat -s 옵션 명령은 기본값으로 IP, IPv6, ICMP, ICMPv6, TCP, TCPv6, UDP 또는 UDPv6 에 관한 통계를 표시한다. 즉, UDP 및 TCP 관련 프로토콜 전체의 통계를 나타낸다.

[정답 ④]

027 다음은 무선랜 언어 및 프로토콜 등에 대한 설명이다. 다음 설명 중 옳지 않은 것은?

① WTLS는 무선 인증(Authentication), 기밀성에 대한 보안성이 매우 부적합하여 다른 기술이 요구된다.
② WPKI(Wireless Public Key Infrastructure)는 무선 인터넷상에서의 인터넷 뱅킹, 사이버 주식 거래시 외부 침입이나 정보 누출로부터 보호받을 수 있도록 하는 무선 인터넷 공개키 기반 구조이다.
③ WTLS는 인터넷의 TLS(SSL)를 근간으로 작성된 무선 인터넷용 보안 프로토콜이다.

④ WML은 작은 화면과 제한된 메모리 및 CPU, 좁은 대역폭(bandwidth)을 가진 PDA(personal digital assistant) 등의 무선 이동단말기에 적합한 언어이다.

> **해설**
> • WTLS : 인터넷의 TLS, SSL을 근간으로 작성된 무선 인터넷용 보안 프로토콜이다.
>   - SSL, TLS와 같은 인터넷 보안 프로토콜에 기초해서 안전한 접속을 위한 Framework 제공한다.
>   - 인증(Authentication), 무결성(Integrity), 부인봉쇄(Non-Repudiation), 기밀성(Security) 등의 보안 서비스 제공한다.
>   - 통신 끝단인 end-to-end security를 제공한다.
>
> [정답 ①]

028 무선랜의 인증 방식에 대한 설명이다. 다음 설명 중 옳지 않은 것은?

① 무선랜에서 사용하는 EAP는 EAP 방식들이 만들어내는 키 요소와 매개변수의 전송 및 이용을 제공하기 위한 인증 프레임워크이다.
② 무선랜에서 사용하는 EAP(Extensible Authentication Protocol, 확장가능 인증 프로토콜)는 유선포트의 인증을 위한 표준 프로토콜이다.
③ EAP 인증은 공유키를 통한 인증이므로 공유키 관리가 매우 중요하다.
④ IEEE 802.1x에서 사용자 인증을 위해 사용하는 프로토콜로서 확장성 필드를 이용하여, MD5, TLS, TTLS, SRP, FAST, PEAP, LEAP 등의 인증방식을 지원한다.

> **해설**
> • 공유키 관리가 매우 중요한 인증 방식은 EAP 인증이 아니라, PSK(Pre Shared Key) 인증이다.
>   - PSK(Pre Shared Key) 인증 : PSK 인증은 사전에 AP(Access Point)와 무선랜 사용자가 특정 문자열을 패스워드로 공유하여 인증을 지원하는 방식이다. PSK 인증에서는 공유키를 통한인증이므로 공유키 관리가 매우 중요하다.
>
> [정답 ③]

029 다음 그림은 콜리전 도메인과 브로드캐스팅 도메인으로 구성되었다. 다음 중 옳은 것은?

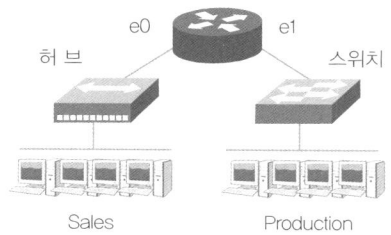

① 콜리전 도메인은 3개, 브로드캐스트 도메인은 2개

② 콜리전 도메인은 4개, 브로드캐스트 도메인은 1개
③ 콜리전 도메인은 4개, 브로드캐스트 도메인은 12개
④ 콜리전 도메인은 7개, 브로드캐스트 도메인은 2개

해설
- 브로드캐스트 도메인은 라우터에 의해 나누어진다. 라우터에 연결된 허브와 스위치가 각각 1개 총 2개이다. 그래서 브로드캐스트 도메인은 2개이다.
- 콜리전 도메인은 스위치가 나눌 수 있다. 허브는 나누지 못하므로 허브와 연결된 PC는 전체가 1개가 된다. 위 그림에서 콜리전 도메인은 허브쪽 1개이고, 스위치쪽은 5개의 PC 및 스위치와 라우터 연결부분 1개를 합해서 총 7개가 된다.

[정답 ④]

030 UDP Flooding 공격의 탐지 방법으로 거리가 먼 것은?

① 공격자가 보낸 패킷에서 UDP 통신을 분석한다.
② 대상 포트 번호를 확인하여, 135,137,17번 UDP 포트 스캔이 아니면 UDP Flooding으로 간주한다.
③ 공격자가 보내는 패킷의 횟수를 카운트하여 공격 인정 시간 내에 공격 인정 횟수이면 UDP공격으로 탐지한다.
④ 서버간에서 발생되는 UDP 통신은 모두 차단한다.

해설
- 서버간에서 발생되는 UDP 통신은 모두 차단하면, 정상 이용자의 통신을 차단하게 될 수 있다.

[정답 ④]

031 다음은 Ping of death 공격의 설명이다. 괄호 안에 들어갈 내용으로 올바른 것은?

> 인터넷 프로토콜 허용범위, (　　　)바이트 이상의 큰 패킷을 고의로 전송하여 발생한 서비스 거부 공격. 공격자의 식별 위장이 용이하고 인터넷 주소 하나만으로도 공격이 가능하다.

① 16
② 32
③ 256
④ 6,5536

해설
- Ping of Death 공격은 IP 패킷 최대 사이즈(65,535)보다 큰 ICMP Request를 보내는 공격이다. 문제에서는 65,535보다 1이 큰 65,536바이트가 정답이다.

[정답 ④]

032 다음 Port Scan 설명은 무엇인가?

> FIN, PSH, URG 패킷을 한 번에 보내는 스캔으로, 스캔 결과 TCP 다음 아무런 응답이 돌아오지 않음을 통해 열린 포트라는 것을 알 수 있다.

① Half Open Scan
② FIN Scan
③ NULL Scan
④ Xmas Scan

해설
- Xmas는 크리스마스를 다른 말로 표현한 것이다. 크리스마스에는 선물을 많이 받는 것처럼, Xmas 스캔은 FIN 및 NULL 스캔과는 달리 한번에 여러 가지 패킷(FIN, PSH, URG)을 보내면 포트가 열린 경우 서버는 수신 받아 폐기 처분하고, 닫혀 있으면 ACK+RST 패킷이 되돌아 온다.

[정답 ④]

033 다음 지문에서 설명하는 내용은 spoofing 공격 중 어떤 공격에 해당하는가?

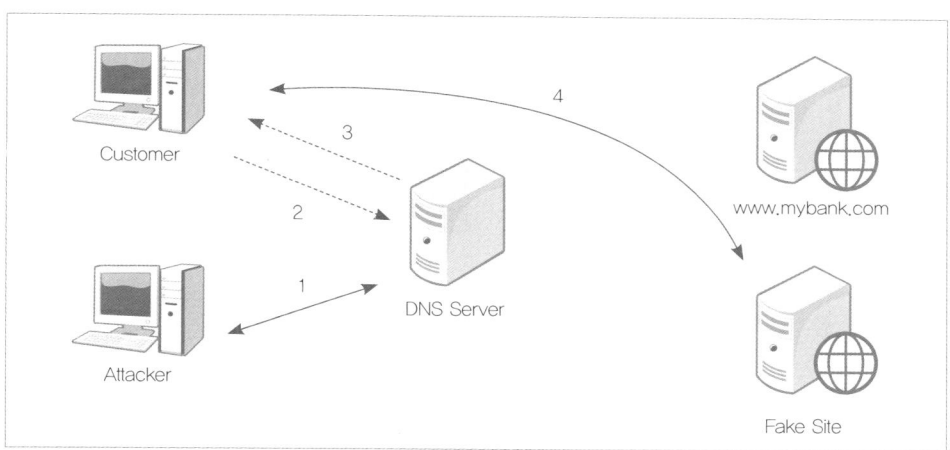

> Target의 DNS Query가 발생하면 DNS Server보다 공격자가 먼저 응답하여 공격자가 의도한 IP를 알려주어 공격자가 원하는 주소로 접속하게 되는 공격 기법

① IP spoofing
② ARP spoofing
③ Session hijacking
④ DNS spoofing

해설
- DNS Spoofing은 Target의 DNS Query가 발생하면 DNS Server보다 공격자가 먼저 응답하여 Attacker가 의도한 IP를 알려주어 공격자가 원하는 주소로 접속하게 하는 공격기법이다.

[정답 ④]

034 다음 지문이 설명하는 것을 순서대로 올바르게 짝지은 것은?

- 악의적인 프로그램을 건전한 프로그램처럼 포장하여 일반 사용자들이 의심 없이 자신의 컴퓨터 안에서 이를 실행시키고 실행된 (   )은/는 특정 포트를 열어 공격자의 침입을 돕고 추가적으로 정보를 자동 유출하며 자신의 존재는 숨긴다.
- (   )이란 악성코드에 감염되어 주기적으로 C&C 서버에 접속하여 공격자의 명령을 받아 악의적인 행위를 하게되고, 이를 통해서 원격제어가 가능하므로 정보유출, 디스크 파괴, DDoS 공격 등 다양하게 이용된다.

① worm, backdoor
② Bomb, worm
③ Exploit, botnet
④ Trojan, botnet

> **해 설**
> - Trojan의 특징은 다음과 같다.
>   - 겉으로 보기에는 전혀 해를 끼치지 않을 것처럼 보이지만 실제로는 바이러스 등의 위험인자를 포함하고 있는 프로그램이다.
>   - 상대방 컴퓨터의 정보를 유출하기 위한 목적으로 사용되며 98년 8월부터 유포되어 전세계적으로 문제를 일으키고 있는 백오리피스(Back Orifice)도 트로이목마의 일종이다.
>   - 자기 복사능력이 없다는 것이 컴퓨터 바이러스와의 차이점이다. 따라서 해당 그 프로그램만 지워버리면 문제가 간단히 해결된다. 대개 E-메일이나 인터넷을 통해 다운받은 소프트웨어에서 발견된다.
> - 봇넷(botnet)은 주기적으로 C&C 서버에 접속하여 공격자의 명령을 받아 악의적인 행위를 하게되고, 이를 통해서 원격제어가 가능하므로 정보유출, 디스크 파괴, DDoS 공격 등 다양하게 이용된다.
>
> [정답 ④]

035 IPS에 대한 설명 중 틀린 것은?

① 주기적인 패턴 업데이트가 필요하다.
② 오탐 가능성이 있으므로 로그분석 후 정책 수정이 필요하다.
③ 웹해킹 및 악성코드 감염을 예방 할 수 있다.
④ 잘 알려진 공격은 패턴이 없어도 차단이 가능하다.

> **해 설**
> - IPS(Intrusion Prevention System)란 공격 패턴을 기반으로 패턴과 일치하는 패킷에 대해서는 차단하는 보안 시스템이다. 주기적인 패턴 업데이트가 필요하며 정상 트래픽도 패턴과 일치할 경우 차단하므로 오탐 가능성이 있다.
> - 웹해킹 및 악성코드에 대한 차단이 가능하고 패턴이 없다면 잘 알려진 공격도 차단이 불가능하다.
>
> [정답 ④]

036 운용중인 홈페이지에서 관리자페이지 접근시 차단할 IPS 정책을 설정하려고 한다. 잘못된 것은?

관리자페이지 주소 : http://www.myhome.net/jsp/admin/login.jsp

방향	행위	프로토콜	포트번호	패턴
IN	BLOCK	TCP	80	www.myhome.net/jsp/admin/login.jsp

① 방향
② 프로토콜
③ 포트번호
④ 패턴

> **해 설**
> - 서버로 접근하는 트래픽에 대해 탐지할 것이므로 inbound 정책이고 행위는 차단이므로 block으로 설정하고 http이므로 TCP 80으로 설정한다.
> - www.myhome.net/jsp/admin/login.jsp로 접속시 http 패킷은 다음과 같이 전송된다.
>   GET /jsp/admin/login.jsp HTTP/1.1
>   Host : www.myhome.net
>   (이하 생략)
>   그러므로 탐지패턴을 www.myhome.net/jsp/admin/login.jsp로 만들 경우 탐지할 수 없으며 /jsp/admin/login.jsp로 만든다.
>
> [정답 ④]

037 다음과 같이 시스코 라우터 session timeout 설정을 하였다. 잘못 설명한 것은?

```
Router# config terminal
Router(config)# line con 0
Router(config-line)# exec-timeout 5 30
```

① session timeout을 설정하지 않을 경우 부재시 공격자에게 이용당할 수 있다.
② 원격 접속시에는 적용되지 않는다.
③ 5분 30초 동안 입력이 없을 경우 session이 종료될 것이다.
④ session을 5번 연장할 수 있다.

> **해 설**
> - session timeout이 미설정된 경우 부재시 해당 공격자가에게 이용당할 수 있다.
> - 해당 설정은 cisco 장비에서 console 접속시 session timeout을 설정하는 명령어이며 5분 30초동안 입력이 없을 경우, session은 강제 종료된다. 본 설정으로 session을 5번 연장할 수 있는 것은 아니다. session timeout은 console, VTY, AUX를 각각 설정해야 한다.
>
> [정답 ④]

038 DRDoS 공격에 대한 설명 중 틀린 것은?

① 공격자는 다수의 좀비PC를 준비할 필요가 없다.
② 일반적으로 TCP 3 way handshake 취약점을 이용한다.
③ 공격자가 보내는 트래픽보다 공격목표가 받는 트래픽은 2~3배 더 많다.
④ 확인되는 공격자IP를 모두 차단하면 공격을 효과적으로 방어할 수 있다.

> **해 설**
> - DRDoS(Distributed Reflect Denial of Service)란 일반적으로 TCP 3 way handshake 취약점을 이용하며 공격자는 출발지 IP를 공격목표의 IP로 변조한 후 정상 서비스 중인 다수의 서버에 SYN패킷을 보낸다. SYN패킷을 받은 서버들은 공격목표의 IP로 SYN/ACK 패킷을 보내게 되고 공격목표는 수많은 SYN/ACK 패킷을 받아 서비스거부 상태가 된다.
> - 출발지 IP를 속여서 정상 서비스 중인 다수의 서버에 공격트래픽을 보내므로 좀비PC는 없어도 되며 SYN/ACK에 대한 응답을 받지 못하므로 SYN/ACK 패킷은 2~3회 더 발생되어 결국 공격자가 보낸 트래픽보다 더 많은 트래픽이 공격목표에게 전달된다.
> - 공격자IP도 공격자에 의해 이용당하는 것뿐이므로 IP를 차단은 임시방편이다.
>
> [정답 ④]

039 최근 발생되어 문제가 되었던 shellshock 취약점에 대한 설명 중 틀린 것은?

① GNU bash에서 발생하는 취약점으로 보안패치가 가능하다.
② 공격 성공시 공격자는 임의코드 실행을 할 수 있다.
③ 일반적으로 윈도우 서버는 해당 취약점이 없다.
④ 홈페이지에서 SSL을 사용하지 않는다면 해당 취약점이 없다.

> **해 설**
> - 유닉스 계열 운영체제에서 사용하는 GNU Bash에 임의코드를 실행할 수 있는 취약점이 발견되었고 해당 취약점을 shellshock라고 한다.
> - 해당 취약점은 bash 명령어 처리시 환경변수 중 {} 중괄호를 이용하여 코드 삽입을 할 수 있으며 공격자가 원하는 모든 명령어를 실행할 수 있다.
> - 유닉스를 사용하는 서버 중 bash shell을 사용할 경우 해당 취약점이 발생할 수 있으며 윈도우 계열에서는 해당 취약점이 없다.
>
> [정답 ④]

040 방화벽 종류에 대한 설명으로 틀린 것은?

① Circuit Gateway 방화벽은 Session~Application Layer 에서 동작하고, 내부의 IP주소를 숨기는 것은 불가하다.
② 패킷 필터링(Packet Filtering) 방화벽은 네트워크층(IP프로토콜)과 전송층(TCP프로토콜) 에서 동작하고, 다른 방식에 비해 처리속도가 빠르다.
③ 하이브리드 방화벽은 Packet Filtering과 Application Gateway 방식의 혼합이다.

④ Application Gateway 방화벽은 방화벽의 Proxy를 이용한 연결이며, 전용 Gateway에 따른 어플리케이션의 유연성 부족하다.

> **해설**
> • Circuit Gateway 방화벽은 Session~Application Layer에서 동작하고, 내부의 IP주소를 숨기는 것이 가능하다.

[정답 ①]

제3과목 어플리케이션 보안

041 다음 중 Resource Record Type(RR)에 대한 설명 중 옳지 않은 것은?

① 주 DNS Server 와 Zone에 대한 정보를 SOA라 한다.
② IPv4 주소의 RR은 AAAA이다.
③ 별칭으로써 IP 하나에 여러 개의 별칭을 부여하기 위해 사용하는 RR은 CNAME 이다.
④ 역방향 조회 영역에서 사용되는 레코드 타입은 PTR이다.

해설
• 각 Zone은 Resource Record Type으로 정의된 데이터를 가지고 IPv6 주소의 RR은 AAAA이다.

[정답 ②]

042 다음은 FTP 동작 모드 중 Passive Mode에 대한 설명이다. 옳지 않은 것은?

① 클라이언트가 서버에게 자신이 어떤 포트로 데이터를 전송할지 알려주는 방식이다.
② 방화벽과 같은 보안솔루션 때문에 방화벽을 통해 FTP를 사용해야하는 문제점을 해결한다.
③ 서버가 1024 이상의 포트를 열어둬야 된다는 점에서 보안적인 문제점이 발생 할 수 있다.
④ 클라이언트는 1024 이상의 임의의 포트를 사용한다.

해설
• 클라이언트가 서버에게 자신이 어떤 포트로 데이터를 전송할지 알려주는 방식은 Active Mode 방식이다.

[정답 ①]

043 FTP 서비스 운영 중 아래 그림에서 Active Mode 2번에 해당하는 것은 어느 것인가?

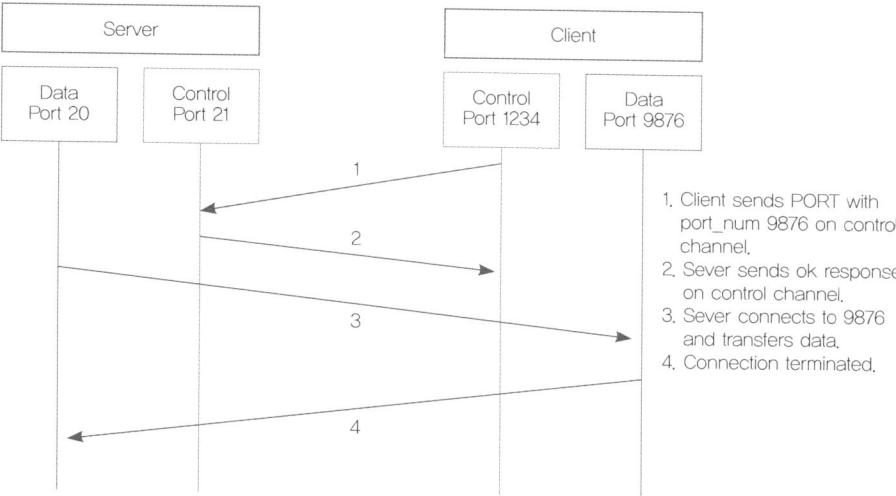

① 클라이언트가 서버의 Data Port로 ACK 신호를 보낸다.
② 서버가 Data Port에서 클라이언트가 알려준 포트로 연결을 시도한다.
③ 서버가 Command Port에서 클라이언트로 ACK 신호를 보낸다.
④ 클라이언트가 서버의 Command Port로 데이터전송을 위해 사용할 포트를 알려준다.

> **해 설**
> • Active Mode는 아래의 순서로 진행한다.
>   1) 클라이언트가 서버의 Command Port(21번)로 데이터전송을 위해 사용할 포트를 알려준다.
>   2) 서버가 Command Port(21번)에서 클라이언트로 ACK 신호를 보낸다.
>   3) 서버가 Data Port(20번)에서 클라이언트가 알려준 포트로 연결을 시도한다.
>   4) 클라이언트가 서버의 Data Port(20번)로 ACK 신호를 보낸다.
>
> [정답 ③]

044 아래 Mail 서비스 공격유형이 설명하는 것은 무엇인가?

> - 이메일 첨부파일을 실행하도록 유도해서 악성 프로그램이 실행되도록 하는 공격
> - 자극적이거나 업무와 관련된 파일인척 문서파일을 열람하게 만듦

① Malware Attack
② Active Contents Attack
③ 이메일 피싱 공격
④ Directory Harvest Attack

> **해설**
> • Malware Attack은 이메일 첨부파일을 실행하도록 유도해서 악성 프로그램이 실행되도록 하는 공격이다. 출처가 불분명한 메일이나 알 수 없는 메일은 열어보지 않는 것이 좋다.
>
> [정답 ①]

045 다음 중 스팸메일과 관련된 내용 중 옳지 않은 것은?

① 스팸메일의 유형은 크게 Incoming SPAM과 Outgoing SPAM으로 나뉜다.
② Relay SPAM은 메일 서버를 Relay 서버(중계 서버)로 사용할 것인지에 따라 결정되며, 리눅스 계열은 /etc/mail/access 파일에 기술한다.
③ 메일 서버에, 로컬이나 외부로 나가는 이메일을 검사하여 Inbound, Outbound 정책을 세워 필터링 해주는 도구를 Inflex라 한다.
④ 메일의 헤더와 내용을 실시간으로 분석해 스팸메일여부를 판단하는 기법을 SPAM Assassin라 한다.

> **해설**
> • 스팸메일의 유형은 크게 Incoming SPAM과 Relay SPAM으로 나뉜다.
>
> [정답 ①]

046 다음 중 전자메일에서 필요로 하는 보안 요소 기술이 아닌 내용이 포함된 것은 어느 것인가?

- 기밀성, 무결성, 가용성, 메시지 인증, 사용자 인증, 송수신 부인방지, 메시지 재전송 방지

① 기밀성, 메시지 인증
② 사용자 인증, 부인방지
③ 메시지 재전송 방지, 부인방지
④ 부인방지, 가용성

> **해설**
> • 전자메일에서 필요로 하는 보안 요소 기술에 가용성은 포함되지 않는다.
>   - 전자메일에서 필요로 하는 보안 요소 기술로는 기밀성, 무결성, 메시지 인증, 사용자 인증, 송수신 부인방지, 메시지 재전송 방지 등이 있다.
>
> [정답 ④]

047 다음 공격의 취약점이 일반적으로 존재하는 곳이 아닌 것은?

> 데이터베이스와 연동된 웹 어플리케이션에서 SQL 질의문에 대한 필터링이 제대로 이루어지지 않을 경우 공격자가 입력이 가능한 폼(웹 브라우저 주소입력창 또는 로그인 폼 등)에 조작된 질의문을 삽입하여 웹 서버의 데이터베이스 정보를 열람 또는 조작을 할 수 있는 취약점

① 사용자(또는 관리자) 로그인 화면
② 검색(Search) UI의 검색어 입력 화면
③ 선택되는 조건이 있는 검색 화면
④ GET Method로 구현된 게시물 링크 부분의 URL

해 설
- SQL 인젝션 선택이 아니라 Key-in되는 조건이 있는 검색 화면이다.
- 일반적으로 SQL Injection 취약점이 존재하는 UI형태는 다음과 같다.
  - 사용자(또는 관리자) 로그인 화면
  - 검색(Search) UI의 검색어 입력/선택이 아니라 Key-in되는 조건이 있는 검색 화면
  - GET Method로 구현된 게시물 링크 부분의 URL
  - 게시물 패스워드 확인 화면
  - 기타 사용자의 입력 값을 받는 부

[정답 ③]

048 다음 중 웹서버 로그에 대한 설명 중 옳지 않은 것은?

① 웹서비스에 접속한 기록을 남기는 로그를 access_log라 한다.
② Web Server의 요청 처리과정에서 발생하는 각종 에러에 대한 기록을 error_log라 한다.
③ 에러로그는 위험도에 따라 7가지로 분류하고, 아래와 같은 종류가 있다.
   - Emerg → Alert → Crit → Error → Warn → Notice → Info
④ 기본값은 Warn이며, Warn이상의 에러가 로그에 남는다.

해 설
- 에러로그(error_log)는 Web Server의 요청 처리과정에서 발생하는 각종 에러에 대하여 기록하고, 위험도에 따라 8가지로 분류한다.
  - Emerg → Alert → Crit → Error → Warn → Notice → Info → Debug

[정답 ③]

049 다음 중 소프트웨어 개발 보안과 관련된 내용 중 옳지 않은 것은?

① SW를 실행하지 않고, 소스코드 수준으로 보안약점을 분석하는 방법을 정적분석이라 한다.
② SW 실행환경에서 보안약점을 분석하는 방법을 동적분석이라 하고, SW 개발단

계에서 주로 사용한다.
③ 정적분석은 컴포넌트간 발생할 수 있는 통합된 보안약점 발견은 제한적이다.
④ 동적분석은 구조 관점의 보안약점은 발견할 수 없다.

> **해설**
> • SW 개발단계에서는 SW를 실행하지 않고, 소스코드 수준으로 보안약점을 분석하는 정적분석을 사용한다. SW 실행환경에서는 동적분석을 사용한다.
>
> [정답 ②]

050 다음 웹방화벽에 대한 설명 중 옳지 않은 것은?

① Windows IIS Web Server용 Web 방화벽에는 WebKnight이 있다.
② Apache 웹서버에 사용되는 침입탐지 및 차단 기능을 가지는 보안 모듈에는 mod_security라는 것이 있다.
③ 웹방화벽을 도입하는 주요 목적은 비정상적인 사용자의 요청(get, post 등)을 막을 수 있기 때문이다.
④ 웹방화벽은 불필요한 접근을 최소화하여 네트워크 비용을 줄일 수 있다.

> **해설**
> • 비정상적인 사용자의 접근 차단과 불필요한 접근을 최소화하여 네트워크 비용 절감하기 위하여 구축하는 장비는 네트워크 방화벽이다.
>
> [정답 ④]

051 다음이 설명하고 있는 것은 무엇인가?

> 1. 사용자가 서버를 신뢰할 수 없는 상황에서는 사용할 수 없는 방법이다.
> 2. 사용자와 서버간의 대화형 프로토콜로서, 사용자의 비밀정보를 서버에게 직접적으로 제공하지 않고 사용자는 단지 그 비밀정보를 실제로 알고 있다는 사실만으로 서버에게 확신시켜 주는 방법이다.
> 3. 본인 신분 확인을 위하여 사용하는 방법이다.

① 영지식 증명 프로토콜
② 은닉 채널
③ 전자 서명
④ 비대칭 암호

해 설
- 암호학에서 영지식 증명(零知識 證明, zero-knowledge proof)은 누군가가 상대방에게 어떤 문장(statement)이 참이라는 것을 증명할 때, 그 문장의 참 거짓 여부를 제외한 어떤 것도 노출되지 않는 interactive한 절차를 뜻한다. 통상의 패스워드 방식에서는 자신이 본인임을 증명하기 위해서 비밀정보를 그대로 표시하게 되므로 항상 위험이 따르게 되는데 이러한 결점을 극복한 것으로, 스마트 카드 및 원격지 로그인에서의 사용자 식별에 사용한다. 어떤 프로토콜이 영지식 증명이 되려면 soundness, completeness, zero-knowledgeness를 만족해야 한다.

[정답 ①]

052 다음은 DRM 시스템의 패키징 기법에 대한 설명이다. 어떤 기법을 설명하고 있는가?

1. 사용자의 요청 시 동적으로 콘텐츠 생성 후 배포해야 되는 콘텐츠를 패키징 할 때 사용
2. 동시 사용자가 많을 경우에 암호화로 인해 시스템의 부하가 급속하게 증가하고 전체적인 시스템의 성능을 현격하게 떨어뜨리는 현상을 야기
3. 동시 사용자의 증가에 따른 병렬적 확장이 용이하고, 경제적인 비용으로 제공될 수 있도록 구조적 특징을 제공해야 함

① Pre-Packaging 방식
② On-Demand Packaging 방식
③ On-the-fly Packaging 방식
④ Stand-by Packaging 방식

해 설
- On-the-fly packaging(주문형 패키징)는 사용자의 요청에 의해 동적으로 콘텐츠를 생성해서 배포해야 되는 콘텐츠를 패키징 할 때 사용하며, 동시 사용자가 많을 경우에 암호화로 인해 시스템의 부하가 급속하게 증가하고 전체적인 시스템의 성능을 현격하게 떨어뜨리는 현상을 야기한다.

[정답 ③]

053 디지털 콘텐츠 관리 기술 중 다음은 무엇을 설명하고 있는가?

1. TV 방송의 수신 시스템에서 서비스 가입자를 인식하여 자동으로 서비스 제공 여부를 판단, 허가된 가입자에게만 수신을 허용
2. 유료 TV 서비스(케이블, 위성, IPTV 등)의 가입자 인식 시스템 등에 적용

① 핑거 프린터
② DRM (Digital Rights Management)
③ CAS (Conditional Access System)
④ 워터 마킹

> 해설
> - 디지털 방송 콘텐츠는 매체의 특성 상 완벽한 복제가 가능하고 편집 및 배포가 용이해 불법 복제로 인한 피해에 노출되어 있음. 전 세계적으로 TV 방송의 디지털 전환에 따른 서비스 환경의 변화에 따라, 허가된 가입자에게만 해당 콘텐츠의 접근을 허용하는 시스템이 요구되었다.
> - 수신제한 기술(CAS, Conditional Access System)은 서비스 가입자가 특정 프로그램을 시청하고자 할 경우 수신 시스템이 자동으로 수신자를 인식하고, 서비스 제공 여부를 판단하여 허가된 가입자에게만 수신이 가능하도록 처리하는 기술 체계이다.
>
> [정답 ③]

054 디지털 컨텐츠의 보호를 위해 사용하는 핑거프린팅 기술을 잘 설명한 것은?

① 불법 복제의 원천지 추적을 위해 일련 번호 등 추적 가능한 워터마크를 삽입하는 기술
② 디지털 컨텐츠의 복제 방지를 위해 디지털 기기를 직접 제어하는 기법
③ 변조되기 쉬운 약한 워터 마크를 사용하여 위/변조 여부를 확인하는 기술
④ 비인가된 단말에서 콘텐츠의 접근을 제한하는 기술

> 해설
> - 불법복제추적(핑거프린팅)은 불법 복제의 원천지 추적을 목적으로 콘텐츠 소유자가 사용자마다 ID, 일련번호 등의 워터마크를 삽입하여 라이선스 계약을 위반하고, 콘텐츠를 불법 배포한 사용자를 찾아내는 데 사용한다.
>
> [정답 ①]

055 전자 입찰 시스템이 가져야 할 기본 기능이 아닌 것은?

① 독립성
② 개방성
③ 무결성
④ 안정성

> 해설
> - 전자 입찰 시스템의 기본요건은 독립성, 비밀성, 무결성, 공평성, 안정성 이다. 보기의 개방성은 포함되지 않는다.
>
> [정답 ②]

056 데이터베이스 종류와 사용하는 기본 포트 조합이 잘못된 것은?

① MS-SQL, 1433
② MY-SQL, 3300
③ ORACLE, 1521
④ DB2, 5000

> **해설**
> • MY-SQL이 사용하는 기본 포트는 3306이다.
>
> [정답 ②]

057 MS-SQL에서 다음과 같은 명령을 실행할 경우 DBMS 서버에는 어떤 현상이 발생하는가?

실행 명령어	EXEC sp_configure 'clr enabled', 0 RECONFIGURE GO

① MS-SQL Server에서 프로시저 간 호출을 중단한다.
② MS-SQL Server에서 더 이상 어셈블리를 차단한다.
③ MS-SQL Server에서 명령 행의 응답을 차단한다.
④ MS-SQL Server에서 클라이언트의 접속을 차단한다.

> **해설**
> • MS-SQL은 .Net Runtime 라이브러리를 연동하여 SQL의 기능을 확장할 수 있다.
>   – MS-SQL과 .Net Runtime 라이브러리(어셈블리)는 sp_configure 'clr enabled' 명령으로 설정
> • 닷넷(.Net) 어셈플리 연동은 외부 프로그램(DLL) 실행이 가능해지므로 반드시 보안성 검토 및 서버 보안 대책 수립 후 사용할 수 있도록 구성해야 한다.
>
> [정답 ②]

058 MS-SQL에서 다음과 같은 명령어의 실행효과와 가장 비슷한 명령어는 무엇인가?

실행 명령어	EXEC sp_configure 'xp_cmdshell', 1 RECONFIGURE

① EXEC sp_configure 'awe enabled', 1
   RECONFIGURE
② EXEC sp_configure 'clr enabled', 1
   RECONFIGURE
③ EXEC sp_configure 'dos mode enabled', 1
   RECONFIGURE
④ EXEC sp_configure 'dll enabled', 1
   RECONFIGURE

> **해 설**
>
> - MS-SQL에 사용하는 명령어이며, 'xp_cmdshell'과 실행효과가 가장 비슷한 명령은 'clr enabled'이다.
>   - EXEC sp_configure 'xp_cmdshell'
>   · MS-SQL에서 외부 명령어의 실행 여부를 설정하는 명령이며, 외부 명령 실행이 허용된 경우 간단한 SQL만으로 민감한 명령을 실행할 수 있어 보안에 취약하다.
>   - EXEC sp_configure 'clr enabled'
>   · MS .Net DLL(어셈블리)를 실행할 수 있도록 설정하는 명령이고, .NET 라이브러리가 제공하는 막강한 기능을 이용할 수 있어 보안에 취약하다.
>
> [정답 ②]

[정보보안기사 2013년 1회]

059 C 언어로 작성된 응용프로그램에서 버퍼 오버플로우 취약점을 개선하기 위해 권고하는 라이브러리 함수에 해당하지 않는 것은?

① strncat
② sscanf
③ snprintf
④ strncpy

> **해 설**
>
> - 버퍼 오버플로우에 취약한 함수는 'scanf()'이며, 이에 대한 권고함수는 'scanf() 버퍼 크기 지정'이다.
>   - 버퍼 오버플로우에 취약한 함수는 strcpy(), strcat(), sprintf(), vsprintf()인데, 순서대로 이에 대한 보안 취약점을 보완하기 위한 함수는 strncpy(), strncat(), snprintf(), snprintf()이며, 특이점은 후자에는 'n' 영문자가 붙었다. 이는 지정한 크기나 지정한 문자 개수에 제한을 주어서 버퍼 오버 플로우를 방지하기 위함이다.
>
> [정답 ②]

[정보보안기사 2014년 4회]

060 포맷스트링 버그(FSB, Format String Bug)를 개선하는 방법으로 틀린 것은?

① 포맷 스트링의 지시자와 변수 형을 일치시켜야 한다.
② 포맷 스트링 지시자와 인자의 개수를 일치시킨다.
③ 정적 포맷 스트링 대신 동적 포맷 스트링을 사용한다.
④ 포맷 스트링 지시자 중 %n 사용을 가급적 지양한다.

> **해 설**
>
> - 포맷스트링 버그(FSB, Format String Bug)는 printf 등 형식화된 출력을 변환을 지원하는 함수에서 출력 형식을 정하는 포맷 문자열의 잘못된 지정, 누락 등으로 메모리 참조 오류를 발생시키는 소프트웨어 개발 시 발생하는 버그이다.
> - 포맷 스트링 버그 발생하는 주요 원인은 포맷 스트링 지시자와 인자의 개수 차이에서 발생하는 것으로 동적 포맷 스트링을 사용할 경우 지시자와 인자의 개수가 달라질 가능성이 발생하고, 이는 위협 요인이 될 수 있다. 따라서 보안 취약점 유발 요인 자체를 제거하기 위해서는 정적 포맷 스트링 사용을 권장 한다.
>
> [정답 ③]

제4과목 정보보안 일반

061 암호의 길이(M)를 입력으로 정해진 크기(h)를 만드는 일방향 함수(one-way function, H)를 해쉬함수라고 한다. 다음 중 해쉬 함수의 특징이 아닌 것은?

① MAC(Message Authentication Code)과 달리 키를 사용하지 않는다.
② 에러 탐색 능력을 제공한다.
③ 유일한 해쉬함수 사용기법이 있다.
④ 해쉬값을 포함한 해쉬함수 암호화가 필요하다.

해설
• 다양한 해쉬함수 사용기법이 있다. 해쉬코드만을 암호화하는 기법도 있지만, 공개키 암호 및 개인키를 이용하여 해쉬코드를 암호화하는 기법도 있다. 다양한 조건에 따라 그 방식을 적용하여 인증 강도를 높일 수 있다.

[정답 ③]

062 디바이스 인증 기술에는 아이디 패스워드 방식과 MAC주소방식, 암호 인증방식 등 다양한 인증방식이 있다. 이러한 디바이스 인증 기술의 장점을 설명한 것 중 잘못된 것은?

① 보안성 : 기기 인증서 발급부터 서비스까지 절차적으로 검증된 보안 수준을 구축한다.
② 경제성 : 일관된 보안정책을 마련함으로 운영비용을 절감할 수 있다.
③ 용이성 : 기기 인증시 사용자가 보다 쉽게 인증 할 수 있다.
④ 상호연동성 : 기기 서비스 또한 이기종간 통신 및 인증 요구가 늘어남에 따라 상호 연동이 보장되는 기기인증 체계가 구축되어 관리된다.

해설
• 용이성은 디바이스 인증 장점이 아니다.

[정답 ③]

063 다음은 커버로스 구성요소에 대한 나열 및 과정을 표현하였다. 이중 구성요소가 아닌 것은 무엇인가?

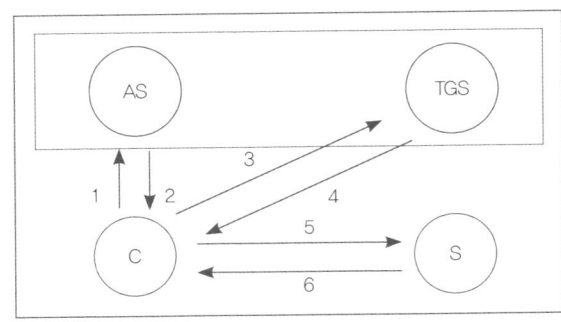

① Client(C) : 인증을 얻기 위한 사용자 컴퓨터를 말한다.
② Application Server(AS) : 커버로스 프로그램을 설치한 서버를 말한다.
③ Server(S) : 클라이언트가 접속하고자 하는 서버를 말한다.
④ Ticket Granting Server(TGS) : 인증값인 티켓을 클라이언트에게 발급해주는 컴퓨터를 말한다.

> **해설**
> • (AS)는 Authenticates Server(인증서버)로 클라이언트를 인증하는 컴퓨터를 말한다.

[정답 ②]

064 다음은 강제적 접근통제(MAC : Mandatory Access Control)에 대한 설명이다. 설명으로 잘못된 것은?

① 관리자에 의한 접근 권한을 할당한다.
② 사용자마다 보안 레벨을 정하고, 자원, 객체에도 보안레벨을 부여한다.
③ 접근 규칙이 적어 통제가 쉬우나, 중앙 집중적인 관리는 불편하다.
④ 시스템 성능에 영향을 끼치고, 비용이 많이 드는 단점이 있다.

> **해설**
> • 강제적 접근통제는 접근규칙이 적어 통제가 쉽고 관리자에 의한 통제가 가능해 중앙 집중적인 관리가 가능하다.

[정답 ③]

065 접근통제에서 주로 군사적 보안과 보안(비밀성)이 필요한 접근통제 방법은 어떤 통제 방법인가?

① 강제적 접근 통제

② 임의적 접근 통제
③ 역할기반 접근 통제
④ 통제기반 접근 통제

> **해설**
> • 강제적 접근통제 특징이다.
>   - 모든 객체는 비밀성을 가지고 있다고 보고, 객체에 보안라벨을 부여한다.
>   - 주체의 보안레벨과 객체의 보안 레벨을 비교하여 접근 권한을 부여한다.
>   - 시스템 성능 문제와 구현의 어려움 때문에 주로 군사용으로 사용한다.

[정답 ①]

066 사용자에게 할당된 역할에 기반하여 접근 통제하는 방법을 역할기반 접근통제(RBAC, Role Based Access Control)라고 한다. RBAC를 위해 정의된 주요규칙 중 포함되지 않는 것은?

① 역할 담당(Role assignment)
② 역할 권한 부여(Role authorization)
③ 권한 부여(Permission authorization)
④ 권한 접근(Permission access)

> **해설**
> • RBAC를 위해 정의된 주요규칙은 다음과 같다.
>   - 역할 담당(Role assignment)
>   - 역할 권한 부여(Role authorization)
>   - 권한 부여(Permission authorization)

[정답 ④]

067 커버로스(Kerberos) 인증에 대한 설명으로 잘못된 것은?

① 커버로스는 분산 인증 서비스 상에서 무결성과 기밀성을 제공한다.
② 커버로스는 대칭키 기반의 암호 방식을 사용한다.
③ Kerberos V5는 최대 티켓 유효시간을 1280분(28*5)까지 지원한다.
④ Kerberos V5는 Kerberos간의 Kerberos의 상호인증이 가능하다.

> **해설**
> • Kerberos 인증은 분산환경 하에서 개발자와 관리자 및 사용자에게 특정 사용자나 서비스에 대한 권한 부여 인증(authentication)을 통해 여러 형태의 공격을 막을 수 있도록 한 인증 메커니즘이다. Kerberos는 MIT에서 개발한 인증 서비스 시스템으로 대칭 암호화 시스템에 기반을 두고 있으며 개방 네트워크상에서 인증과 통신의 암호화를 시행하여, 무결성과 기밀성을 확보한다.
>   - 티켓유효시간으로 Kerberos V4 최대 28*5 = 1,280분 동안만 사용가능하며, Kerberos V5는 시작 시간과 끝 시간을 표시하여 충분한 유효시간을 가질 수 있다.

[정답 ③]

068 Diffie-Hellman 알고리즘은 비밀키(Secret-Key)를 공유(키 교환)하는 과정에서 특정 공격에 취약할 가능성이 존재한다. 다음 중 Diffie-Hellman 알고리즘에 가장 취약한 공격은 무엇인가?

① 강제지연 공격(Forced-delay Attack)에 취약하다.
② 중재자 공격(Man-in-the-Middle-Attack)에 취약하다.
③ 재전송 공격(Reply Attack)에 취약하다.
④ 반사공격(Reflection Attack)에 취약하다.

> **해설**
> - Diffie-Hellman 알고리즘은 1976년 Diffie와 Hellman이 고안한 최초의 공개키 알고리즘으로 이산대수를 계산하는 어려움에 기반으로 만들어졌다.
> - Diffie-Hellman 알고리즘은 비밀키(Secret-Key)를 공유(키 교환)하는 과정에서 특정 공격에 취약할 가능성이 존재한다. 다음 중 Diffie-Hellman 알고리즘에 가장 취약한 공격이라 할 수 있는 것은 서버와 사용자간에 상호인증이 이루어지면 안전한 통신 채널이 생성되지만, 중재자 공격으로 통신 채널에서 전송되는 데이터를 가로챌 수 있다.
>   - 중재자 공격은 프로토콜 수행의 흐름을 조작하여 수행하는 공격 방법이다. 예를 들어 프로토콜 시작 단계에서 B는 C에게 A로 가장하여 접속을 하고, A로부터 받은 데이터를 이용하여 C에게 접속을 한다. 그렇게 되면 C는 A가 접속을 했다고 생각하지만, 실제로는 B가 접속한 것이다. 이와 같이 중재자 공격은 통신 중간에서 다른 사람인척 위장을 하여 공격하는 방법이다.
>
> [정답 ②]

069 인증기관에서 관리하는 인증서 폐기목록(CRL : Certificate Revocation List)에서 보관하는 내용이 아닌 것은 무엇인가?

① 최근 수정일자
② 서명 알고리즘
③ 발급자의 서명
④ 소유자의 공개키

> **해설**
> - CRL에는 소유자의 공개키는 보관하지 않는다.
>   폐기된 인증서를 이용자들이 확인할 수 있도록 그 목록을 배포, 공표하기 위한 메커니즘. 주로 인증기관에서 관리하며 메시지를 전달할 때 인증서와 함께 전달된다. 인증서 폐기 목록에는 취소된 인증서들의 일련번호가 들어 있으며 이를 받은 당사자는 목록을 참조하여 취소된 인증서를 사용하지 않도록 해야 한다.
> - 다음은 인증서 취소목록(CRL)에서 보관하는 내용이다.
>   - 서명 알고리즘 : CRL에 서명한 서명 알고리즘 ID 및 관련 데이터
>   - 발급자 : 발급자 CA의 X.509 이름
>   - 최근 수정 일자 : 최근 수정 일자(UTC Time)
>   - 차후 수정 일자 : 다음 수정 일자(UTC Time)
>   - 취소 인증서 목록 : 취소된 인증서 목록들
>   - CRL 확장자 : CRL 확장자 유무 및 내용
>   - 발급자 서명문 : 발급자의 서명문
>
> [정답 ④]

070 인증서를 이용한 공개키의 효율적인 분배 방법을 정의하고 있는 X.509 인증서 표준 규격에서 공개키 인증서에 포함되어야 하는 필수 항목이 아닌 것은 무엇인가?

① 주체(Subject)
② 버전(Version)
③ 발행자 유일 식별자(Issuer Unique Identifier)
④ 일련번호(Serial Number)

> **해 설**
> - 공개키 인증서에 포함된 필수 정보이다.
>   - 버전(Version) : 인증서 형식의 연속된 버전의 구분
>   - 일련번호(Serial Number) : 발행 CA내부에서는 유일한 정수값
>   - 알고리즘 식별자(Algorithm Identifier) : 인증서를 생성하는데 이용되는 서명 알고리즘을 확인하기 위한 서명 알고리즘 OID
>   - 발행자(Issuer) : 인증서를 발행하고 표시하는 CA
>   - 유효기간(Period of validity) : 인증서가 유효한 첫번째와 마지막 날짜 두 개로 구성
>   - 주체(Subject) : 인증서가 가리키는 사람
>   - 공개키 정보(Public-key information) : 주체의 공개키와 이 키가 사용될 알고리즘의 식별자
>   - 서명(Signature) : CA의 개인 서명키로 서명한 서명문
>
> [정답 ③]

071 PKI 구성 요소가 아닌 것은?

① PAA : 공인인증 서비스 전반의 정책과 절차를 수립
② CA : 인증서의 발급, 폐기, 정지, 갱신, 재발급을 담당하는 기관
③ RA : 가입자의 등록과 초기 인증(신원확인)을 담당
④ CRL : 인증서 취소목록

> **해 설**
> - 공개키기반구조(PKI : Public Key Infrastructure)란 공개키 알고리즘을 통한 암호화 및 전자서명을 제공하기 위한 복합적인 보안 시스템 환경을 말한다. 즉, 암호화와 복호화키로 구성된 공개키를 이용해 송수신 데이터를 암호화하고 디지털 인증서를 통해 사용자를 인증하는 시스템을 말한다.
> - PKI의 구성요소는 다음과 같다.
>   - 정책승인기관(PAA : Policy Approving Authority) : 공인인증 서비스 전반의 정책과 절차를 수립. 보통 최상위 CA가 PAA의 역할을 맡는다.
>   - 정책인증기관(PCA : Policy Certification Authority) : PAA에서 승인된 전반적 정책을 확장 또는 세부 정책을 생성한다.
>   - 인증기관(CA : Certification Authority): 인증서의 발급, 폐기, 정지, 갱신, 재발급을 담당하는 기관이다.
>   - 등록기관(RA : Registration Authority): 가입자의 등록과 초기 인증(신원확인)을 담당한다.
>   - 인증서 디렉토리(certificate directory, certificate repository), VA(Validation Authority) : CA의 인증서, 가입자의 인증서, CRL(Certification Revocation List, 인증서 폐지 목록)의 검색가능 공개 보관소. X.500 국제 표준보다는 일반적으로 LDAP을 이용하여 구현된다.
>   - OCSP(Online Certification Status Protocol) 서버 : 인증서의 폐지 여부 확인 서비스를 제공
>   - 키 복구 서버(key recovery server), 타임 서버(time server)가 있다.
>
> [정답 ④]

072 PKI 인증서에 대한 취소정보를 온라인으로 확인하기 위하여 OCSP 서버와 OCSP 클라이언트간에 수행되는 프로토콜은 무엇인가?

① PKCS
② PKIX
③ OCSP
④ X.509

> **해설**
> - OCSP는 인증서에 대한 취소정보를 온라인으로 확인하기 위하여 OCSP 서버와 OCSP 클라이언트간에 수행되는 프로토콜이다.
>   – OCSP 클라이언트는 특정 인증서에 대한 인증서상태(유효, 취소됨, 알려지지 않음)를 서버로 문의하고, 서버는 특정 인증서에 대한 상태를 클라이언트로 전달한다. 클라이언트는 서버로부터 인증서가 유효하고 취소되지 않았다는 응답을 인증한 후에야 해당 인증서를 특정의 응용을 위하여 사용해야 한다. OCSP는 서버와 클라이언트의 역할 및 인증서의 상태를 확인하기 위하여 교환해야 하는 데이터 형식을 정의하고 있다.
>
> [정답 ③]

073 접속자에게 정당한 권한을 부여해주는 절차를 무엇이라 하는가?

① 인증(Authentication)
② 인가(Authorization)
③ 부인봉쇄(Non-repudiation)
④ 접근 제어(Access Control)

> **해설**
> - 인증(Authentication) : 접속자가 자신이 주장하는 사용자와 같은 사용자인지를 확인하는 과정이다.
> - 인가(Authorization) : 권한부여. 접속자가 하고자 하는 작업이 해당 접속자에게 허가된 작업인지를 확인하는 것이다.
> - 부인봉쇄(Non-repudiation) : 정보를 보낸 사람이 나중에 정보를 보냈다는 것을 부인하지 못하도록 하는 것이다.
> - 접근 제어(Access Control) : 비인가자(또는 단말)의 사용을 막는 접근 통제이다.
>
> [정답 ②]

074 암호에 대한 공격 방식으로 복호화 방식을 알 때 키값을 추정하여 복호화하는 방법을 이용한 공격방식은 무엇인가?

① 암호단독공격(ciphertext only attack)
② 기지평문공격(known plaintext attack)
③ 선택평문공격(chosen plaintext attack)
④ 선택암호문공격(chosen ciphertext attack)

> 해설
> - 암호문을 복호화하기 위한 공격 방법에는 여러 가지가 있다.
>   - 암호단독공격(ciphertext only attack) : 오로지 암호문만을 가지고 평문이나 키값을 찾아내는 방법으로, 평문의 통계적 성질, 문장의 특성 등을 추정하여 해독한다.
>   - 기지평문공격(known plaintext attack) : 공격자가 일정한 평문에 대한 암호문을 알고 있을 때, 스니핑한 암호문에 대해서 암호화 방식을 추론하여 공격하는 방법이다.
>   - 선택평문공격(chosen plaintext attack) : 암호방식을 알고 있으며, 암호기에 접근할 수 있을 때, 임의로 선택한 평문을 추측하여 암호화 해본 뒤 비교해가며 실제 평문을 추정해가는 공격방식이다.
>   - 선택암호문공격(chosen ciphertext attack) : 복호화 방식을 알고 있으며, 암호 복호기에 접근할 수 있을 때, 키값을 추정하여 복호화하는 방법(공개키 암호화의 경우 이 방식이 쓰임)이다. 즉, 평문과 일치하는 암호문으로부터 암호 키를 알아내는 것이다.
>
> [정답 ④]

075 다음은 대칭키 암호시스템과 공개키 암호시스템에 대한 설명이다. 다음 중 틀린 것은 무엇인가?

① 대칭키 암호시스템은 암호화/복호화 속도가 빠르다.
② 대칭키 암호시스템은 키 변화의 빈도가 적다.
③ 공개키 암호시스템은 키의 분배가 용이하다.
④ 공개키 암호시스템은 암호화/복호화 속도가 느리다.

> 해설
> - 대칭키(비밀키) 암호시스템은 키 변화의 빈도가 크고, 사용자의 증가에 따라 관리해야 할 키의 수가 상대적으로 많아진다.
>
> [정답 ②]

076 공개키 알고리즘 중 이산대수 문제를 이용한 알고리즘이 아닌 것은 무엇인가?

① Rabin
② ElGaml
③ DSA
④ ECC

> 해설
> - 이산대수 문제를 이용한 알고리즘은 ElGamal, DSA, ECC가 있고, 소인수 분해 문제를 이용한 알고리즘은 RSA, Rabin이 있다.
>
> [정답 ①]

077 다음 중 스트림 암호에 관한 설명으로 잘못된 것은 무엇인가?

① 스트림 암호란 작은 길이의 키로부터 긴 길이의 난수를 발생시켜 평문과 XOR 하

는 방법을 말하며 SEAL, A5, f8 등이 있다.
② 동기식 스트림 암호는 암호문 중 한 비트가 손실되거나 추가되면 복호화가 불가능하다.
③ LFSR의 선형 복잡도는 매우 높기 때문에 단독으로 사용한다.
④ 스트림 암호는 빠르게 디자인 될 수 있고 실제로 어떠한 블록 암호보다도 빠르다.

> **해설**
> - LFSR(Liner Feedback Shift Register, 선형 귀환 쉬프트 레지스터)을 단독으로 사용하는 것은 쉽게 해독되기 때문에 출력 수열을 비선형 결합하여 스트림 암호를 구성한다.
> - 스트림 암호(stream cipher) : 선형 쉬프트 레지스터를 이용한 이진 수열 발생기로 평문을 일련의 비트열로 취급하여 한 번에 1비트씩(때로는 바이트 단위로) 암호화시키는 암호 시스템이다.
>
> [정답 ③]

078 다음 중 블록 암호에 관한 설명으로 잘못된 것은 무엇인가?

① 평문자체를 블록단위로 배열하고, 순차적으로 암호화한다.
② 평문의 특성이 암호문에도 그대로 반영된다.
③ 암호화 속도가 상대적으로 느리다.
④ 암호화 시 에러의 파급효과가 크다.

> **해설**
> - 평문의 특성이 암호문에도 그대로 반영되는 알고리즘은 스트림 암호화다.
>
> [정답 ②]

079 해쉬함수를 생성하는 순서에 대해 옳바르게 나열한 것은?

① 메시지 길이의 부가 → 패딩 비트 부가 → MD 버퍼의 초기화 → 블록 메시지 처리 → 출력
② 패딩 비트 부가 → 메시지 길이의 부가 → MD 버퍼의 초기화 → 블록 메시지 처리 → 출력
③ 패딩 비트 부가 → MD 버퍼의 초기화 → 메시지 길이의 부가 → 블록 메시지 처리 → 출력
④ 패딩 비트 부가 → 메시지 길이의 부가 → 블록 메시지 처리 → MD 버퍼의 초기화 → 출력

> **해설**
> - 해쉬함수는 SHA-1은 많이 사용되며(현재는 SHA-2 권장), TLS, SSL, PGP, SSH, IPSec 등에도 사용된다.
> - 해쉬함수를 생성하는 순서는 "패딩 비트 부가 → 메시지 길이의 부가 → MD 버퍼의 초기화 → 블록 메시지 처리 → 출력"이다.
>
> [정답 ②]

080 다음은 무엇에 대한 설명인가?

> David Chaum이 제안한 프로토콜로 사용자 A가 서명자 B에게 자신의 메시지를 보여주지 않고 서명을 얻는 방법을 말한다. 메시지의 비밀성을 지키면서 타인의 인증을 받고자 하는 경우에 주로 사용된다.

① 은닉서명(Blind Signature)
② 이중서명(Dual Signature)
③ 영지식 서명
④ 메시지 인증코드(MAC)

해설

- 은닉서명(Blind Signature) : 임의의 전자 서명을 만들 수 있는 서명자와 서명 받을 메시지를 제공하는 제공자로 구성되어 있는 서명 방식으로, 제공자의 신원과(메시지, 서명) 쌍을 연결시킬 수 없는 특성을 유지할 수 있는 서명이다.

[정답 ①]

제5과목 정보보안관리 및 법규

정보보안 기사/산업기사 필기 | 제3회

081 다음은 백업에 대한 용어로서 (가)에 해당되는 것은 다음 중 어느 것인가?

> RESTORE 이후에 데이터베이스를 장애시점으로 복구하는 시간으로서, 데이터베이스가 변경로그 모드인 경우 백업 후 장애시점까지 발생한 변경로그를 데이터베이스에 적용하는 시간이다.
> 시스템 및 데이터베이스 운영자는 시스템의 각종 장애 시 시스템별 복구시간을 예측할 수 있어야 하는데 모의훈련 등을 통해서 산정한 평균 복구 예측시간을 (가)라고 한다.

① MTTR(Mean Time To Repair) 고장복구수리시간
② MTBF(Mean Time Between Recovery) 평균 보장 간격
③ MTTF(Mean Time To Failure) 정상운전시간
④ RAID(Redundant Array of Independent Disks)

해설
- MTTR(Mean Time To Recovery) 고장복구수리시간 : 고장을 일으켰을 때부터 다시 동작하기까지의 시간, 즉 수복(修復)에 요하는 평균수리시간을 말한다. MTTR은 부품, 장치 혹은 컴퓨터시스템 등의 보전성(保全性)을 나타낼 때에 사용하며, 이것이 짧을수록 보전성이 높은 것으로 된다.

[정답 ①]

082 다음 정보자산에 관한 설명으로 잘못된 것은 무엇인가?

① 조사된 정보자산은 관리자, 소유자, 사용자로 지정되어 책임소재를 명확히 해야 한다.
② 정보자산의 중요도 평가는 보안요구사항인 무결성, 기밀성, 가용성 측면에서 자산의 중요도를 평가하는 것이다.
③ 정보자산의 분류는 자산의 유형과 성질에 따라 분류하며 자산요소별로 각각의 보유기간에 따라 폐기 관리를 명시해야 한다.
④ 정보자산의 중요도가 높을 경우 별도의 식별 표시를 해야 하지만 공지자료 등 평가가 낮을 경우에는 식별 없이 관리해도 좋다.

해설
- 정보자산의 가치 평가는 식별된 자산이 해킹 또는 화재 등으로 피해가 발생했을 때 조직의 업무에 얼마만큼의 영향이 발생하는지를 파악하는 과정으로 향후 보호해야 할 자산의 우선순위를 매기는 가치의 기준이 된다. 따라서 평가가 낮은 문서라도 식별 없이 관리해서는 안된다.

[정답 ④]

083 다음의 정보자산 가치 산정의 기준에 있어 정량적인 기준과 정성적인 기준으로 구분 시 정량적인 기준에 해당되는 사항을 모두 나열한 것은?

> (가) 정보자산 교체 비용
> (나) 정보자산 도입 비용
> (다) 정보자산의 업무 기여도
> (라) 정보자산이 영향을 미치는 조직 또는 업무
> (마) 정보자산 복구 비용

① (다), (라)
② (가), (나), (마)
③ (가), (나), (다)
④ (가), (나), (다), (라)

해설
- 정량적 기준에는 정보자사 도입 비용, 정보자산 복구 비용, 정보자산 교체 비용 등이 있다.

[정답 ②]

084 다음 지문의 위험처리 전략으로 가장 적절한 것은 무엇인가?

> 조직의 PC에 접근통제를 위한 장치를 설정하였다. 접근 시 비밀번호의 유형 기준은 영문, 숫자, 특수기호로 설정하였으며 매월 바이러스에 대한 정기적인 점검을 수행하였다.

① 위험 감소
② 위험 회피
③ 위험 수용
④ 위험 전가

해설
- 위험 감소는 취약점이 줄이기 위한 방법으로 관리적 통제방법을 통해 자신의 취약점을 감소시켜 자신의 보안을 강화시키는 것을 목적으로 한다.

[정답 ①]

085 다음 중 정보보호 정책에 대한 설명으로 잘못된 것은?

① 정보보호에 대한 상위 수준의 목표 및 방향을 제시하며 조직의 경영목표를 반영하고 정보보호 관련 상위 정책과 일관성을 유지해야 한다.
② 정보보호를 위해 관련된 모든 사람이 반드시 지켜야 할 요구사항을 전반적이며

개략적으로 규정해야 한다.
③ 정보보호 정책은 환경의 변화나 새로운 위협이 발생하였을 경우 또는 주기적인 위험분석을 통해 갱신된다.
④ 조직의 환경 또는 요구사항에 따라 관련된 모든 사용자들이 준수하도록 요구되는 규정을 말한다.

해설
- 조직의 환경 또는 요구사항에 따라 관련된 모든 사용자 들이 준수하도록 요구되는 규정은 정보보호정책이 아니라 표준이다.

[정답 ④]

086 [2014년 4회 기사 응용]
다음 중 정보보호 조직의 주요 설명으로 잘못된 것은?

① 정보시스템 관리 책임자는 IT 보안 프로그램의 실행 및 관리 감독을 수행한다.
② 데이터 관리자는 정보시스템에 저장된 데이터의 정확성과 무결성을 유지하고 데이터의 중요성 및 분류를 결정할 책임이 있다.
③ 사용자는 보안사고 발생 시 발생시점에 보안담당자에게 즉시 보고해야 한다.
④ 정보통신 분야별 담당자는 운용 및 유지관리를 해야 한다.

해설
- 정보보호시스템의 운용 및 유지관리에 대한 책임이 있는 조직은 정보통신분야별담당자가 아니라 정보보호담당자이다.

[정답 ④]

087 다음 중 정보보호 위원회의 설명으로 바르게 짝지어진 것은?

(가) 정보보호정책의 심의 및 승인
(나) 정보보호 예산안 수립
(다) 정보통신망 신·증설에 따른 자체 보안성 검토
(라) 위험평가 수행, 위험평가 결과의 실무 검토 및 해결 방안 협의
(마) 정보보호 관련 장비 및 프로그램 도입 검토
(바) 연간 정보보호계획 수립과 집행에 관한 사항
(사) 정보통신망 신·증설에 따른 자체 보안 방안

① (가), (다), (마), (바)
② (나), (라), (사)
③ (가), (나), (다), (라), (마), (사)
④ (라), (마), (사)

> **해 설**
> • 정보보호위원회의 주요 역할로는 정보보호정책의 심의 및 승인, 정보보호 활동 계획의 심의 및 승인, 정보보호 예산 심의 및 승인 등이 있다.
>
> [정답 ①]

088 다음 중 정보보호 실무협의회의 설명으로 바르게 짝지어진 것은?

> (가) 정보보호정책의 심의 및 승인
> (나) 정보보호 예산안 수립
> (다) 정보통신망 신·증설에 따른 자체 보안성 검토
> (라) 위험평가 수행, 위험평가 결과의 실무 검토 및 해결 방안 협의
> (마) 정보보호 관련 장비 및 프로그램 도입 검토
> (바) 연간 정보보호계획 수립과 집행에 관한 사항
> (사) 정보통신망 신·증설에 따른 자체 보안 방안

① (가), (다), (마), (바)
② (나), (라), (사)
③ (가), (나), (다), (라), (마), (사)
④ (라), (마), (사)

> **해 설**
> • 정보보호실무협의회의 역할로는 정보보호 정책 및 지침 안 작성 및 검토, 정보보호 활동 계획안 수립, 정보보호 예산안 수립 등이 있다.
>
> [정답 ②]

089 다음 관련 내용은 어떤 조직에 대한 설명인가?

> - 정보보호 정책 및 지침 안 작성 및 검토
> - 정보보호 활동 계획안 수립
> - 정보보호 예산안 수립
> - 위험평가 수행, 위험평가 결과의 실무 검토 및 해결 방안 협의
> - 정보통신망 신·증설에 따른 자체 보안 방안
> - 분야별 정보보호대책의 수립과 집행에 관한 사항
> - 자산에 대한 위험분석 평가에 관한 사항
> - 내부감사 지원, 그 결과의 실무 검토 및 해결 방안 협의
> - 기타 정보보호 관리자 및 부서별 정보보호 담당자가 요청하는 사항

① 정보보호 위원회
② 정보보호 실무위원회
③ 침해사고팀

④ 정보보호팀

해설
- 정보보호실무협의회의 역할로는 정보보호 정책 및 지침 안 작성 및 검토, 정보보호 활동 계획안 수립, 정보보호 예산안 수립 등이 있다.
  ※ 참고로 정보보호실무협의와 정보보호실무위원회는 동일한 의미의 용어로 사용된다.

[정답 ②]

090 다음 정보보호 조직에 대한 설명으로 잘못된 것은?

① 정보보호 위원회는 정보보호 활동 계획안을 수립한다.
② 정보보호 실무 위원회는 정보보호 예산안 수립을 수립한다.
③ 침해사고팀은 비상시 조직으로서 침해사고를 비롯한 정보보호 사고가 발생할 경우, 신속하고 효과적인 사고처리 및 복구를 위해 주요 정보보호담당자를 중심으로 침해사고 대응팀을 구성하여 운영한다.
④ 정보보호팀은 정보보호 관련 업무를 기획하고 시행하기 위한 세부계획을 마련하며, 각종 보안통제 사항을 관리한다.

해설
- 정보보호 활동 계획안을 수립하는 조직은 정보보호 위원회가 아니라 정보보호실무협의회이다.

[정답 ④]

091 다음 중 침해사고의 대응 절차 5단계를 올바르게 나열한 것을 고르시오.

A. 보고서 작성
B. 대응 전략 체계화
C. 사고 탐지
D. 초기 대응
E. 사고 조사

① C-B-D-A-E
② D-E-D-B-A
③ C-D-B-E-A
④ B-C-E-D-A

해설
- 침해사고 발생 시 사고 탐지 – 초기 대응 – 대응 전략 체계화 – 사고 조사 – 보고서 작성 순으로 대응한다.

[정답 ③]

092 전자서명법에 의해서 공인인증서가 폐지되는 사유가 아닌 것은?

① 가입자 또는 그 대리인이 공인인증서의 폐지를 신청한 경우
② 공인인증서의 유효기간이 경과한 경우
③ 가입자의 사망·실종선고 또는 해산 사실을 인지한 경우
④ 가입자의 전자서명생성정보가 분실·훼손 또는 도난·유출된 사실을 인지한 경우

해설
• 공인인증서의 유효기간이 경과한 경우는 공인인증서의 효력의 소멸 사유이다.

[정답 ②]

093 전자서명법에서 전자서명의 효력으로 옳은 것은?

① 전자문서가 서명된 후 그 내용이 변경되지 아니한 것으로 추정한다.
② 전자문서가 서명된 후 그 내용이 변경되지 아니한 것으로 간주한다.
③ 전자문서가 서명된 후 그 내용이 변경되지 아니한 것으로 본다.
④ 전자문서가 서명된 후 그 내용이 변경되지 아니한 것으로 기대한다.

해설
• 전자서명법 제3조(전자서명의 효력 등)에는 공인전자서명이 있는 경우에는 당해 전자서명이 서명자의 서명, 서명날인 또는 기명날인이고, 당해 전자문서가 전자서명된 후 그 내용이 변경되지 아니하였다고 추정한다고 규정되어 있다.

[정답 ①]

094 개인정보 보호법 제33조에 따라 개인정보 영향평가를 하는 경우에 고려하여야 할 사항에 해당하지 않는 것은?

① 처리하는 개인정보의 수
② 개인정보의 제3자 제공 여부
③ 개인정보 보호 계획의 수립 및 시행 여부
④ 정보주체의 권리를 해할 가능성 및 그 위험 정도

해설
• 개인정보 영향평가를 하는 경우 아래 사항을 고려해야 한다.
 1. 처리하는 개인정보의 수
 2. 개인정보의 제3자 제공 여부
 3. 정보주체의 권리를 해할 가능성 및 그 위험 정도
 4. 민감정보 또는 고유식별정보의 처리 여부
 5. 개인정보 보유기간

[정답 ③]

095 정보통신망 이용촉진 및 정보보호 등에 관한 법률 상 정보통신서비스 제공자 등이 개인정보를 취급할 때 개인정보의 분실·도난·누출·변조 또는 훼손을 방지하기 위하여 대통령령이 정하는 기준에 따라 기술적·관리적 조치로 옳지 않은 것은?

① 개인정보를 안전하게 취급하기 위한 내부관리 계획의 수립·시행
② 개인정보에 대한 불법적인 접근을 차단하기 위한 침입차단 시스템 등 접근 통제 장치의 설치·운영
③ 접속기록의 위조·변조 방지를 위한 조치
④ 법률에 근거하여 파기한 개인정보를 안전하게 복구하기 위한 조치

> **해설**
> • 개인 정보의 파기라 함은 복구가 불가능하도록 기술적인 조치를 취하는 것으로 복구할 수 있는 기술적 방법이 있는 경우 복구가 수행되었다고 인정될 수 없다.
>
> [정답 ②]

096 다음 중 정보통신기반 보호법상 전자적 침해행위로 정의된 공격 유형에 해당되지 않는 것은?

① 고출력 전자기파
② 논리·메일폭탄
③ 서비스거부
④ 영업목적의 스팸메일

> **해설**
> • "전자적 침해행위"라 함은 정보통신기반시설을 대상으로 해킹, 컴퓨터바이러스, 논리·메일폭탄, 서비스거부 또는 고출력 전자기파 등에 의하여 정보통신기반시설을 공격하는 행위를 말한다.
>
> [정답 ④]

097 개인정보의 안전성 확보조치 기준 상 개인정보처리시스템의 개인 정보취급 및 처리자에 대한 접근권한 부여 내역과 기록 보관에 대한 기준으로 옳지 않은 것은?

① 개인정보처리자는 개인정보취급자가 개인정보시스템에 접속한 기록을 6개월 이상 보관·관리하여야 한다.
② 개인정보처리자는 개인정보취급자의 개인정보시스템에 접근 권한 부여, 변경 또는 말소에 대한 내역을 기록하고, 그 기록을 최소 1년간 보관하여야 한다.
③ 개인정보처리자는 개인정보의 유출, 변조, 훼손 등에 대응하기 위하여 개인정보처리시스템의 접속기록 등을 반기별로 1회 이상 점검하여야 한다.
④ 개인정보처리자는 개인정보처리시스템에 대한 접근권한을 업무 수행에 필요한 최소한의 범위로 업무 담당자에 따라 차등 부여 하여야 한다.

> **해설**
> • 개인정보보호법 상 접속 기록은 6개월 보관, 권한 부여(말소) 기록은 3년 이상 보관해야 한다.
>
> [정답 ②]

098 정보통신망 이용촉진 및 정보보호 등에 관한 법률 상 용어의 정의에 대한 설명으로 옳지 않은 것은?

① 정보통신서비스 : 전기통신사업법 제2조제6호에 따른 전기통신역무와 이를 이용하여 정보를 제공하거나 정보의 제공을 매개하는 것
② 정보통신망 : 전기통신사업법 제2조제2호에 따른 전기통신설비를 이용하거나 전기통신설비와 컴퓨터 및 컴퓨터의 이용 기술을 활용하여 정보를 수집·가공·저장·검색·송신 또는 수신하는 정보통신체제
③ 통신과금서비스이용자 : 정보보호제품을 개발·생산 또는 유통하는 사람이나 정보보호에 관한 컨설팅 등과 관련된 사람
④ 침해사고 : 해킹, 컴퓨터바이러스, 논리폭탄, 메일폭탄, 서비스 거부 또는 고출력 전자기파 등의 방법으로 정보통신망 또는 이와 관련된 정보시스템을 공격하는 행위를 하여 발생한 사태

> **해설**
> • "통신과금서비스이용자"란 통신과금서비스제공자로부터 통신과금서비스를 이용하여 재화등을 구입·이용하는 자를 말한다.
>
> [정답 ③]

099 침입사고를 보고받고 상황 분석 및 상황에 대응하는 업무를 수행하는 팀은?

① CIDT(Computer Intrusion Detection Team)
② CSET(Computer Social Engineering Team)
③ CIPT(Computer Intrusion Prevention Team)
④ CERT(Computer Emergency Response Team)

> **해설**
> • CERT(Computer Emergency Response Team)는 침해사고의 접수 및 처리 지원, 예방, 피해 복구 등의 임무를 수행한다.
>
> [정답 ④]

100 국제공통평가기준(Common Criteria)에 대한 설명으로 옳지 않은 것은?

① 국가마다 서로 다른 정보보호시스템 평가기준을 연동하고 평가결과를 상호인증하기 위해 제정된 평가기준이다.

② 보호 프로파일(Protection Profiles)은 특정 제품이나 시스템에만 종속되어 적용하는 보안기능 수단과 보증수단을 기술한 문서이다.
③ 평가 보증 등급(EAL : Evaluation Assurance Level)에서 가장 엄격한 보증(formally verified) 등급은 EAL7이다.
④ 보안 요구조건을 명세화하고 평가기준을 정의하기 위한 ISO/IEC 15408 표준이다.

> **해설**
> • PP는 특정 제품이나 시스템에 종속되어 적용되는 기술이 아니고, 제품유형(예 : 스마트카드, 방화벽, 침입탐지시스템 등)의 보안 특징을 서술하여 해당 제품유형의 보안기능성에 대한 기본 범위를 정의하고 이에 대한 보안기능요구사항과 보증요구사항을 정의한 제품유형별 평가기준이다.
>
> [정답 ②]

제1과목 시스템 보안

001 쓰레드의 장점이 아닌 것은?

① 실시간 동기 처리가 가능하다.
② 하나의 프로세스내에 다수의 쓰레드로 병렬 처리가 가능하여 속도가 향상된다.
③ 프로그램 구조를 기능별로 구분하여 쓰레드별로 구성이 가능하여 모듈화 구성이 가능하다.
④ 시스템 콜을 요청한 쓰레드만 멈추어 있고, 나머지 쓰레드들은 계속 실행되기 때문에 성능이 향상된다.

002 다음 중 프로세스와 관련된 설명으로 가장 거리가 먼 것은?

① 프로세스는 프로세스 제어블록(PCB)으로 나타내며 운영체제가 프로세스에 대한 중요한 정보를 저장해 놓은 저장소를 의미한다.
② 프로세스란 스스로 자원을 요청하고 이를 할당받아 사용하는 능동적인 개체를 의미한다.
③ 주기억장치의 할당을 기다리며 대용량의 기억장치에 있는 프로세스들로 구성된 리스트를 작업 큐라고 한다.
④ 쓰레드는 프로세스보다 큰 단위이며, 자원의 할당에는 관계하지 않고 프로세서 스케줄링의 단위로서 사용하게 된다.

003 프로세스들이 메시지 큐나 공유 메모리를 이용해 통신할 때 발생할 수 있는 충돌을 막을 수 있도록 신호기 역할을 하기 위해 제공되는 정수형 데이터 타입의 메모리 블록은?

① 세마포어(Semaphore)
② 세그먼트(Segment)
③ 뮤텍스(Mutex)
④ 인터럽트(Interrupt)

004 다음 중 NTFS 파일 시스템에 대한 설명으로 올바르지 않은 것은?

① NTFS 상에서 EFS로 암호화된 파일을 FAT32 볼륨에 복사하면, 파일은 암호화가 풀린다.
② NTFS 파일 시스템을 이용하면 폴더에도 암호화를 할 수 있는데 폴더에 암호화를 하면 그 폴더 안에 들어가는 파일들은 모두 암호화된다.
③ CONVERT명령을 사용해서 FAT32 ↔ NTFS, NTFS ↔ FAT32 파일 시스템 변환을 수행할 수 있다.
④ 파일 시스템을 NTFS로 바꾸는 명령어는 다음과 같다. C:> CONVERT C: /FS:NTFS

005 주기억 장치 관리의 문제점인 단편화 문제의 해결책이 올바르게 묶여진 것은?

① 배치(Placement), 할당(Allocation)
② 통합(Coalescing), 압축(Compaction)
③ 교체(Replacement), 호출(Fetch)
④ 소거(Cleaning), 통합(Coalescing)

006 리눅스 시스템의 ext3 파일 시스템에 대한 설명이 올바르지 않는 것은?

① ext2의 단점을 보완하기 위해 저널링 기능을 탑재한 파일 시스템이다.
② 파일 시스템 체크를 하는 동안 부팅 시간이 지연되고 시스템을 사용할 수 없던 단점을 보완하였다.
③ 시스템의 비정상 종료시 파일 시스템 체크(e2fsck)를 하지 않고 일관성 검사를 수행하다보니 데이터의 안정성은 다소 미흡하다.
④ 기존의 fsck에 걸리는 시간을 단축하기 위해 데이터를 디스크에 쓰기 전에 로그에 데이터를 남겨 시스템의 비정상적인 종료에도 로그를 사용해 fsck보다 빠르고 안정적인 복구기능을 제공한다.

007 윈도우즈 로그 기록을 검토 및 분석하기 위해 이벤트 뷰어가 제공하는 로그를 확인하려고 한다. 다음 중 이벤트 뷰어가 제공하는 로그로만 짝지어진 것을 고르시오.

① 응용 프로그램 로그, 보안 로그, 사용자 로그
② 보안 로그, 시스템 로그, 장애 로그
③ 시스템 로그, 사용자 로그, 보안 로그
④ 보안 로그, 시스템 로그, 응용 프로그램 로그

008 윈도우에서 사용하는 해시 알고리즘 중 DES 암호화 알고리즘이 같이 사용되는 해시 알고리즘으로 맞게 짝지은 것은?

① LM, NTML
② NTML, NTML v2
③ LM, NTML v2
④ NTML v2, SLM

009 다음 중 NetBIOS 보안 설정이 아닌 것은?

① Null 세션 금지
② 불필요한 경우 관리자 공유 금지
③ 불필요한 경우 NetBIOS 서비스 금지
④ 서비스 포트 변경

010 다음은 윈도우 업데이트에 대한 설명이다. 다음 내용 중 잘못된 내용을 고르시오.

① 윈도우 업데이트는 중요 업데이트, 권장 업데이트로 구분되어 있다.
② 윈도우 중요 업데이트는 자동으로 확인되지만 설치는 사용자가 결정할 수 없다.
③ 제어판 → 시스템 및 보안 → 윈도우 업데이트에서 업데이트 기록을 확인할 수 있다.
④ 제어판 → 시스템 및 보안 → 윈도우 업데이트에서 숨겨진 업데이트를 복원할 수 있다.

011 파일의 소유자가 admin이고, SetUID 비트를 가진 파일을 find 명령어로 검색하기 위한 것은?

① find / -name admin -perm +2000
② find / -user admin -perm +2000
③ find / -name admin -perm +4000
④ find / -user admin -perm +4000

012 유닉스/리눅스 OS별 비밀번호(패스워드) 최대 사용기간에 대한 설명으로 맞는 것은?

① SunOS의 /etc/default/passwd 파일에 MAXDAYS=90로 설정된 경우 최대 사용 기간은 90일이다.
② LINUX OS의 /etc/login.defs 파일에 PASS_MAX_WEEKS 12로 설정된 경우 최대 사용 기간은 12주이다.

③ AIX OS의 /etc/security/user 파일에 maxage=12로 설정된 경우 최대 사용 기간은 12주이다.
④ HP-UX OS의 /etc/default/security 파일에 PASSWORD_MAXAGE=12로 설정된 경우 최대 사용기간은 12주이다.

013 유닉스/리눅스에서 원격접속 설정에 관한 설명으로 틀린 것을 고르시오.

① rsh(remsh), rlogin, rexec 명령은 인증 없이 관리자의 원격접속을 가능하게 하는 명령어들이다.
② /etc/hosts.equiv 및 $HOME/.rhosts 파일 소유자가 root 또는 해당 계정인 경우 안전한 설정이다.
③ /etc/hosts.equiv 및 $HOME/.rhosts 파일 권한이 600 이하인 경우 안전한 설정이다.
④ /etc/hosts.equiv 및 $HOME/.rhosts 파일 설정에 '+' 설정이 있는 경우 안전한 설정이다.

014 유닉스/리눅스에서 불필요한 서비스에 대한 설명이다. 다음 중 틀린 것은?

① Linux xinetd를 사용하는 경우 xinetd파일에서 tftp, talk, ntalk부분을 # 주석 처리해주면 비활성화된다.
② tftp는 69번, talk은 517번, ntalk은 518번 포트번호를 사용한다.
③ SunOS 5.10 이상 버전에서는 중지하고 tftp데몬을 #inetadm -d svc:/network/tftp:default 명령으로 중지할 수 있다.
④ tftp서비스는 시스템에 패스워드의 입력 없이 계정이 없는 사람도 지정된 디렉터리에 접근할 수 있는 취약점을 가지고 있다.

015 유닉스/리눅스에서 사용되는 find 명령어의 사용 예시 중 틀린 것은?

① #find . -group admin -type l
그룹이 admin이면서 심볼릭 링크만 조회
② #find . - user icocoa -maxdepth 1 -type d
현재 디렉터리 내에서 소유자가 icocoa이며, 디렉터리인 것만을 검색
③ #find . -mmin +30 -maxdepth 1 -type f
현재 디렉터리 내에서 변경이 있은 후 30분 지난 파일 검색
④ #find . -atime +3
현재 3일 이상 액세스가 일어나지 않은 파일 검색

016 utmp의 로그를 확인하는 명령어들에 대한 설명으로 틀린 것은?

① w 명령어로 로그인한 사용자 계정, 로그인 셸 종류, 로그인 시간, 실행 중인 프로세스를 확인 가능하다.
② who 명령어로 접속한 시스템의 IP를 확인할 수 있다.
③ whodo 명령어는 시스템에 로그인한 사람들과 그들이 실행하는 명령어를 알 수 있는 명령어이다.
④ finger -r [원격지 호스트 도메인명]으로 원격지 서버에 접속해 있는 모든 사용자를 확인할 수 있다.

017 리눅스에서 새로운 계정을 다음과 같은 명령어로 생성할 경우에 대한 설명으로 틀린 것은?

```
# useradd boan
```

① /etc/passwd 파일에 boan 계정에 대한 정보 : boan:x:1001:1002::/home/boan:/bin/bash
② /etc/shadow 파일에 boan 계정에 대한 정보 : boan:!!:16814:0:99999:7:::
③ boan 계정 생성 후 원격터미널 로그인 시 최초 비밀번호가 없기 때문에 로그인 할 수 없다.
④ root 관리자는 boan 계정 사용자의 비밀번호를 몰라도 비밀번호를 변경할 수 있다.

018 다음은 리눅스의 userdel 명령으로 test 계정을 삭제할 경우에 대한 설명이다. 다음 중 틀린 것은?

```
# userdel test
```

① /etc/passwd 파일 내 test 계정에 대한 정보가 삭제된다.
② /etc/shadow 파일 내 test 계정에 대한 정보가 삭제된다.
③ /etc/group 파일 내 test 계정에 대한 정보가 삭제된다.
④ test 계정의 홈 디렉터리가 삭제된다.

019 리눅스에서 종료 및 재부팅관련 명령어에 대한 설명이다. 다음 중 틀린 것은?

① 종료 및 재부팅에 사용 가능한 명령어는 shutdown, halt, reboot, init가 있다.
② shutdown은 시스템을 종료와 재부팅하기 위한 명령어이다.
③ halt는 시스템을 종료만 하기 위한 명령어이다.
④ init은 재부팅만 하기 위한 명령어이다.

020 리눅스에서 su(스위치 유저) 명령에 대한 설명이다. 다음 중 틀린 것은?

① 일반 사용자가 su 명령어를 사용하지 못하게 하기 위해서는 /bin/su 파일의 권한을 4750으로 변경하면 된다.
② su 파일은 SetUID를 가지고 있는 파일이다.
③ su 명령어와 su -는 동일한 결과를 가지고 온다.
④ su 명령어를 사용해도 현재 디렉터리 위치에 변화가 없다.

제2과목 네트워크 보안

021 다음은 OSI 7 Layer에 대한 설명이다. 옳지 않은 것은?

① 표현 계층은 암호화(data encryption), 데이터 압축(data compression), 네트워크의 안정성 보장 등의 기능을 제공하고, JPEG/MP3 등이 사용된다.
② 네트워크 계층에서는 패킷의 전달 경로를 설정하고, 라우터 및 L3스위치 장비가 네트워크 계층에 사용된다.
③ 전송 계층은 IP(Internet Protocol)를 사용하여, 전송해야 할 목적지까지 신뢰성 있게 세그먼트를 전송한다.
④ 데이터링크 계층은 논리적인 LLC(Logical Link Control)와 물리적인 MAC(Media Access Control)로 나눌 수 있으며, MAC 계층은 NIC(Network Interface Card)와 직접적인 관련이 있다.

022 다음은 UDP 프로토콜에 대한 설명이다. 이에 대한 설명으로 옳지 않은 것은?

① UDP 헤더는 데이터를 제외하고 8바이트의 크기를 가진다.
② 송신 포트번호(Source Port Number)는 포트번호를 사용하여, 상위 단계 프로그램들을 식별한다.
③ TCP와 달리 연결설정 없이 데이터를 전송하며, 지연 시간이 걸리지 않은 DNS와 같은 서비스에서는 UDP를 사용해 빠른 서비스를 제공한다.
④ TCP와는 달리 체크섬(Checksum)을 사용하지 않는다.

023 서브넷팅에 대한 설명으로 옳지 않은 것은?

① IP를 효율적으로 이용하기 위해서 서브넷팅 한다.
② 192.168.100.0/24를 서브넷팅하면 사용가능한 호스트 개수는 총 254개이다.
③ 192.168.100.0를 8개의 서브넷으로 나누기 위해서는 서브넷 마스크는 255.255.255.240을 사용하면 된다.
④ 서브넷팅은 네트워크 주소와 호스트 주소로 나누어진다.

024 FTP 프로토콜에 대한 설명이다. 다음 설명 중 옳지 않은 것은?

① FTP 프로토콜은 능동모드와 수동모드의 2가지의 연결방식이 있다.
② 능동모드에서 1024번 포트는 데이터를 전송하고, 21번 포트는 연결을 제어한다.
③ 수동모드 사용시에는 FTP 서버 관리자 측면에서 불리하다.
④ SFTP는 일반 FTP 연결에 보안성(secure)을 강화한 것으로, 서버와 클라이언트 간의 데이터 전송 시 계정 정보 등을 암호화하여 전송한다.

025 다음은 라우터에 대한 보안설정 등에 대한 설명이다. 다음 설명 중 옳지 않은 것은?

① Ingress 필터링은 Standard 또는 Extended Access Control List를 사용한다.
② Unicat RPF는 ISP의 POP(lease and dial-up)에서 SMURF 공격을 막을 수 있고, source IP주소를 속이는 유사한 공격을 막을 수 있다.
③ Unicat RPF(Reverse Path Filtering)는 Extended Access Control List를 사용하고, 블랙홀 필터링을 사용하지 않는다.
④ Ingress 필터링은 내부에서 외부로 나가는 패킷을 차단하고, Egress 필터링은 외부에서 내부로 들어오는 패킷을 차단한다.

026 다음은 라우터 설정에 대한 명령이다. 다음 중 옳지 않은 것은?

```
- Router에서 아래의 결과값과 동일하게 설정 하시오.
  (hostname : kisca21, password :  kisca16&#*)

  Router > enable
        # conf term
        # hostname kisca21
        # enable password  kisca16&#*
        # exit
        # wr
```

① enable 명령어는 유저(user)모드에서 특권(privilege)모드로 전환한다.
② hostname 명령어는 라우터의 이름을 설정한다.
③ enable password 명령어는 패스워드를 암호화한다.
④ wr 명령어는 설정을 저장한다.

027 다음은 라우터 모드 및 명령어에 대한 설명이다. 다음 중 옳지 않은 것은?

① service password-encryption 명령은 패스워드를 암호화할 때 사용한다.

② 유저 모드는 라우터의 현재 상태를 볼 수 있으며, 프리빌리지 모드는 특권 모드로 인터페이스에 대한 설정이 가능하다.
③ 라우터에서 사용하지 않는 인터페이스를 shutdown 명령어로 다운시켜 물리적 접근으로 비인가자의 사용을 방지 할 수 있다.
④ RXBoot 모드는 ROMMON 모드라고도 하며, 패스워드 등을 복구할 수 있다.

028 다음은 솔루션 및 시스템에 대한 설명이다. 다음 중 옳지 않은 것은?

① DRM은 파일을 암호화하는 방식으로, 사내에서 만든 파일을 외부로의 유출은 얼마든지 가능하지만 유출된다 하더라도 암호를 알지 못하면 열어볼 수 없다.
② DLP 데이터를 내보낼 때 쓰이는 모든 경로를 차단, USB 등의 매체 지원을 막아서 문서나 파일의 외부 유출 자체를 막는 방식이다.
③ NAC은 비인가 PC는 네트워크 사용을 차단하고, 일반적으로 PC에 설치된 OS 및 프로그램 정보들을 수집할 수 있다.
④ 역추적 시스템은 공격자의 네트워크상 실제 위치를 실시간으로 추적하는 기술이며, 호스트 기반 연결 역추적은 호스트에 역추적을 위한 모듈을 설치하지 아니하고 추적이 가능한 장점이 있다.

029 스위치 기술에 대한 설명이다. 다음 설명 중 옳지 않은 것은?

① Store and Forward 방식은 모든 프레임을 수신하지만, 에러 검출과 정정 기능은 없다.
② Cut Through 방식의 단점은 패킷의 목적지 주소가 손상되면 패킷을 잘못 포워딩할 수 있다.
③ Fragment Free 방식은 Store and Forward 방식과 Cut Through 방식을 혼합한 개념이다.
④ Cut Through 방식은 Store and Forward에 비해 스위치 부담이 적어 성능이 낮은 사양에서 스위칭이 가능, 패킷을 즉시 포워딩 하므로 지연 시간이 짧다.

030 다음 보기 중 사용 용도가 다른 것은?

① TRINOO
② TFN
③ HOIC
④ JOHN

031 다음 중 3계층 프로토콜과 가장 관계가 먼 것은?

① IP, IPSEC
② RIP, IPX
③ Q930, ICMP
④ PPTP, ATM

032 ICMP Ping의 TTL(Time to live) 값을 기준으로 해당 장비의 운영체제(OS)를 구별 가능 할 수 있다. 추측과 거리가 먼 것은?

① TTL 64 : Linux, MacOS
② TTL 128 : Windows 98, XP, 2000, NT
③ TTL 255 : CISCO 라우터
④ TTL 240 : Widows7, 8

033 다음은 SYN Flooding 공격의 설명이다. 괄호 안에 들어갈 내용으로 올바른 것은?

> 공격 대상에게 출발지 주소를 존재하지 않는 IP로 속여서 대량의 SYN패킷을 보낸다. 그러면 공격대상은 SYN ACK 응답을 해도 ACK가 오지 않으니 (   )상태가 되어 서비스가 마비되는 공격이다.

① RST
② SYN
③ RST+ACK
④ SYN_RCVD

034 Session Hijacking 공격에 대한 설명으로 거리가 먼 것은?

① 공격자의 입장에서는 타켓 서버의 관리자 PC 간의 TCP연결에서 사용되는 시퀀스 넘버를 알아내는 것이 관건이다.
② Session Hijacking 공격에 성공하면, 공격자가 타겟 서버에 인증없이 접속하여 명령어를 실행시킬 수 있다.
③ 스니핑과 스푸핑 기법을 통해 진행한다.
④ Session Hijacking 공격은 MITM에 속하지 않는다.

035 다음 방화벽 로그를 보고 판단한 결과 중 틀린 것은?

날짜	시간	출발지 IP	출발지 PORT	목적지 IP	목적지 PORT	프로토콜	행위
2016-01-20	15:32:20	10.0.0.20	3390	192.168.20.100	23	TCP	DENY
2016-01-20	15:32:22	10.0.0.20	3422	192.168.20.100	23	TCP	DENY
2016-01-20	15:32:30	10.0.0.25	2757	192.168.20.100	-	ICMP	DENY
2016-01-20	15:32:32	10.0.0.25	2771	192.168.20.100	23	TCP	ACCEPT

① 10.0.0.20 IP는 정책에 따라 접근이 거부되었다.
② 10.0.0.25 IP는 동일 목적지 IP라도 접근하려는 프로토콜과 목적지 PORT에 따라 정책이 다르다.
③ 출발지 IP에 따라 192.168.20.100 IP에 대한 23번 PORT로의 접근정책이 다르다.
④ 192.168.20.100 IP는 23번 PORT에 대한 서비스를 하고 있다.

036 IDS에 대한 설명 중 틀린 것은?

① 웹해킹 공격이 발생해도 패턴과 일치하지 않으면 탐지하지 못하고, 차단 기능이 없으므로 주기적인 로그분석 후 추가 보안조치가 반드시 필요하다.
② 주기적인 신규 패턴을 추가해야 False Negative를 줄일 수 있다.
③ False Positive와 로그량은 비례한다.
④ False Positive가 증가할수록 효과적인 운용이라고 볼 수 있다.

037 IPS에 대한 설명 중 틀린 것은?

① 경우에 따라 정상 트래픽도 차단 될 수 있다.
② 임계치 기반으로 트래픽 차단이 가능하며, 탐지 및 차단 기능을 선택하여 적용할 수 있다.
③ 네트워크상 in-line 구조로 설치되므로 성능저하가 생기면 네트워크 지연현상이 발생할 수 있다.
④ IPS를 지나가는 모든 트래픽에 대해서는 로그를 남기며 이를 분석할 수 있으며, 주기적인 패턴 업데이트가 필요하다.

038 다음은 스크린 서브넷 게이트웨이 방화벽 구축 방식에 대한 설명이다. 다음 중 틀린 것은?

① 스크린 서브넷 게이트웨이 구축 방식은 일반적으로 스크린 서브넷에 스크리닝 라우터 1대와 베이스천 호스트 1대를 설치하여 구성한다.
② 해커들이 내부 네트워크를 공격하기 위해서는 방어벽을 통과할 것이 많아 침입

이 어렵다.
③ 스크린 서브넷에 설치된 Bastion호스트는 proxy서버(응용 게이트웨이)를 이용하여 명확히 진입이 허용되지 않은 모든 트래픽을 거절하는 기능을 수행한다.
④ 스크린 호스트 게이트웨이 방화벽 시스템의 장점을 그대로 가지고 있다.

039 악성코드 분석결과를 바탕으로 C&C 통신을 차단할 IPS 정책을 설정하려고 한다. 잘못된 것은?

감염시 C&C 통신 내역 : http://www.malware.com:888/infected.jsp?no=5545

방향	행위	프로토콜	포트번호	패턴
IN	BLOCK	ALL	888	/infected.jsp?no=

① 프로토콜
② 포트번호
③ 패턴
④ 방향

040 파밍에 대한 설명 중 맞는 것은?

① 감염시 하드디스크 파괴 동작을 한다.
② 지속적으로 트래픽을 발생시킨다.
③ 감염이 되더라도 공격자에 추가 명령이 있을 때까지 대기한다.
④ 기본적으로 DNS를 변조시킨다.

제3과목 어플리케이션 보안

041 아래 설명하는 보안 취약성 공격은 무엇인가?

> 공격자가 DNS Server보다 먼저 조작된 IP주소가 담긴 응답을 보내는 공격으로 DNS가 Query에 대한 인증을 수행하지 않기에, 피해자가 조작된 IP주소로 접속하게 되는 공격

① DNS Spoofing
② DNS Cache Poisoning
③ DNS Sniffing
④ DNS 쿠키 변조

042 아래 설명하는 보안 취약성 공격은 무엇인가?

> DNS Server에 조작된 응답을 전송하는 것으로, 조작된 정보를 DNS Server가 Cache에 저장하게 되는 원리를 이용한 공격으로 DNS Query시 부여되는 Transaction ID와 출발지/목적지 포트가 예상하기 쉬운 값을 사용하게 되면 공격이 가능하다.

① DNS Spoofing
② DNS Cache Poisoning
③ DNS Sniffing
④ DNS 쿠키 변조

043 FTP 서비스 운영 중 아래 그림에서 Passive Mode 3번에 해당하는 것은 어느 것인가?

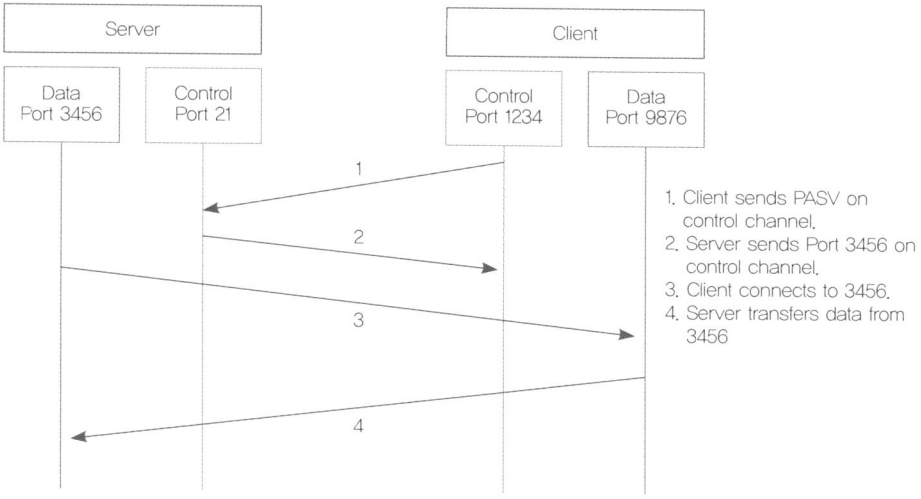

① 클라이언트가 서버가 알려준 포트로 연결을 시도한다.
② 서버가 Command Port에서 클라이언트에게 데이터전송을 위해 사용할 포트를 알려준다.
③ 서버가 클라이언트로 ACK신호를 보낸다.
④ 클라이언트가 서버의 Command Port로 Passive Mode로 접속하겠다고 알린다.

044 다음 중 FTP 서비스에 관한 사항 중 옳지 않은 것은?

① FTP는 TCP를 이용하는 반면 TFTP는 UDP를 사용한다.
② TFTP는 디렉토리나 파일의 목록을 보는 명령이 없기 때문에, 파일명을 모르는 사용자는 해당 파일을 다운로드 받지 못한다.
③ TFTP는 인증절차가 없기 때문에, 설정이 잘못되어 있으면 누구나 파일에 접근 가능하다.
④ Unix/Linux에서 사용자 별로 FTP Server에 접근 제어를 하려면 /etc/ftpusers에 등록해야 하며 등록된 계정에 한하여 접근이 허가 된다.

045 다음 중 전자메일 보안 요소 기술인 PGP(Pretty Good Privacy)에 대한 설명 중 옳게 짝지어진 것은?

A : 암호화된 메시지와 암호화한 IDEA키를 함께 보냄
B : 전자메일에 기밀성, 메시지 무결성, 사용자 인증, 수신 부인방지를 제공
C : 메시지의 암호화 방식에는 IDEA, RSA 등을 사용
D : 메시지를 IDEA(공개키 암호화)로 암호화
E : IDEA의 키를 송신자의 공개키로 암호화

① A, B
② A, C
③ B, C
④ D, E

046 아래 전자메일 보안 요소 기술인 PGP(Pretty Good Privacy)에서 사용하는 메시지 인증과 사용자 인증(디지털 인증) 알고리즘은 무엇인가?

A : IDEA   B : RSA
C : MD5   D : AES
E : SEED

① A, B
② B, C
③ C, D
④ D, E

047 아래 설명하는 것은 무엇인가?

- IETF에 의해 만들어진 인터넷 표준안으로 보안 능력이 뛰어남
- 전송하기 전 자동으로 암호화하여 전동 도중 스니핑 되어도 내용을 확인하기 어려움
- 중앙집중식 키 인증 방식으로 널리 사용되기는 어려운 단점을 보유

① PEM(Privacy Enhanced Mail)
② S/MIME(Secure/MIME)
③ PGP/MIME
④ PGP(Pretty Good Privacy)

048 다음 대응기법은 어떤 공격기법에 대한 방어 방법을 설명한 것인가?

- httpd.conf 파일 내의 "Options" 지시자에서 "Indexes"라는 옵션을 제거
- 이 옵션을 제거하면 "Forbidden"이 표시되면서 permission error 페이지가 뜨게 됨

① Directory Listing ② 관리자페이지 접근
③ 디폴트 페이지 ④ 에러페이지 미비

049 다음 대응기법은 어떤 공격기법에 대한 방어 방법을 설명한 것인가?

```
String UPLOAD_PATH= "/var/www/upload/";
String filename= response.getParameter("filename");
String filepathname = UPLOAD_PATH + filename;

if(filename.equalsIgnoreCase("..") || filename.equalsIgnoreCase("/"))
// 파일 이름 체크
return 0;

// 파일 전송 루틴
response.setContentType("application/unknown; charset=euc-kr");
response.setHeader("Content-Disposition","attachment;filename=" + filename + ";");
response.setHeader("Content-Transfer-Encoding:" , "base64");

try
BufferedInputStream in = new BufferedInputStream(new FileInputStream(filepathname));
………
catch(Exception e)
// 에러 체크 [파일 존재 유무등]
```

① 파일 업로드 취약점 ② 파일 다운로드 취약점
③ include 삽입 취약점 ④ 디렉토리 리스팅

050 아래에서 설명하는 공격기법은 어떤 취약점을 설명한 것인가?

- OpenSSL 1.0.1 버전에서 발견된 라이브러리의 구조적인 취약점
- OpenSSL을 구성하고 있는 TSL/DTLS의 확장규격에서 발견된 취약점으로, 해당 취약점을 이용하면 서버와 클라이언트 사이에 주고받는 정보들을 탈취 가능
- 서버가 클라이언트로부터 전달받은 정보의 내용과 그 정보의 길이의 일치 여부를 검증하지 않은 채 정보를 보내주면서 문제가 발생
- 인증 국방부 직할부대 및 기관에서 인증받은 안전한 웹 서버의 약 17%(약 50만대)가 이 공격으로 취약

① HeartBleed ② Ghost

③ 쉘쇼크　　　　　　　　　④ Freak

051 아래에서 설명하는 공격기법은 어떤 취약점을 설명한 것인가?

- 리눅스 계열 운영체제에서 사용하는 그누(GNU) C 라이브러리(glibc)에서 발견된 원격코드 실행 취약점
- 영향을 받을 수 있는 시스템은 2.2부터 2.17 버전의 glibc가 설치된 모든 리눅스 계열
- 도메인 주소를 IP 주소로 변환하는 과정에서 발생하는 취약점으로 메일, 홈페이지 등 주요 서버뿐만 아니라 개인용 인터넷공유기, 방화벽, 침입방지시스템(IPS) 등도 영향 받을 수 있음
- 취약점이 내재된 glibc가 2000년부터 배포된 점을 고려할 때 운영 중인 리눅스 계열 시스템 대부분이 취약

① HeartBleed
② Ghost
③ 쉘쇼크
④ Freak

052 최근 웹 표준, 웹 접근성 개선을 위해 HTML5 기반의 웹 서비스 구축이 일반화되고 있다. HTML5 기술이 적용된 신규 웹 시스템에 발생할 수 있는 보안 취약점과 거리가 먼 것은?

① HTML5의 신규 태그 및 속성 추가로 인한 악용 가능성 증가
② Web Canvas 동적 모니터링 기능으로 중요 정보의 감시 가능성
③ Web Socket를 활용하여 사용자 몰래 다른 도메인에 데이터 전달
④ Web Storage에 대한 비 인가 프로세서의 접근 및 정보 유출

053 다음은 무엇에 대한 설명인가?

- 전자문서의 전자서명에 적용함으로 송신자의 신원 확인
- 전자문서의 변조를 방지하는 무결성 서비스
- 전자상거래에서 거래 사실을 부인하거나 번복하지 못하게 하는 부인 방지

① OTP
② SSL
③ 메시지 인증 코드(MAC)
④ 이중 서명

054 다음이 설명하고 있는 것은 무엇인가?

> 1. 사용자 A가 서명자 B에게 자신의 메시지를 보여주지 않고 서명을 얻는 방법
> 2. 메시지의 비밀성을 지키면서 타인의 인증을 받고자 하는 경우 사용

① 영지식 증명 프로토콜
② 은닉 채널
③ 전자 서명
④ 은닉 서명

055 전자 서명의 특징 중 틀린 것은?

① 위조 불가
② 서명자 인증
③ 부인 불가
④ 재사용 가능

056 SSL Handshake 과정에서 수행하는 내용과 거리가 먼 것은?
[SIS 1급]

① 서버와 클라이언트 간의 상호 인증 진행
② 암호화 알고리즘 선택
③ 인증서 요청 및 제출
④ 메시지 본문에 대한 전자 서명

057 원격 DB 간의 연결 및 데이터 통합을 위해 사용하는 기술로 프로그램 개발의 편의성은 향상되나, 락 발생, 트랜잭션 오류 및 잠재적인 보안 취약점을 발생할 수 있는 것은?

① DB Link
② DB Join
③ DB Union
④ DB Connector

058 데이터베이스 접근 통제 모형 중 다음이 설명하는 모델은 무엇인가?

> - 주체나 주체가 속한 그룹의 신원에 근거하여 접근을 제한하는 방법
> - 객체의 소유주가 접근 여부를 결정함
> - 소유자가 접근 권한을 부여할 때 사용자의 ID에 따라 부여
> - 주체의 객체에 대한 접근 권한을 객체의 소유자가 임의로 지정하는 방식
> - UNIX 시스템 및 NT, NetWare, Linux와 같은 시스템이 사용하는 접근 통제 방식

① 임의 접근 통제(DAC)
② 역할 기반 접근 통제(RBAC)
③ 강제적 접근 통제(MAC)
④ 자율 접근 통제(FAC)

059 ORACLE DBMS에서 로그인 실패를 5회로 제한하는 명령어를 올바르게 사용한 것은?

① CHANGE ALTER USER LIMIT FAILED_LOGIN_ATTEMPTS 5
② ALTER USER LIMIT FAILED_LOGIN_ATTEMPTS 5
③ CHANGE PROFILE LIMIT FAILED_LOGIN_ATTEMPTS 5
④ ALTER PROFILE LIMIT FAILED_LOGIN_ATTEMPTS 5

060 프로그램에서 외부 명령어를 실행하는 코드는 각종 보안 취약점에 노출 가능성이 높아 코딩 시 주의가 필요하다. 다음 중 PHP에서 외부 명령어를 실행하는 방법으로 잘못된 것은?

① exec
② run
③ system
④ passthru

제4과목 정보보안 일반

061 커버로스는 현재 가장 많이 쓰이고 있는 인증시스템 중의 하나이다. 커버로스의 단점에 대한 설명으로 틀린 것은?

① 커버로스는 키 분배센터에 오류가 발생하면 전체서비스를 사용할 수 없다.
② 커버로스는 중간자 공격에 취약하다.
③ 커버로스는 사용자의 비밀키가 사용자의 워크스테이션에 임시로 저장되기 때문에 침입자에 의한 정보 유출 가능성이 있다.
④ 커버로스는 사용자가 패스워드를 바꾸면 비밀키를 바꿔야 하는 어려움이 있다.

062 다음 중 생체인식 기술에 있어서 요구 조건이 아닌 것은?

① 보편성
② 영구성
③ 획득성
④ 포괄성

063 커버로스 시스템에서 티켓 발급에 해당되는 정보에 포함되지 않는 것은?

① 서버의 ID
② 클라이언트 ID
③ 클라이언트 MAC 주소
④ 티켓의 유효기간

064 다음은 접근통제 기법에 관한 설명이다. 틀린 것은?

① 규칙기반 접근통제 : 특정한 규칙에 기반하여 관리자가 규칙을 지정한다.
② 역할기반 접근통제 : 객체에 대한 접근이 주체의 역할에 의해 결정되는 통제를 말한다.
③ 사용자 인터페이스 제한 : 모든 사용자가 운영시스템을 사용하지 못하고 특정인만 사용이 가능하다.
④ 접근통제 목록 : 응용 프로그램 및 라우터 설정에 사용된다.

065 다음은 벨 라파듈라 모델을 설명한 내용이다. 틀린 것은?

① 미 국방부(U.S DoD)의 다수준 보안정책으로부터 정책이 개발되었다.
② 특정 객체에 대한 접근은 특정 직가 접근을 요구하는 경우에만 허용된다.
③ 기밀성이 부족하여 군사적으로 사용되지는 않고 있다.
④ 단순보안 규칙과 특성규칙의 두가지 특성 규칙이 있다.

066 비바 모델에 대한 설명으로 잘못된 것은?

① 기밀성을 보장할 수 있도록 보안된 모델이다.
② 허가 받지 않은 주체에 대한 객체의 수정을 방지한다.
③ no-read-down, no-write-up 속성이다.
④ 강제적 접근통제를 가지는 래티스에 기반하는 모델이다.

067 Needham-Schroeder 알고리즘은 특정 공격에 취약하다. 다음 중 Needham-Schroeder 알고리즘에 가장 취약한 공격은 무엇인가?

① 강제지연 공격(Forced-delay Attack)에 취약하다.
② 중재자 공격(Man-in-the-Middle-Attack)에 취약하다.
③ 재전송 공격(Reply Attack)에 취약하다.
④ 반사공격(Reflection Attack)에 취약하다.

068 다음 중 공개키 암호시스템과 안전성의 기반이 되는 문제가 잘못 짝지어진 것은 무엇인가?

① ElGamal - 이산대수 문제
② ECC - 제곱근 계산 문제
③ Rabin - 제곱근 계산 문제
④ Diffie-Hellman - 이산대수 문제

069 PMI에 대한 설명으로 틀린 것은 무엇인가?

① 사용자의 권한 정보 관리를 통한 접근 제어 서비스를 지원한다.
② PKI가 전자서명을 이용한 사용자 인증에 중점을 두고 있다면, PMI는 인증 소유자들의 특정 권한 등을 사용자 속성(Attribute)으로 정의한다.
③ 속성 인증서(Attribute Certificate)를 발급, 갱신, 관리해주는 정보보호 기반 구조를 말한다.

④ PMI에서는 일반적으로 사용자의 신원확인과 사용자의 권한정의를 동시에 정의한다.

070 다음 중 등록기관(CA)에서 수행하는 기능 중 틀린 것은 무엇인가?

① 인증서 발급
② 인증서 폐기
③ 가입자의 신원확인
④ 인증서 정지

071 다음 중 전자서명법 제4조의 규정에 의하여 지정된 공인인증기관이 아닌 곳은?

① 금융보안원
② 한국정보인증
③ 한국무역정보통신
④ (주)코스콤

072 다음 중 전자 투표의 종류 아닌 것은 무엇인가?

① PSEV(Poll Site E-Voting)
② 키오스크(Kiosk E-Voting)
③ REV(Remote Internet E-Voting)
④ IEV(Indirect Internet E-Voting)

073 다음 대칭키 공격기법 중 2개의 평문 블록들의 비트 차이에 대하여 대응되는 암호문 블록들의 비트 차이를 이용하여 사용된 암호 키를 찾아내는 방법은 무엇인가?

① 차분 공격 (Differential Cryptanalysis)
② 선형공격 (Linear Cryptanalysis)
③ 통계적 분석 (Statistical analysis)
④ 수학적 분석 (Mathematical analysis)

074 다음에서 설명하는 블록암호 운영모드는 무엇인가?

> 블록 암호를 스트림 암호로 바꾸는 구조를 가진다. 카운터 방식에서는 각 블록마다 현재 블록이 몇 번째인지 값을 얻어, 그 숫자와 nonce를 결합하여 블록 암호의 입력으로 사용한다. 그렇게 각 블록 암호에서 연속적인 난수를 얻은 다음 암호화하려는 문자열과 XOR한다. 카운터 모드는 각 블록의 암호화 및 복호화가 이전 블록에 의존하지 않으며, 따라서 병렬적으로 동작하는 것이 가능하다. 혹은 암호화된 문자열에서 원하는 부분만 복호화하는 것도 가능하다.

① ECB (electronic codebook)
② CBC (cipher-block chaining)
③ OFB (output feedback)
④ CTR (Counter)

075 사용자 인증에 대한 다음의 설명 중 옳은 것은?

> 임의의 정보에 접근할 수 있는 주체의 능력이나 주체의 자격을 검증하는 단계로 시스템의 부당한 사용이나 정보의 부당한 전송을 방지한다.

① 식별(Identification)
② 인증(Authentication)
③ 인가(Authorization)
④ 책임추적성(Accountability)

076 다음 중 Kerberos의 구성요소가 아닌 것은?

① 클라이언트
② 서버
③ 인증서버
④ 해쉬함수

077 다음 중 Kerberos의 장단점에 대한 설명 중 옳지 않은 것은?

① 커버로스는 데이터의 기밀성과 무결성을 보장할 수 있다.
② 모든 당사자와 서비스의 암호화 키를 분배센터에서 가지고 있기 때문에 키 분배센터가 단일오류지점이 되어 키 분배센터에 오류가 발생하면 전체 서비스를 사용할 수 없다.
③ 사용자의 비밀키가 사용자의 워크스테이션에 임시로 저장되지 않기 때문에 사용자 시스템에 침입하는 침입자에 의한 정보 유출 가능성이 없다.
④ 사용자 세션키는 사용자 시스템에 임시 저장되기 때문에 침입에 취약하다.

078 다음은 암호화 방식 중 무엇에 대한 설명인가?

> 암호문의 통계적 성질과 평문의 통계적 성질의 관계를 난해하게 만드는 성질

① 혼돈(Confusion)
② 확산(Diffusion)
③ 해쉬함수(Hash Function)
④ RSA

079 다음 중 접근통제 방식에 대한 설명이 옳지 않은 것은?

번호	구분	DAC	MAC
①	주체	시스템	사용자
②	개체복사	없음	상속
③	정책	유연	모든 객체와 주체 사이에 동일
④	장점	유연한 대응이 가능, 구현이 쉬움	DAC에 비해 안전

080 다음 중 암호화 방식에 대한 설명으로 옳지 않은 것은?

번호	구분	비밀키(대칭키)	공개키(비대칭키)
①	대표적 알고리즘	DES, 3DES, AES, SEED, IDEA	RSA, ECC
②	키 관계	암호키 = 복호키	암호키 =/ 복호키
③	키의 종류	Secret Key	Private Key, Public Key
④	속도	느림	빠름

제5과목 정보보안관리 및 법규

081 개인정보 보호법 상 주민등록번호 처리에 대한 설명으로 옳지 않은 것은?

① 개인정보처리자는 정보주체의 동의가 있는 경우 주민등록번호를 처리할 수 있다.
② 행정자치부장관은 개인정보처리자가 처리하는 주민등록번호가 유출된 경우에는 5억원 이하의 과징금을 부과·징수할 수 있으나, 주민등록번호가 유출되지 아니하도록 개인정보처리자가 개인정보 보호법에 따른 안전성 확보에 필요한 조치를 다한 경우에는 그러하지 아니하다.
③ 개인정보처리자는 정보주체가 인터넷 홈페이지를 통하여 회원으로 가입하는 단계에서는 주민등록번호를 사용하지 아니하고도 회원으로 가입할 수 있는 방법을 제공하여야 한다.
④ 개인정보처리자는 주민등록번호가 분실·도난·유출·변조 또는 훼손되지 아니하도록 암호화 조치를 통하여 안전하게 보관하여야 한다.

082 전자서명법 상 공인인증기관이 발급하는 공인인증서에 포함 되어야 하는 사항이 아닌 것은?

① 가입자의 전자서명검증정보
② 공인인증기관의 전자서명 생성정보
③ 공인인증서의 유효기간
④ 공인인증기관의 명칭 등 공인인증기관임을 확인할 수 있는 정보

083 정보통신기반보호법에는 국가안전보장에 중대한 영향을 미치는 주요정보통신기반시설에 대한 관리기관의 장이 기술적 지원을 요청하는 경우 국가정보원장에게 우선적으로 그 지원을 요청하여야 한다고 규정하고 있다. 다음 국가안전보장에 중대한 영향을 미치는 주요정보통신기반시설 에 관해 정보통신기반보호법에서 열거하는 내용이 아닌 것은?

① 도로·철도·지하철·공항·항만 등 주요 교통시설
② 전력, 가스, 석유 등 에너지·수자원 시설
③ 금융 정보통신기반시설 등 개인정보가 저장된 정보통신기반시설
④ 원자력·국방과학·첨단방위산업관련 정부출연연구기관의 연구시설

084 디지털 증거의 법적 효력을 인정받기 위해 포렌식 과정에서 지켜야 하는 원칙이 아닌 것은?

① 정당성의 원칙
② 무결성의 원칙
③ 재현의 원칙
④ 연계추적불가능의 원칙

085 정보통신망 이용촉진 및 정보보호 등에 관한 법률 상 정보통신 서비스 제공자는 임원급의 정보보호 최고책임자를 지정할 수 있도록 정하고 있다. 정보통신서비스 제공자의 정보보호 최고 책임자가 총괄하는 업무에 해당하지 않는 것은? (단, 이 법에 명시된 것으로 한정함)

① 정보보호관리체계 수립 및 관리·운영
② 주요정보통신기반시설의 지정
③ 정보보호 취약점 분석·평가 및 개선
④ 정보보호 사전 보안성 검토

086 다음은 정보통신기반 보호법의 일부이다. 본 조의 규정 목적으로 옳은 것은?

> 제12조(주요정보통신기반시설 침해행위 등의 금지) 누구든지 다음 각호의 1에 해당하는 행위를 하여서는 아니된다.
> …중략…
> 2. 주요정보통신기반시설에 대하여 데이터를 파괴하거나 주요정보통신기반시설의 운영을 방해할 목적으로 컴퓨터 바이러스·논리폭탄 등의 프로그램을 투입하는 행위
>
> 제28조(벌칙)
> ① 제12조의 규정을 위반하여 주요정보통신기반시설을 교란·마비 또는 파괴한 자는 10년 이하의 징역 또는 1억원 이하의 벌금에 처한다.
> ② 제1항의 미수범은 처벌한다.

① 명예훼손 방지
② 개인정보 보호 침해 방지
③ 인터넷 사기 방지
④ 웜 피해 방지

087 정보통신망 이용촉진 및 정보보호 등에 관한 법률 에서 규정하고 있는 내용이 아닌 것은?

① 주요정보통신기반시설의 보호체계
② 정보통신망에서의 이용자 보호 등
③ 정보통신망의 안정성 확보 등

④ 개인정보의 보호

088 다음 중 개인정보보호법에서 개인정보를 수집 할 수 있는 경우에 해당되지 않는 것은?

① 정보주체의 동의를 받은 경우
② 법률에 특별한 규정이 있거나 법령상 의무를 준수하기 위하여 불가피한 경우
③ 정보주체 또는 그 법정대리인이 의사표시를 할 수 없는 상태에 있거나 주소불명 등으로 사전 동의를 받을 수 없는 경우로서 명백히 정보주체 또는 제3자의 급박한 생명, 신체, 재산의 이익을 위하여 필요하다고 인정되는 경우
④ 정보주체의 정당한 이익을 달성하기 위하여 필요한 경우로서 명백하게 개인정보처리자의 권리보다 우선하는 경우

089 개인정보 보호법 에 의거하여 영상정보처리기기를 설치 및 운용하려고 할 때, 안내판에 기재해야 할 내용으로 옳지 않은 것은?

① 설치 장소
② 영상정보 저장 방식
③ 촬영 시간
④ 관리 책임자의 이름

090 정보보호관리체계(ISMS) 인증과 관련하여 정보보호 관리과정 수행 절차를 순서대로 올바르게 나열한 것은?

ㄱ. 경영진 책임 및 조직구성	ㄴ. 위험 관리
ㄷ. 정보보호 정책 수립 및 범위설정	ㄹ. 사후 관리
ㅁ. 정보보호 대책 구현	

① ㄱ → ㄴ → ㄷ → ㄹ → ㅁ
② ㄱ → ㄷ → ㄴ → ㄹ → ㅁ
③ ㄷ → ㄴ → ㅁ → ㄱ → ㄹ
④ ㄷ → ㄱ → ㄴ → ㅁ → ㄹ

091 다음 중 개인정보 보호법상 규정된 개인정보 위탁에 관한 내용으로 옳지 않은 것은?

① 개인정보처리자가 제3자에게 개인정보의 처리 업무를 위탁하는 경우에는 위탁업무 수행 목적 외 개인정보의 처리 금지에 관한 사항, 개인정보의 기술적·관리적 보호조치에 관한 사항 등이 포함된 문서에 의하여야 한다.

② 위탁자는 업무 위탁으로 인하여 정보주체의 개인정보가 분실·도난·유출·변조 또는 훼손되지 아니하도록 수탁자를 교육하고, 처리 현황 점검 등 수탁자가 개인정보를 안전하게 처리하는지를 감독하여야 한다.
③ 개인정보처리자가 제3자에게 개인정보의 처리 업무를 위탁하는 경우 위탁자는 위탁하는 업무의 내용과 개인정보 처리 업무를 위탁받아 처리하는 수탁자를 정보주체에게 알리고 동의를 받아야 한다.
④ 수탁자가 위탁받은 업무와 관련하여 개인정보를 처리하는 과정에서 개인정보보호법을 위반하여 발생한 손해배상책임에 대하여는 수탁자를 개인정보처리자의 소속 직원으로 본다.

092 다음은 개인정보의 수집 이용에 대한 사항이다. 개인정보보호법 상 동의를 받아야 할 항목을 모두 고른 것은?

> ㄱ. 개인정보의 수집·이용 목적
> ㄴ. 수집하는 개인정보의 항목
> ㄷ. 개인정보의 보유 및 이용 기간
> ㄹ. 동의를 거부할 권리가 있다는 사실 및 동의 거부에 따른 불이익이 있는 경우에는 그 불이익의 내용

① ㄱ, ㄴ
② ㄴ, ㄷ, ㄹ
③ ㄱ, ㄴ, ㄷ
④ ㄱ, ㄴ, ㄷ, ㄹ

093 영국, 독일, 네덜란드, 프랑스 등 유럽 국가에서 평가 제품의 상호 인정 및 정보보호 평가 기준의 상이함에서 오는 시간과 인력 낭비를 줄이기 위해 제정한 유럽형 보안 기준은?

① CC(Common Criteria)
② ITSEC(Information Technology Security Evaluation Criteria)
③ TCSEC(Trusted Computer System Evaluation Criteria)
④ CTCPSEC

094 개인정보보호관리체계(PIMS)에 대한 설명으로 옳지 않은 것은?

① 내부 정보 유출을 방지하기 위해, 인증 과정에 외부 전문가가 포함된다.
② PIMS 인증 취득 기업이 사고 발생 시 과징금, 과태료가 경감된다.

③ 인증 심사 기준은 개인정보관리과정과 개인정보보호대책, 개인정보생명주기 등이 있다.
④ 개인정보를 일정 규모 이상 처리하는 개인정보처리자는 의무적으로 PIMS를 유지해야 한다.

095 개인정보 보호법 상 개인정보 유출 시 개인정보처리자가 정보 주체에게 알려야 할 사항으로 옳은 것만을 모두 고르면?

> ㄱ. 유출된 개인정보의 위탁기관 현황
> ㄴ. 유출된 시점과 그 경위
> ㄷ. 개인정보처리자의 개인정보 보관·폐기 기간
> ㄹ. 정보주체에게 피해가 발생한 경우 신고 등을 접수할 수 있는 담당부서 및 연락처

① ㄱ, ㄴ
② ㄷ, ㄹ
③ ㄱ, ㄷ
④ ㄴ, ㄹ

096 정보보호 관리체계 인증 등에 관한 고시에 의거한 정보보호 관리체계(ISMS)에 대한 설명으로 옳지 않은 것은?

① 정보보호 관리과정은 정보보호정책 수립 및 범위설정, 경영진 책임 및 조직구성, 위험관리, 정보보호대책 구현 등 4단계 활동을 말한다.
② 인증기관이 조직의 정보보호 활동을 객관적으로 심사하고, 인증한다.
③ 정보보호 관리체계는 조직의 정보 자산을 평가하는 것으로 물리적 보안을 포함한다.
④ 정보 자산의 기밀성, 무결성, 가용성을 실현하기 위하여 관리적·기술적 수단과 절차 및 과정을 관리, 운용하는 체계이다.

097 개인정보 보호법 상 공공기관에서의 영상정보처리기기 설치 및 운영에 대한 설명으로 옳지 않은 것은?

① 공공기관의 사무실에서 민원인의 폭언·폭행 방지를 위해 영상정보처리기기를 설치 및 녹음하는 것이 가능하다.
② 영상정보처리기기의 설치 목적과 다른 목적으로 영상정보 처리기기를 임의로 조작하거나 다른 곳을 비춰서는 안 된다.

③ 영상정보처리기기운영자는 영상정보처리기기의 설치·운영에 관한 사무를 위탁할 수 있다.
④ 개인정보 보호법에서 정하는 사유를 제외하고는 공개된 장소에 영상정보처리기기를 설치하는 것은 금지되어 있다.

098 국제공통평가기준(Common Criteria)에 대한 설명으로 옳지 않은 것은?

① 정보보호 측면에서 정보보호 기능이 있는 IT 제품의 안전성을 보증·평가하는 기준이다.
② 국제공통평가기준은 소개 및 일반모델, 보안기능요구사항, 보증요구사항 등으로 구성되고, 보증 등급은 5개이다.
③ 보안기능요구사항과 보증요구사항의 구조는 클래스로 구성된다.
④ 상호인정협정(CCRA：Common Criteria Recognition Arrangement)은 정보보호제품의 평가인증 결과를 가입 국가 간 상호 인정하는 협정으로서 미국, 영국, 프랑스 등을 중심으로 시작되었다.

099 다음 중 정보통신기반보호법에서 주요 정보통신기반시설에 대한 취약점 분석 평가를 수행할 수 있는 기관이 아닌 것은?

① 정보보호 전문서비스 기업
② 한국정보화진흥원
③ 한국전자통신연구원
④ 한국인터넷진흥원

100 정보통신망 이용촉진 및 정보보호 등에 관한 법 제45조에는 미래창조과학부장관은 보호조치의 구체적 내용을 정한 '정보보호조치에 관한 지침'을 정하여 고시하고 정보통신서비스 제공자에게 이를 지키도록 권고할 수 있다. 다음 중 '정보보호조치에 관한 지침'에 포함되어야 하는 내용이 아닌 것은?

① 정당한 권한이 없는 자가 정보통신망에 접근·침입하는 것을 방지하거나 대응하기 위한 정보보호시스템의 설치·운영 등 기술적·물리적 보호조치
② 개인정보 유출 등 침해사고 발생 시 대응 조치
③ 정보통신망의 지속적인 이용이 가능한 상태를 확보하기 위한 기술적·물리적 보호조치
④ 정보통신망의 안정 및 정보보호를 위한 인력·조직·경비의 확보 및 관련 계획 수립 등 관리적 보호조치

실전모의고사 1회 정답

제1과목 | 시스템 보안

1	①	2	④	3	①	4	③	5	②
6	③	7	④	8	①	9	④	10	②
11	④	12	③	13	④	14	①	15	④
16	④	17	②	18	④	19	④	20	③

제2과목 | 네트워크 보안

21	③	22	④	23	③	24	②	25	③
26	③	27	②	28	④	29	①	30	④
31	④	32	④	33	④	34	④	35	④
36	④	37	④	38	①	39	④	40	④

제3과목 | 어플리케이션 보안

41	①	42	②	43	①	44	④	45	②
46	②	47	①	48	①	49	②	50	①
51	②	52	②	53	④	54	④	55	④
56	④	57	①	58	①	59	④	60	②

제4과목 | 정보보안 일반

61	②	62	④	63	③	64	③	65	③
66	①	67	③	68	②	69	④	70	③
71	①	72	④	73	①	74	④	75	②
76	④	77	③	78	①	79	①	80	④

제5과목 | 정보보안관리 및 법규

81	①	82	②	83	③	84	④	85	②
86	④	87	①	88	④	89	②	90	④
91	③	92	④	93	②	94	④	95	④
96	①	97	①	98	②	99	②	100	②

실전모의고사 1회 | 제1과목 시스템 보안 해설

001
- 프로그램 내에 비동기적인 요소를 쓰레드로 구현할 수 있어, 비동기 처리(asynchronous processing)가 가능한 장점이 있다.

002
- 쓰레드는 프로세스보다 작은 단위로 여러 가지 일을 하는 하나의 프로세스 내에 존재하는 별개의 작업 단위이다.

003
- 세마포어(semaphore) : 에츠허르 데이크스트라가 고안한, 두 개의 원자적 함수로 조작되는 정수 변수로서, 멀티프로그래밍 환경에서 공유 자원에 대한 접근을 제한하는 방법으로 사용된다.

004
- FAT32에서 NTFS 변환은 되지만 NTFS에서 FAT32로 변환은 되지 않는다.

005
- 통합(Coalescing) : 인접해 있는 단편화된 공간을 하나의 공간으로 합치는 것이다.
- 압축(Compaction) : 모든 공백들을 하나의 공백으로 모으는 기법으로 일반적으로 기억 장소 압축 기법을 Garbage Collection이라고 한다.
- 할당(Allocation), 교체(Replacement), 소거(Cleaning), 배치(Placement), 호출(Fetch)은 가상 기억 장치 시스템의 효율성 및 성능 향상을 위해 필요한 관리 기법이다.

006
- Ext3의 단점
  - JFS, ReiserFS, XFS 등에 비해 낮은 처리 속력
  - 파일 시스템 레벨에서 사용할 수 있는 온라인 ext3 조각 모음 기능은 없다.
  - Checksum을 검사하지 않는다. (No checksumming in journal)

007
- 이벤트 뷰어는 응용프로그램 로그, 보안 로그, 시스템 로그를 제공한다.

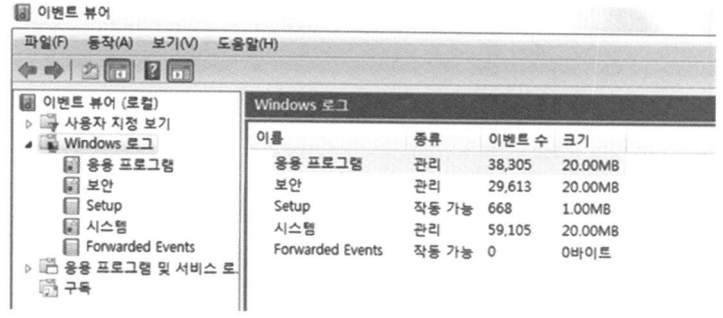

[그림] 이벤트 뷰어

008
- NTLM v2은 HMACMD5 해시를 사용하고, SLM은 해시 알고리즘은 없다.

009
- NetBIOS는 Well-Known 포트를 임의적으로 변경하지는 못 한다.

010
- 윈도우 중요 업데이트를 확인도 하지 않도록 설정할 수 있다.

011
- find [검색할 경로] [옵션][[검사]..[옵션][[검사]로 경로는 / root 디렉터리며 -name은 파일명, -user는 파일의 소유자, -perm 권한을 지정하는 옵션이다.

012
- OS별 패스워드 최대 사용 기간 설정 파일 위치 및 점검 방법

운영체제	설정 파일 위치	설정 예시 (최대 사용 기간)
SunOS	/etc/default/passwd	MAXWEEKS=12(12주)
Linux	/etc/login.defs	PASS_MAX_DAYS 90(90일)
AIX	/etc/security/user	maxage=12(12주)
HP-UX	/etc/default/security	PASSWORD_MAXDAYS=90(90일)

013
- '+' 설정이 없는 경우가 안전한 설정이다.
- 'r'command 사용을 통한 원격 접속은 *NET Backup이나 다른 용도로 사용되기도 하나, 보안상 매우 취약하여 서비스 포트가 열려있을 경우 중요 정보 유출 및 시스템 장애 발생 등 침해사고의 원인이 됨. 만약 사용이 불가피한 경우 /etc/hosts.equiv 파일 및 .rhosts 파일 사용자를 root 또는, 해당 계정으로 설정한 뒤 권한을 600으로 설정하고 해당 파일 설정에 '+' 설정(모든 호스트 허용)이 포함되지 않도록 해야 한다.

014
- Linux xinetd에서 각 service 〈서비스명〉에서 disable = yes 로 설정해주어야 한다.
- Linux xinetd를 사용하는 경우 tftp, talk, ntalk 서비스 활성화 여부는 다음과 같이 tftp, talk, ntalk 파일에 설정된 내용을 확인하여야 한다.
    #vi /etc/xinetd.d/tftp
    #vi /etc/xinetd.d/talk
    #vi /etc/xinetd.d/ntalk

015
- #find . -atime +3 은 액세스가 일어난 후 3일된 파일을 검색한다는 의미이다.

016
- 원격지 호스트에 접속한 사용자 정보를 finger로 확인하기 위한 명령은 # finger @[원격지 호스트 도메인명] 이다.

017
- 계정을 최초로 생성할 경우 비밀번호를 별도로 지정하지 않았기 때문에 로그인을 할 수 없으며, 이때 /etc/shadow 패스워드의 정보를 확인해보면 두번째 필드에 느낌표 하나만 "!"로 표시된 것을 볼 수 있다.

018
- userdel 명령어로 계정 삭제 시 홈디렉터리와 메일까지 삭제하려면 -r 옵션을 사용해야 한다.

019

- init는 [런레벨]을 지정하여 여러가지 기능을 제공한다. 런레벨에 따른 기능은 다음과 같다.

0 (halt)	시스템 종료
1 (single user mode)	시스템 복원 단일 관리자 모드
2 (multiuser mode)	네트워크를 사용하지 않은 텍스트 유저 모드
3 (full multiuser mode)	일반적인 쉘 기반의 인터페이스를 가진 다중 사용자 모드
4 (unused)	사용되지 않는 런레벨
5 (X11)	기본적으로는 level 3과 같고 다른 점은 그래픽 유저 모드
6 (reboot)	시스템 재부팅

020

- 'su -' 명령 실행이 단순 su 명령만 실행과 차이는 해당 사용자의 환경변수 내용까지 사용한다는 것이다. su - 명령어를 사용하는 현재 디렉터리 위치가 /root 로 변경된 것도 확인할 수 있다.

실전모의고사 1회 | 제2과목 네트워크 보안 해설

021

- 전송 계층은 TCP(Trasmission Control Protocol)를 사용하여, 전송해야 할 목적지까지 신뢰성 있게 세그먼트를 전송한다.

022

- TCP와 동일하게 체크섬(Checksum)을 사용하여 오류 검사를 수행한다.

023

- 192.168.100.0를 8개의 서브넷으로 나누기 위해서는 서브넷 마스크는 255.255.255.224를 사용하면 된다. (하나의 옥텟에는 8비트이므로 나올수 있는 경우의 개수는 2의 8승으로 총 256개가 된다.) 256-224 = 32이고, 256/32 = 8이다. 즉 서브넷이 8개가 된다.

024

- 능동모드에서 20번 포트는 데이터를 전송하고, 21번 포트는 연결을 제어한다.
- SFTP 연결 : 일반 FTP 연결에 보안성(secure)을 강화한 방식이다.
  - 서버와 클라이언트 간의 데이터 전송 시 계정 정보 등을 암호화하여 해킹이나 보안상의 문제를 사전에 방지할 수 있다.
  - 접속 방법 : 일반 FTP 접속 방식과 동일하지만, FTP 서버에서 이를 지원해야 하며, 신호 제어용 네트워크 포트가 21번이 아닌 22번을 사용한다는 점이 다르다.
  - SFTP 모드로 연결하면 FTP 서버의 숨김 파일까지 모두 출력된다.

025

- Unicat RPF(Reverse Path Filtering)는 ACL(Standard 및 Extended Access Control List)을 사용하고, 또한 블랙홀 필터링을 사용한다.

026

- enable password 명령어는 패스워드를 평문으로 설정하고, enable secret 명령어는 암호화된 패스워드를 설정한다.
- 패스워드는 숫자, 영문자, 특수문자를 혼합하여 9자리이상으로 만들고 주기적으로 변경해줘야 안전하다.

027
- 프리빌리지 모드는 특권 모드로 모든 명령어를 이용 할 수 있지만, 인터페이스에 대한 설정은 불가하다. 인터페이스에 대한 설정은 구성모드에서 가능하다.

028
- 호스트 기반 연결 역추적은 호스트에 역추적을 위한 모듈을 설치하여야 하며, 네트워크 기반 역 추적 또한 네트워크상의 모든 호스트에 역추적 모듈이 설치되어 있어야 한다는 단점이 있다.

029
- Store and Forward 방식의 특징
  - 전체 프레임을 모든 메모리에 수신한 후 포워딩한다.
  - 스위치 성능이 좋아야 하며, 패킷 내용이 손상되어도, 정확한 포워딩이 가능하다.
  - 모든 프레임을 수신한 후 에러 검출과 정정 기능이 가능하다.
  - 스위치의 모든 프레임을 복사하여 저장한 후 MAC 주소를 보고 목적지 포트로 전송한다.

030
- ① ② ③ DDoS툴이고, JOHN은 패스워드 크랙 툴이다.

031
- PPTP 및 ATM은 2계층(데이터 링크) 프로토콜이다.
  - 2계층 프로토콜에는 SLIP, PPP, LLC, PPTP(MS사 개발), L2F(시스코사 개발), HDLC, LAP-B, Frame Relay, ATM, CSMA/CD 등이 있다.

032
- ICMP의 TTL 값 240 근처는 UNIX/Linux 영역이다.

033
- SYN Flooding 공격은 공격 대상에게 출발지 주소를 존재하지 않는 IP로 속여서 대량의 SYN패킷을 보낸다. 그러면 공격대상은 SYN ACK 응답을 해도 ACK가 오지 않으니 지속적으로 SYN_RCVD 상태로 응답을 기다리게 되어 자원을 고갈시키는 방법이다.

034
- Session Hijacking 공격은 MITM(Man-in-the-middle attack)에 속한다.
- 다른 사람의 세션 상태를 훔치거나 도용하여 액세스하는 해킹 기법. 일반적으로 세션 ID 추측 및 세션 ID 쿠키 도용을 통해 공격이 이루어진다. 하이재킹으로 인한 직접적인 피해는 세션 상태에 어떤 정보가 저장되어 있느냐에 달려 있지만 그보다 더 위험한 것은 ID와 패스워드를 사용하는 인증 절차를 건너뛰어 서버와 사용자가 주고받는 모든 내용을 그대로 도청하거나 서버의 권한을 확보할 수도 있다는 점이다.

035
- 방화벽 정책은 IP, PORT에 대한 접근제어를 하고 있으며 목적지 IP 192.168.20.100 TCP 23번 PORT에 대해 정책에 따라 허용되었지만 해당 목적지 IP가 23번 PORT에 대한 서비스를 하는지 방화벽 로그만으로는 판단할 수 없다.

036
- False Positive가 증가할수록 효과적인 운용이라고 볼 수 없으며, 잘못된 탐지로 탐지건수가 증가되면 관리자 및 보안관제상에서 어려움이 커진다.
- False Positive : 정상 트래픽을 비정상으로 오탐하는 경우이며 과다하게 발생시 관리자가 실제 비정상 트래픽을 구분하기 어렵다.

037
- IPS(Intrusion Prevention System)란 공격 패턴을 기반으로 패턴과 일치하는 패킷에 대해서는 차단하는 보안 시스템이다. 주기적인 패턴 업데이트가 필요하며 정상 트래픽도 패턴과 일치할 경우 차단하므로 오탐 가능성이 있다.
- 웹해킹 및 악성코드에 대한 차단이 가능하고 패턴이 없다면 잘 알려진 공격도 차단이 불가능하다.

038
- 스크린 서브넷 게이트웨이 구축 방식은 일반적으로 스크린 서브넷에 스크리닝 라우터 2대와 베이스천 호스트 1대를 설치하여 구성한다.

039
- 악성코드 감염시 외부 C&C 서버로 접근하는 트래픽에 대해 탐지할 것이므로 IN(inbound) 정책이 아니고, outbound 정책이다.
- 행위는 차단이므로 block으로 설정한다. 888 포트로 통신하므로 TCP 또는 ALL 프로토콜, 888 포트번호로 설정한다.
- 탐지패턴을 /infected.jsp?no=로 만들 경우 탐지 가능하다.

040
- PC를 악성코드에 감염시킨 뒤 정상적인 사이트로 접속을 시도해도 공격자가 만든 가짜 사이트로 유도하여 개인정보 및 금융사기를 발생시키는 수법이다.
- 일반적으로 가짜 사이트로 유도하는 기능 외에 다른 행위는 하지 않으며 DNS 변조, 네트워크 설정 변경 등을 하여 실제 금융권 사이트와 동일한 URL로 접속해도 가짜 사이트로 유도하기 때문에 구분이 쉽지 않다.

실전모의고사 1회 | 제3과목 어플리케이션 보안 해설

041
- DNS Spoofing
  - 공격자가 호스트의 Query를 스니핑하고, DNS Server보다 먼저 조작된 IP주소가 담긴 응답을 보냄
  - DNS는 Query에 대한 인증을 수행하지 않기에, 피해자는 조작된 IP주소로 접속하게 됨(UDP를 사용함)
  - DNS Spoofing 방지 대책
    1) IP MAC을 고정한다
    2) 백신을 사용한다.
    3) 와이어샤크와 같은 패킷분석 프로그램으로 모니터링한다.

042
- DNS Cache Poisoning
  - DNS 프로토콜 자체의 취약성으로 캐시 DNS에 저장된 쿼리 정보가 위/변조되는 것
  - DNS Server에 조작된 응답을 전송하는 것으로, 조작된 정보를 DNS Server가 Cache에 저장하게 됨
  - DNS Query시 부여되는 Transaction ID와 출발지/목적지 포트가 예상하기 쉬운 값을 사용하게 되면 공격이 가능
  - 강력한 난수 생성기 써도, 공격시간을 지연시킬 뿐임
  - 공격자가 호스트의 Query를 스니핑하고, DNS Server보다 먼저 조작된 IP주소가 담긴 응답을 보냄
  - DNS는 Query에 대한 인증을 수행하지 않기에, 피해자는 조작된 IP주소로 접속하게 됨(UDP를 사용함)

043
- Passive Mode는 아래의 순서로 진행된다.
  1) 클라이언트가 서버의 Command Port(21번)로 Passive Mode로 접속한다.
  2) 서버가 Command Port(21번)에서 클라이언트에게 데이터전송을 위해 사용할 포트를 알려준다.

3) 클라이언트가 서버가 알려준 포트로 연결을 시도한다.
4) 서버가 클라이언트로 ACK신호를 보낸다.

044
- Unix/Linux에서 사용자 별로 FTP Server에 접근 제어를 하려면 /etc/ftpusers에 등록해야하며 등록된 계정은 접근이 거부된다.

045
- PGP(Pretty Good Privacy)
  - 전자메일에 기밀성, 메시지 무결성, 사용자 인증, 송신 부인방지를 제공
  - 메시지의 암호화는 IDEA, RSA 등의 알고리즘을 사용하는데 메시지는 IDEA(대칭키 암호화)로 암호화
  - IDEA의 키를 수신자의 공개키로 암호화

046
- 메시지 인증과 사용자 인증(디지털 인증)에는 RSA, MD5 등을 사용
  → 메시지의 해시값을 송신자의 공개키로 암호화함

047
- PEM(Privacy Enhanced Mail)
  - IETF에 의해 만들어진 인터넷 표준안으로 PGP보다 보안 능력 우수
  - 전송하기 전 자동으로 암호화하여 전동 도중 스니핑 되어도 내용 확인 불가
  - 중앙집중식 키 인증 방식으로 널리 사용되기는 어려운 단점 보유

048
- DocumentRoot 디렉터리 내의 모든 파일들이 리스팅 되는 것을 방지하기 위해서 httpd.conf 파일 내의 "Options" 지시자에서 "Indexes"라는 옵션을 제거해야 한다.
- 이 옵션은 해당 디렉터리 안에 DirectoryIndex에 명기된 파일(index.html, index.jsp 등…)이 없을 경우 디렉터리와 파일 목록을 보여주는 옵션이다. 이 옵션을 제거하면 "Forbidden"이 표시되면서 permission error 페이지가 뜨고 디렉터리 인덱싱이 되지 않는다.

049
- 파일 다운로드 취약점 대응방안
  - 다운로드 파일의 이름을 데이터베이스에 저장하고 다운로드 수행 시 요청 파일 이름과 비교하여 적절한지 확인하여 사용자가 조작할 수 있는 변수를 제거하는 것이 바람직하다. 또한 다운로드 위치는 지정된 데이터 저장소를 고정하여 사용하는 것이 바람직하다.
  - 프로그램 내에서 파일을 다운받을 수 있는 디렉터리를 특정 디렉토리로 한정하고 이 외의 다른 디렉토리에서는 파일을 다운받을 수 없도록 프로그램을 수정해야 한다.
  - PHP를 사용하는 경우 php.ini 에서 magic_quotes_gpc를 On으로 설정하여 .₩./ 와 같은 역 슬래시 문자에 대해 대응도 가능하다.

050
- 하트블리드(HeartBleed) : OpenSSL 1.0.1 버전에서 발견된 매우 위험한 취약점 입니다. OpenSSL을 구성하고 있는 TLS/DTLS의 HeartBeat 확장규격에서 발견된 취약점으로, 해당 취약점을 이용하면 서버와 클라이언트 사이에 주고받는 정보들을 탈취 가능

051
- Ghost : 리눅스 계열에서 사용하고 있는 glibc 라이브러리에 존재하는 __nss_hostname_digits_dots 함수에서 잘못된 메모리 사용으로 인해 메모리 변조 가능
- 취약점에 영향 받는 프로그램에서 공격자가 조작한 문자열을 인자로 gethostbyname 함수를 호출할 경우, 메

모리 변조를 통해 임의코드 실행 가능

052
- HTML5 신규 요소 관련 보안 위협, Web Storage 관련 보안 위협, Web Socket 기술 관련 보안 위협, Geolocation 기술 관련 보안 위협 존재

053
- 메시지 인증 코드
  - 해시 함수로 메시지 다이제스트 생성 후 인증 알고리즘을 적용 메시지를 인증하는 기법
  - 메시지의 무결성(integrity)와 인증(authentication)
  - 메시지에 붙여지는 작은 데이터 블록을 생서하기 위해 비밀키를 이용하는 방법
  - 임의 길이의 메시지와 송신자와 수신자가 공유하는 키라는 2개의 입력을 기초로 해서, 고정 비트 길이의 출력을 계산하는 함수
  - 일방향 해시 함수로 해시 값을 계산할 때는 키를 사용하지 않음

054
- 은닉 서명(Blind Signature)
  - 인증자가 실제로 무엇이 서명 되었는지를 알 수 없는 인증 서명 메시지를 얻는데 있다. 인증자가 하나 이상의 메시지를 볼 수 있다고 가정할 때, 이 시스템의 즉각적인 이득 한가지는 서명자는 서명 된 메시지와 보낸 사람을 연결시킬 수가 없다는 것이다.
  - 이러한 개념을 가진 명백한 어플리케이션들은 보낸 메시지가 검증할 수 있는 메시지라는 것을 보장하면서도 보낸 사람의 익명성을 보장해준다. 은닉 서명을 사용한 두 가지 구체적인 예는 투표(투표자의 프라이버시를 보장해야 하는 투표)와 전자화폐(어디서 이 돈을 받게 됐는지 화폐의 취득 경로를 추적할 수 없게 할 때)이다.

055
- 전자 서명의 특징
  - 위조불가(Unforgeable) : 서명자만이 서명문을 생성 가능
  - 서명자 인증(Authentic) : 서명문의 서명자를 확인 가능
  - 재사용 불가(Not Reusable) : 서명문의 서명은 다른 문서의 서명으로 사용 불가능
  - 변경 불가(Unalterable) : 서명된 문서의 내용 변경 불가능
  - 부인 불가(Nonrepudiation) : 서명자는 후에 서명한 사실을 부인 불가능

056
- SSL Handshake 과정
- Certificate Verify 단계에서 서버의 요구에 의해 전송되는 클라이언트의 인증서를 서버가 쉽게 확인할 수 있도록 클라이언트는 핸드 쉐이크 메시지를 전자서명하여 전송하게 된다.
  - Hello Request : 서버가 클라이언트로 전송, 핸드쉐이크가 진행 중이면 메시지 무시
  - Client Hello : 클라이언트는 서버에 처음 연결 시도 시 전송
  - Server Hello : Handshake Failure Alert, Server Hello 메시지로 응답
  - Server Certificate or Server Key Exchange : 자신의 공개키 보유 시 Server Certificate 메시지를 클라이언트 전송
  - Certificate Request : 선택적 동작, 4단계와 5단계를 통해 클라이언트와 서버는 상호인증
  - Server Hello Done : 서버에서 보낼 메시지를 전송 완료 의미
  - Client Certificate : 서버로부터 클라이언트의 인증서를 보내라는 요청 받은 경우 응답
  - Client Key Exchange : 클라이언트는 세션키를 생성 위해 48바이트 pre_master_secret 생성
  - Certificate Verify : 클라이언트 인증서를 서버가 쉽게 확인하도록 전자 서명하여 전송
  - Change Cipher Specs, Finished : 클라이언트는 마지막으로 Change Cipher Specs 메시지를 서버에 전송
  - Finished, Change Cipher Specs : 서버는 클라이언트 메시지 확인 후 Change Cipher Specs 메시지 전송

057
- DB Link
  - 원격 DB 간에 연결을 제공하는 방법으로 SQL 만으로 원격지 데이터에 연결 및 갱신, 삭제 가능

058
- 임의 접근 통제(DAC)
  - 주체나 주체가 속한 그룹의 신원에 근거하여 접근을 제한하는 방법
  - 객체의 소유주가 접근 여부를 결정함
  - 소유자가 접근 권한을 부여할 때 사용자의 ID에 따라 부여
  - 주체의 객체에 대한 접근 권한을 객체의 소유자가 임의로 지정하는 방식
  - UNIX 시스템 및 NT, NetWare, Linux와 같은 시스템이 사용하는 접근 통제 방식

059
- 로그인 실패 제약 명령어
  - ALTER PROFILE LIMIT FAILED_LOGIN_ATTEMPTS 5

060
- exec 함수 사용 방법 : echo exec('whoami');
- passthru 함수 사용 방법 : passthru('echo $PATH');
- system 함수 사용 방법 : $last_line = system('ls', $retval);

실전모의고사 1회 | 제4과목 정보보안 일반 해설

061
- 커버로스는 분산 환경하에서 개체 인증 서비스를 제공하는 네트워크 인증 시스템 MIT에서 개발한 프로토콜로 공개키 암호는 전혀 사용하지 않고 관용키 암호 방식만을 사용하고 중앙 집중식 인증 서버 이용한다.
- 발생할 수 있는 문제점은 다음과 같다.
  - Replay attack이 가능
  - 모든 클라이언트와 서버의 시간 동기화 문제
  - Kerberos 서버의 보안 문제

062
- 생체인식 기술 요구조건은 다음과 같다.
  - 보편성 : 모든 사람이 가지고 있는 생체 특징
  - 구별성 : 같은 특성을 가진 사람은 없음
  - 영구성 : 오랜 시간이 지나도 생체특성이 변하지 않음
  - 획득성 : 생체 특징을 쉽게 얻을 수 있음

063
- 클라이언트 MAC 주소 대신 클라이언트 네트워크 주소가 포함된다.

064
- 사용자 인터페이스 제한의 내용은 시스템에 모든 종류의 명령과 구성변경을 허용하는 운영시스템을 읽지만 모든 사용자가 이 기능을 수행할 수는 없다. 모든 직원이 인트라를 이용할 수는 있지만 구성정보는 불가능 한 것이 예가 될 수 있다.

065
- 벨 라파듈라 모델 특성
    - 미 국방부(U.S DoD)의 다수준 보안정책으로부터 정책이 개발
    - 정보의 불법적인 유출을 막기위해 개발된 최초의 수학적 모델
    - 군사보안에 사용되었으며 기밀성의 강화된 모델
    - 특정 직무가 접근을 요구하는 경우에만 분류된 수준에 대하여 허가하는 정책

066
- 비바 모델 특성
    - 기밀성보다는 무결성이 훨씬 더 강조되는 경우가 많다.
    - 허가 받지 않은 주체에 대한 객체의 수정을 방지한다.
    - no-read-down, no-write-up 속성이다.
    - 높은 데이터에 수정 못하게 하는 것은 데이터 변조를 막기 위함이다.

067
- Needham Schroeder 프로토콜은 이전 사용된 세션키를 가지고 있는 경우 replay attack에 취약하여 Timestamp 추가하여 사용한다.

068
- ECC : 1985년 밀러와 코블리츠가 제안한 타원 곡선 이론에 기반한 공개키 암호 방식. 이산 대수에서 사용하는 유한체의 곱셈군을 타원 곡선군으로 대치한 암호 방식. 특히, 다른 암호 방식에 비해 더 짧은 키 사이즈로 대등한 안전도를 가진다. 예를 들어, RSA 1024 비트 키와 ECC 160 비트 키를 갖는 암호 방식은 대등한 안전도를 가진다는 것이다. 따라서 공개 키 암호 시스템에 적용될 경우 속도를 획기적으로 줄일 수 있어 무선 인터넷을 비롯한 IC 카드 같은 암호 활용에 효과적인 대안이 될 수 있다.

069
- PMI(Privilege Management Infrastructure)는 인증서 구조에 사용자에 대한 속성 정보를 제공하여 권한 관리가 가능하도록 하는 속성으로 인증서 기술과 속성 인증서를 발급, 저장, 유통을 제어하는 기반구조이다.

070
- CA의 역할
    - 인증서 발급(certification issuance)
    - 인증서 폐지(certificate revocation)
    - 인증서 정지: 일시적으로 인증서의 사용을 정지하는 것
    - 인증서 갱신: 인증서의 유효기간 갱신하는 것

071
- 전자서명법 제4조의 규정에 의하여 지정된 공인인증기관
    - 한국정보인증(주) http://www.signgate.com
    - (주)코스콤 http://www.signkorea.com
    - 금융결제원 http://www.yessign.or.kr
    - 한국전자인증(주) http://www.crosscert.com
    - 한국무역정보통신 http://www.tradesign.net

072
- 전자 투표(Electronic Voting) : 유권자등록, 투표, 개표, 검표 등의 선거과정에 전체 또는 부분적으로 디지털(digital) 처리과정을 포함하는 선거관리 방식
- 종류 : 투표소 전자투표(PSEV; Poll Site E-Voting), 키오스크 방식 전자투표(Kiosk), 원격 인터넷 투표(REV; Remote Internet E-Voting)

073
- 차분 공격 (Differential Cryptanalysis) : 2개의 평문 블록들의 비트 차이에 대하여 대응되는 암호문 블록들의 비트 차이를 이용하여 사용된 암호 키를 찾아내는 방법

074
- CTR(Counter) : 블록 암호를 스트림 암호로 바꾸는 구조를 가진다. 카운터 방식에서는 각 블록마다 현재 블록이 몇 번째인지 값을 얻어, 그 숫자와 nonce를 결합하여 블록 암호의 입력으로 사용한다. 그렇게 각 블록 암호에서 연속적인 난수를 얻은 다음 암호화하려는 문자열과 XOR한다. 카운터 모드는 각 블록의 암호화 및 복호화가 이전 블록에 의존하지 않으며, 따라서 병렬적으로 동작하는 것이 가능하다. 혹은 암호화된 문자열에서 원하는 부분만 복호화하는 것도 가능하다.

075
- 사용자 인증시 보안 요구 사항
  - 식별 : 시스템에게 주체의 식별자를 요청하는 과정으로서 각 시스템의 사용자들은 시스템이 식별할 수 있는 유일한 식별자(ID)를 갖는다. 개인식별자는 반드시 유일한 것을 사용해야 하며 공유해서는 안된다.
  - 인가 : 사용자, 프로그램, 프로세스에게 허가한 권한을 의미하며, 권한을 부여한다는 것은 누구에게 무엇을 할 수 있거나 가질 수 있는 권한을 부여하는 것이다.
  - 책임추적성 : 멀티태스킹이 지원되는 네트워크 환경에서 누가, 언제, 어떤 행동을 하였는지 기록하여 필요 시 그 행위자를 추적가능하게 하여 책임소재를 명확하게 할 수 있다.

076
- Kerboros의 구성요소는 다음과 같다.
  - 클라이언트 : 인증을 얻기 위한 사용자 컴퓨터
  - 서버 : 클라이언트가 접속하고자 하는 서버, 인증이 필요
  - 인증서버 : 클라이언트를 인증하는 컴퓨터
  - 티켓발급서버 : 인증값인 티켓을 클라이언트에게 발급해주는 컴퓨터

077
- 커버로스 시스템에서는 사용자의 비밀키가 사용자의 워크스테이션에 임시로 저장되기 때문에 사용자의 워크스테이션에 침입하는 침입자에 의하여 유출될 수 있으며, 사용자의 세션키도 사용자의 워크스테이션에 임시로 저장되기 때문에 침입에 취약하다.

078
- 혼돈(Confusion) : 대칭키암호는 비트연산 과정에서 이때에 평문에서 1비트가 달라지면 암호문에 영향을 준다. 평문이 조금이라도 다르면 암호문 전체가 달라지는 성질을 말하며 평문과 암호문 사이의 관계이다.

079
- DAC의 주체는 사용자이며, MAC은 시스템이다.

080
- 비밀키(대칭키) 속도는 빠르고, 공개키(비대칭키) 처리 속도는 느리다.

실전모의고사 1회 | 제5과목 정보보안관리 및 법규 해설

081
- 주민등록번호는 아래의 경우에 한해서 처리할 수 있다.
  1. 법령에서 구체적으로 주민번호 처리를 요구, 허용하는 경우

2. 정보주체 또는 제3자의 급박한 생명, 신체, 재산의 보호
    - 기타 안전행정부령으로 정하는 경우
- 주민등록번호는 정보주체의 동의가 있더라도 처리 할 수 없다.

082
- 공인인증기관의 전자서명 생성정보는 공인인증서에 포함되는 정보에 해당하지 않는다.
- 공인인증기관이 발급하는 공인인증서에는 다음 각호의 사항이 포함되어야 한다.
  1. 가입자의 이름(법인의 경우에는 명칭을 말한다)
  2. 가입자의 전자서명검증정보
  3. 가입자와 공인인증기관이 이용하는 전자서명 방식
  4. 공인인증서의 일련번호
  5. 공인인증서의 유효기간
  6. 공인인증기관의 명칭 등 공인인증기관임을 확인할 수 있는 정보
  7. 공인인증서의 이용범위 또는 용도를 제한하는 경우 이에 관한 사항
  8. 가입자가 제3자를 위한 대리권 등을 갖는 경우 또는 직업상 자격등의 표시를 요청한 경우 이에 관한 사항
  9. 공인인증서임을 나타내는 표시

083
- 금융 정보통신기반시설이 아닌 방송 중계, 국가 지도 통신망 시설 등이 포함되어야 한다.

084
- 디지털 포렌식 절차의 기본 원칙은 다음과 같다.
  - 정당성 원칙 : 증거가 적법 절차에 의해 수집되었는가?
  - 무결성 원칙 : 증거가 수집, 이송, 분석, 제출 과정에서 위변조되지 않았는가?
  - 연계보관성 원칙 : 각 단계에서 증거가 명확히 관리되었는가?
  - 신속성 원칙 : 디지털 포렌식의 전 과정이 신속히 진행되었는가?
  - 재현의 원칙 : 같은 조건과 상황 하에서 항상 동일한 결과를 보장하는가?

085
- 주요정보통신기반시설의 지정은 중앙 행정 기관의 장이 소관 분야의 주요 정보 통신 시설 중 보호가 필요하다고 인정되는 경우 지정할 수 있다.

086
- 주요정보통신기반시설에 대하여 데이터를 파괴하거나 주요정보통신기반시설의 운영을 방해할 목적으로 컴퓨터 바이러스·논리폭탄 등의 프로그램을 투입하는 행위에 대한 통제는 웜 피해를 방지하기 위한 목적으로 볼 수 있다.

087
- 정통망법에는 이용자 보호, 안정성 확보, 개인 정보 보호 등에 관한 사항을 규정하고, 주요정보통신기반시설에 관한 사항은 별도 법률인 정보통신기반 보호법에서 규정한다.

088
- 개인정보처리자의 정당한 이익을 달성하기 위하여 필요한 경우로서 명백하게 정보주체의 권리보다 우선하는 경우. 이 경우 개인정보처리자의 정당한 이익과 상당한 관련이 있고 합리적인 범위를 초과하지 아니하는 경우에 한한다.

089
- 영상정보처리기기 안내판에 기재 내용은 설치 목적 및 장소, 촬영 범위 및 시간, 관리책임자의 성명 및 연락처 등을 표기해야 한다.

090
- 정보 보호 정책 수립 및 범위 설정 → 경영진 책임 및 조직 구성 → 위험 관리 → 정보 보호 대책 구현 → 사후 관리 순으로 진행한다.

091
- 개인정보보호법 상 개인 정보 처리의 위탁에 관한 사항은 정보 주체에게 동의를 받아야 하는 사항이 아니다.

092
- 개인정보보호법 상 개인 정보 수집 시 목적, 항목, 보유/이용 기간, 거부 권리, 불이익 등에 대해 고지 및 동의를 받아야 한다.

093
- ITSEC(Information Technology Security Evaluation Criteria)은 유럽국가들이 만든 보안성 평가 기준이다.

094
- PIMS 인증은 법적 의무 사항이 아니며, 개인 정보 관리체계를 강화하고, 높은 수준으로 관리를 희망하는 기업이 자율적으로 취득하는 인증 제도이다.

095
- 개인 정보 유출 사고 발생 시 유출된 개인 정보 항목, 시점 및 경위, 정보 주체의 피해 최소화를 위한 방법, 피해 구제 절차, 담당 부서 및 연락처 등을 지체 없이 알려야 한다.

096
- 정보보호 관리과정은 정보보호정책 수립 및 범위설정, 경영진 책임 및 조직구성, 위험관리, 정보보호대책 구현, 사후관리 5단계로 구성되며, 대책 구현은 12개 통제 사항으로 구성된다.

097
- 영상정보처리기기운영자는 영상정보처리기기의 설치 목적과 다른 목적으로 영상정보처리기기를 임의로 조작하거나 다른 곳을 비춰서는 아니 되며, 녹음기능은 사용할 수 없다.

098
- 국제공통평가기준(Common Criteria)의 보등증급(EAL, Evaluation Assurance Levels)은 7단계로, 최저 1등급부터 최고 7등급까지 계층적으로 순서화하여 등급화된다.

099
- 주요정보통신기반시설의 취약점 분석 및 평가는 한국인터넷진흥원, 한국전자통신연구원, 정보보호 전문 서비스 기업, 정보 공유 및 분석 센터 등에서 수행할 수 있다.

100
- 개인정보 유출 등 침해사고 발생 시 대응 조치는 '정보보호조치에 관한 지침'에 포함되어야 하는 내용은 아니다.

제1과목 시스템 보안

001 운영체제의 기술발전 흐름을 세대별로 순서대로 올바르게 나열한 것은?

① 일괄처리시스템 - 다중모드처리 - 실시간시스템 - 분산처리시스템
② 시분할시스템 - 일괄처리시스템 - 다중처리시스템 - 분산처리시스템
③ 시분할시스템 - 다중모드처리 - 분산처리시스템 - 실시간시스템
④ 일괄처리시스템 - 다중처리시스템 - 실시간시스템 - 분산처리시스템

002 다음 중 프로세스의 상태에 대한 설명 중 틀린 것은?

① 준비(Ready) 상태 : CPU 자원을 할당 받으면 언제든 실행할 수 있도록 준비된 상태
② 실행(Running) 상태 : CPU 자원을 할당받아 현재 실행중인 상태
③ 대기(Waiting) 상태 : CPU 자원을 할당받도록 대기 중인 상태
④ 종료(Terminated) 상태 : 실행이 모두 완료되어, CPU 자원 할당이 해제되고 종료를 기다리는 상태

003 다음 중 선점 스케쥴링에 대한 설명으로 틀린 것은?

① 대화식 시분할 시스템에서 주로 사용한다.
② 우선 순위가 높은 프로세스가 자원을 차지할 수 있다.
③ 자원을 점유하고 있는 프로세스가 있으면 해제될 때까지 기다려야 한다.
④ MFQ(Multi-Level Feedback Queue) 스케쥴링 기법은 선점 스케쥴링에 해당한다.

004 NTFS 사용 권한과 수행할 수 있는 작업의 예시가 잘못 연결된 것은?

① 읽기 : 파일 읽기, 속성, 소유권 및 권한 보기
② 수정 : 파일 수정, 삭제
③ 읽기 및 실행 : 파일 수정, 삭제
④ 쓰기 : 파일 덮어쓰기, 파일 속성 변경, 소유권 변경

005 Partition에 대한 설명으로 올바른 것은?

① NTFS에서는 하나의 디스크에 생성 가능한 논리 파티션은 제한이 없다.
② MBR(Master Boot Record)를 사용하는 시스템에서는 하나의 하드디스크에는 주 파티션과 확장 파티션 4개까지 총 5개를 생성할 수 있다.
③ 논리 파티션은 저장 공간이 없으며, 확장 파티션을 만들 수 있게 해주는 역할을 한다.
④ GPT(GUID Partition Table)를 사용하는 윈도우에서는 생성하는 파티션 개수가 제한이 없다.

006 가상기억장치의 페이징 교체 알고리즘이 아닌 것은?

① FIFO
② OPT
③ LRU
④ SSTF

007 윈도우 이벤트 뷰어가 제공하는 로그의 종류와 심각도 수준을 바르게 짝지은 것을 고르시오.

① 응용프로그램/보안 로그 – 정보/경고/오류/심각,   시스템 로그 – 성공/실패
② 보안/시스템 로그 – 정보/경고/오류/심각,   응용프로그램 – 성공/실패
③ 응용프로그램/시스템 – 정보/경고/오류/위험,   보안 로그 – 성공/실패
④ 시스템/보안 로그 – 정보/경고/오류/위험,   응용프로그램 – 성공/실패

008 윈도우 프로세스와 해당 프로세스에 대한 설명이다. 다음 내용 중 잘못된 내용을 고르시오.

① lsass.exe : winlogon 서비스에 필요한 인증 프로세스이다.
② smss.exe : 사용자 세션 시작 기능을 담당하는 프로세스이다.
③ svchost.exe : dll에 의해 실행되는 프로세스의 기본 프로세스이며 한 시스템에서 svhost 프로세스는 하나이다.
④ csrss.exe : 윈도우 콘솔을 관장하고 스레드를 생성 및 삭제하며 32비트 가상 MS-DOS모드를 지원하는 프로세스이다.

009 윈도우 운영체제가 관리하는 최상위 레지스트에 해당되지 않는 것을 고르시오.

① HKEY_CLASSES_ROOT
② HKEY_LOCAL_MACHINE
③ HKEY_CURRENT_USER
④ HKEY_LOCAL_CONFIG

010 다음은 윈도우 인터넷 익스플로러(브라우저)가 제공하는 안전 기능에 대한 설명이다. 다음 내용 중 잘못된 내용을 고르시오.

① InPrivate 브라우징 : 사용자의 검색 세션에 관한 쿠키, 임시 인터넷 파일, 열어 본 페이지 목록 등 데이터를 저장하지 못하도록 한다.
② 추적 방지 기능 : 추적 방지 목록에 등록된 사이트에서 타사 콘텐츠를 차단하고 해당 타사 사이트에서 수집할 수 있는 정보를 제한 한다.
③ Do Not Track : 브라우저가 Do Not Track 요청을 사용자가 방문하는 사이트에 알리고 사용자 개인정보 보호를 위해 쿠키, 열어 본 페이지 목록 등을 방문 사이트에 전송하지 않는 기능이다.
④ SmartScreen 필터 : 방문 중인 웹 사이트가 다른 웹 사이트를 가장한 피싱 웹사이트인지 확인하는 기능이다.

011 root 계정 이외에 root와 동일한 권한을 가진 계정이 존재하는 경우는 다음 중 어느 것인가?

① /etc/passwd 파일에 hacker:x:1:1:hacker:/hacker:/bin/bash
② /etc/passwd 파일에 hacker:x:0:0:hacker:/hacker:/bin/bash
③ /etc/shadow 파일에 hacker:x:1:1:hacker:/hacker:/bin/bash
④ /etc/shadow 파일에 hacker:x:0:0:hacker:/hacker:/bin/bash

012 유닉스/리눅스 서버의 패스워드 파일을 보호하기 위해 파일 소유자인 root를 제외한 사용자의 접근을 제한하기 위한 안전한 권한설정 방법은 어느 것인가?

① /etc/passwd 파일의 권한을 755 이하이며, /etc/shadow 파일의 권한을 400로 설정
② /etc/passwd 파일의 권한을 755 이하이며, /etc/shadow 파일의 권한을 2400로 설정
③ /etc/passwd 파일의 권한을 644 이하이며, /etc/shadow 파일의 권한을 400로 설정

④ /etc/passwd 파일의 권한을 644 이하이며, /etc/shadow 파일의 권한을 2400으로 설정

013
Telnet, FTP 등 네트워크 서비스를 통한 외부 비인가자의 불법적인 접근 및 시스템 침해사고를 방지하기 위하여 접속가능한 IP주소를 통제한다. 다음 중 접속 IP통제에 대한 설명으로 맞는 것은?

① HP-UX의 경우 hosts.deny와 hosts.allow 파일에 접속 차단과 접속 허용 IP를 설정한다.
② SunOS의 경우 inetd.sec 파일에 접속 허용 IP를 설정한다.
③ Linux의 hosts.deny 파일에 ALL:ALL을 설정하면 hosts.allow파일에 접속허용 IP를 등록해도 접속이 되지 않는다.
④ SYSTAT, TALK, EXEC 서비스를 TCP Wrapper로 접근제어 가능하다.

014
다음은 sendmail 서비스를 안전하게 사용하기 위한 방법을 설명한 것이다. 이 중 틀린 것은?

① sendmail 버전이 8.13.8 이상인 sendmail 프로그램을 사용한다.
② sendmail.cf 파일에 smtp 릴레이 제한을 설정한다.
③ AIX에서 특정 IP, domain, email 주소 및 네트워크에 대한 sendmail 접근 제한 확인은 #cat /etc/mail/access 명령을 통해 확인한다.
④ 일반 사용자의 q 옵션을 사용한 Sendmail 실행을 방지하기 위해 sendmail.cf 파일의 O PrivacyOption= 설정 부분에 restrictqrun 옵션을 추가한다.

015
유닉스/리눅스에서 일반적으로 OS설치 시 자동으로 생성되는 시스템 계정들이 있다 불필요한 시스템 계정들도 검토를 통해 삭제하여야 하는데 다음 중 시스템 계정에 대한 설명으로 틀린 것은?

① sync : 백업을 위한 시스템 네트워크 복사 기능 제공
② uucp : 유닉스 시스템 간 파일을 복사 프로토콜
③ nscd : 네임서비스에 대한 캐시 기능 제공
④ UID : 100이하 또는 60000 이상의 계정들은 시스템 계정으로 로그인이 필요없음

016 다음은 utmp, wtmp, pacct 로그를 확인하기 위한 명령어를 올바르게 짝지은 것을 고르시오.

① utmp - # who, wtmp - (리눅스인 경우)# cat /var/log , pacct - (AIX인 경우)# pacct
② utmp - # tail, wtmp - (리눅스인 경우)# top, pacct - (솔라이스인 경우)# pacct
③ utmp - # w, wtmp - (리눅스인 경우)# lastcomm , pacct - (HP-UX인 경우)# acctcom
④ utmp - # finger, wtmp - (리눅스인 경우)# last , pacct - (AIX인 경우)# acctcom

017 리눅스에서 계정 생성에 관한 설명이다. 이 중 틀린 것은?

① # useradd -p 1234 test 명령으로 계정을 생성할 경우 /etc/shadow 파일의 비밀번호 필드에 1234 평문으로 저장된다.
② 계정 생성 시 UID값을 지정하기 위해서는 useradd 명령에 -u 옵션을 사용하여 UID값을 지정할 수 있다.
③ 계정 생성 시 특정 쉘을 지정하고 싶으면 useradd 명령에 -s 옵션을 사용하여 특정 쉡을 지정할 수 있다.
④ 계정의 유효기간을 지정하고 싶은 경우 useradd 명령에 -d 옵션을 사용하여 유휴 날(day) 수를 지정할 수 있다.

018 유닉스/리눅스에서 chmod 사용에 대한 설명이다. 이 중 틀린 것은?

① chmod 644 (파일명) : 파일 소유자의 권한은 읽기/쓰기 권한부여, 그룹과 나머지는 쓰기 권한 부여
② chmod 700 * : 현재 위치의 모든 파일과 디렉터리의 소유자에게 읽기/쓰기/실행하기 권한 부여
③ chmod -R 755 www : 소속 그룹 사용자에게 www 디렉터리 내 모든 파일과 디렉터리에 쓰기 권한 부여
④ chmod g+rw (파일명) : 파일이 속한 그룹에 읽기/쓰기 권한 부여

019 리눅스에서 shutdown 명령어에 대한 설명이다 다음 중 틀린 것은?

① shutdown -h 20:10 : 20분 10초 후에 시스템을 종료
② shutdown -r now : 즉시 시스템 재부팅
③ shutdown -c : 예약된 shutdown 명령을 취소
④ shutdown -h -P now: 즉시 시스템을 종료하고 파워 오프까지 수행

020 리눅스에서 passwd 명령어 사용에 대한 설명이다 다음 중 틀린 것은?

① # passwd -e : 패스워드를 즉시 만료 시킨다.
② # passwd -l : 패스워드를 즉시 잠금 설정하여 로그인 시 패스워드를 변경하여 사용하도록 한다.
③ # passwd -S : 실행결과 P로 표시되면 정상적인 상태이다.
④ # passwd -w : 패스워드 만료일 전 경로 기간(일수)를 변경할 수 있다.

제2과목 네트워크 보안

021 다음은 TCP 프로토콜에 대한 설명이다. 옳지 않은 것은?

① 3-Way Handshaking 방식으로 통신을 이루며, 데이터를 세그먼트 단위로 전송한다.
② OSI 7 Layer 중에 전송단계에서 TCP 프로토콜을 사용하며, 데이터의 원활한 전송을 위해 혼잡제어 기능을 수행한다.
③ TCP 헤더 구조에서 Flag로 ACK, PSH, RST, SYN, FIN, URG를 사용하며, 긴급한 데이터냐 아니냐를 말해주는 필드는 URG(Urgent Pointer)이며, 긴급할 때 값은 10, 아닐때는 0의 값을 가진다.
④ 프로세스 간의 통신을 개설하고, 전송 단계에서 흐름제어와 오류 제어를 제공한다. 흐름 제어를 위해서는 슬라이딩 윈도우를 사용하고, 오류 제어를 위해서는 확인 응답 패킷, 시간 초과, 재전송 방식을 사용한다.

022 IP V.4와 IP V.6에 대한 설명으로 옳지 않은 것은?

① IP V.4 보다 IP V.6에서는 헤더 필드가 더 단순해 졌으며, 총 40바이트로 구성되어 있다.
② IP V.4는 4개의 옥텟(.)으로 구분하고, 하나의 옥텟당 8비트로 총 32비트로 구성되어 있다.
③ IP V.6는 16진수 8개(:으로 구분)로 구성되어 총 128비트로 구성되어 있다.
④ IP V.6 헤더 에서는 체크섬 필드가 신규로 생겼으며, Flow Label이 삭제되었다.

023 다음 설명 중 옳지 않은 것은?

① 서브넷팅과 마찬가지로 수퍼넷팅도 넷마스크에서 호스트 주소 영역을 네트워크 주소 영역으로 사용하는 것을 의미한다.
② CIDR은 192.168.0.0(24)으로 표시 한다.
③ VLSM(Variable Length Subnet Mask)은 네트워크에서 다양한 길이의 서브넷 마스크를 사용하는 것을 뜻한다.
④ CIDR(Classless Inter-network Domain Routing)은 넷마스크의 비트 정보를 십진수가 아니라 비트의 개수로 표시하는 방법이다.

024 다음 설명 중 옳지 않은 것은?

① 브로드캐스트는 IP 네트워크에 있는 모든 로컬 네트워크 호스트로 데이터를 전송하는 방식이다.
② 유니캐스트는 하나의 송신자가 다른 하나의 수신자에게 1:1로 전송하는 방식이다.
③ 멀티캐스트는 그룹주소(group address)를 가지고 연속적인 데이터를 전송하는 방식이므로, 데이터 중복 전송으로 인한 네트워크 자원 낭비가 크다.
④ 유니캐스트 전송방식은 데이터를 보내는 송신자측에서 지정된 수신자측의 IP 주소로만 데이터가 전송된다.

025 DNS에 대한 설명이다. 다음 설명 중 옳지 않은 것은?

① DNS는 도메인 혹은 호스트 이름을 숫자로 된 IP 주소로 해석해 주는 TCP/IP 네트워크 서비스이다.
② 계층적 이름 구조를 갖는 분산형 데이터 베이스로 구성되고 클라이언트·서버 모델을 사용한다.
③ DNS 마스터 서버의 이상시 운영되며, 마스터 서버와 동일한 설정을 가진 서버는 캐싱(Caching) 서버이다.
④ 네임서버 환경 설정 파일은 '/etc/named.conf'이다.

026 SNMP에 대한 설명이다. 다음 설명 중 옳지 않은 것은?

① SNMP는 통신과정에서 인증을 위해 Community Sting을 사용한다.
② 기본적으로 Community string은 Public 한가지로만 설정되어 있다.
③ SNMP 버전 2 에서는 없었던 암호화(DES, MD5 알고리즘)와 보안 기능 및 PDU 타입 정의 기능이 추가되었다.
④ 종합된 정보들은 MIB(Management Infomormation Base)를 통해 DB에 저장된다.

027 스위치 특징에 대한 설명이다. 다음 설명 중 옳지 않은 것은?

① Store and Forward 방식은 전체 프레임을 모든 메모리에 수신한 후 포워딩 한다.
② Cut Through 방식은 프레임을 수신하는 대로 스위치가 목적지 주소를 확인한 후 바로 포워딩하며, 신뢰도가 높은 방식이다.
③ Adaptive 방식은 Store and Forward, Cut Through, Fragment Free 방식을 통합한 개념이다.
④ Layer 4 스위치는 로드 밸런싱을 지원하고, 보안성이 높다.

028 다음은 VLAN에 대한 설명이다. 다음 설명 중 옳지 않은 것은?

① IP 주소에 의한 VLAN 구성방식이 가능하다.
② 프로토콜에 의한 VLAN(Protocol based VLAN) 구성방식은 1~3계층 모두 사용 가능하고, 프로토콜 종류뿐만 아니라, MAC 주소나 포트번호를 모두 사용한다.
③ VLAN의 특징은 모든 스위치의 모든 포트로 브로드캐스트 프레임을 전송한다.
④ VTP는 802.1Q 프로토콜을 사용하고, VTP는 전체 네트워크에 걸쳐 VLAN 구성의 일관성을 유지시킨다.

029 다음은 각종 유틸리티 및 명령어에 대한 설명이다. 다음 설명 중 옳지 않은 것은?

① Netstat은 네트워크 상태를 확인하는 명령어로써 네트워크 관련정보를 확인하는 데 사용한다.
② Tcpdump는 커멘트 창에서 실행하는 백업 프로그램이다.
③ traceroute(tracert)는 목적하는 서버에 이르기까지 어떤 라우터를 통해 도착하는지를 조사하는 명령어다.
④ Wireshark(와이어샤크)는 패킷 분석 프로그램(툴)이다.

030 다음은 라우팅의 루프 문제를 해결하기 위한 방식에 대한 설명이다. 다음 설명 중 옳지 않은 것은?

① Maximum Hop Count를 이용하여 30을 최대홉으로 결정하고 이를 넘어가는 값은 unreachable로 간주하며 Flush Time이 지난 후에도 지속 보유한다.
② Hold down 타이머를 사용하여 Hold down 타이머가 동작하는 중에는 외부에서 라우팅 경로 정보를 받아도 무시한다.
③ Posion Reverse 방식은 라우터가 네트워크 경로를 라우팅 테이블에 지우는 것이 아니라 네트워크 도달 홉 카운트를 높여서 도달 불가능하는 곳으로 지정한다.
④ Split Horizon 방식은 라우팅 정보가 들어온 곳으로는 같은 정보를 내보낼 수 없다.

031 다음은 ACL 적용에 대한 것이다. 다음 괄호안에 들어갈 내용 중 올바른 것은?

```
인터페이스 s0에 들어오는 패킷에 대한 정책이다.
    # interface ( ㉠ )
    # ( ㉡ ) access-group 101 ( ㉢ )
    # access-list 101 deny ( ㉣ ) 10.0.0.0 0.255.255.255 any
```

① ㉠ e0, ㉡ ip, ㉢ in
② ㉡ tcp, ㉣ packet
③ ㉢ in, ㉣ ip
④ ㉠ s0, ㉡ ip, ㉢ input

032 다음은 무선랜 언어 및 프로토콜 등에 대한 설명이다. 다음 설명 중 옳지 않은 것은?

① WTLS는 무선 인증(Authentication), 기밀성에 대한 보안 서비스를 제공한다.
② WAP(wireless application protocol)는 인터넷 상의 데이터를 휴대 전화와 같은 무선 단말 기에서 취급하기 쉽도록 변환하기 위한 프로토콜이다.
③ WTLS는 인터넷의 TLS(SSL)를 근간으로 작성된 무선 인터넷용 보안 프로토콜이다.
④ WPKI(Wireless Public Key Infrastructure)는 무선 인터넷 대칭키 기반 구조이다.

033 다음 공격에 대한 대처방법 설명으로 가장 옳지 않은 것은?

```
root@bt: ~
File Edit View Terminal Help
root@bt:~# hping3 192.168.10.255 -a 192.168.10.101 --icmp --flood
HPING 192.168.10.255 (eth0 192.168.10.255): icmp mode set, 28 headers + 0 data bytes
hping in flood mode, no replies will be shown
```

① 피해지에서 echo reply message의 rate-limit를 설정하여 한꺼번에 reply message가 들어오는 것을 막는다.
② 증폭네트워크가 되는 것을 막기 위해서 IP Broadcast 패킷에 응답하지 않도록 설정한다.
③ 라우터는 외부의 망에서 IP Broadcast를 받지 않게 설정한다.
④ 시스템에서 icmp 프로토콜에서 전송할 수 있는 패킷 사이즈를 크게 늘린다.

034 다음 설명과 거리가 먼 것은?(ping of death)

> 인터넷 프로토콜 허용 범위(6만 5536바이트) 이상의 큰 패킷을 고의로 전송하여 발생한 서비스 거부(DoS) 공격. 공격자의 식별 위장이 용이하고 인터넷 주소 하나만으로도 공격이 가능하다. 미래의 변종 공격에 대비하여 침입 차단 시스템을 사용해 인터넷 제어 메시지 프로토콜(ICMP) 핑 메시지를 차단하는 기술이 개발되었다.

① jolt
② sPING
③ ICMP bug
④ Burp suite

035 다음은 사이버 공격 기법에 대한 설명이다. 각각 알맞은 것은?

> - ( ) 공격은 배너 그래빙(Banner Grabbing) 및 Telnet/SSH 접속 시 원격지 서버 혹은 라우터 등의 장비 정보를 획득 한다.
> - ( )에 감염되면 문서, 이미지, 동영상 파일 등을 암호화 한다. 그런 후 악의적인 공격자는 돈을 요구하는 악성코드이다.

① backdoor, 랜섬웨어,
② 피싱, Stealth SCAN
③ SCAN, Trojan
④ Finger printing, 랜섬웨어

036 IP Spoofing 공격 순서로 올바르게 연결된 것은?

> ㉠ 공격자는 송신사 IP를 클라이언트 B의 주소로 변조 후 SYN 패킷을 서버에 보낸다.
> ㉡ 서버는 클라이언트 B에 ACK+SYN 패킷을 보낸다.
> ㉢ 클라이언트 B는 SYN을 보낸 적이 없으므로 RST 패킷을 보낸다.
> ㉣ 서버와 클라이언트는 세션을 종료한다.

① ㉠-㉡-㉢-㉣
② ㉡-㉠-㉢-㉣
③ ㉢-㉠-㉡-㉣
④ ㉠-㉢-㉡-㉣

037 다음은 SSL Strip을 이용한 Sniffing공격을 순차적으로 나열한 것이다. 괄호에 들어갈 단어로 적절한 것은?

> ㉠ 사용자가 쇼핑몰 홈페이지에 최초 접근 시 HTTP를 사용하게 되며, 이후 로그인을 시도
> ㉡ 로그인시 SSL통신이 이뤄질 수 있도록 서버는 사용자를 ( )로 유도
> ㉢ 공격자는 서버로부터 전달받은 URL을 ( )가 아닌 HTTP로 변조하여 사용자에게 전달
> ㉣ 사용자는 HTTP를 통해 로그인하게 되어, 공격자가 사용자 계정 정보를 Sniffing할 수 있음

① SERVER
② VPN
③ HOST
④ HTTPS

038 다음은 VPN 및 ESM 시스템에 대한 설명이다. 다음 중 틀린 것은?

① VPN 사용시 모든 데이터가 암호화 되고, 외부에서 내부 네트워크에 있는 것처럼 사용할 수 있다.
② ESM(Enterprise Security Management)이란 다양한 보안 시스템에서 발생한 탐지 로그를 하나의 장비로 수집하는 시스템이다.
③ VPN으로 인증절차를 통과할 경우 내부 네트워크 침투가 쉽다.
④ L2TP는 IP 패킷 전체를 캡슐화하는 Tunnel Mode 와 정보(payload)만 보호(캡슐화)하는 Tranport Mode를 지원한다.

039 IPSEC에 대한 설명으로 틀린 것은?

① IPSEC은 AH(Authentication Header)를 이용하며, 해시 결과값을 통해 패킷의 무결성을 제공한다.
② IPSEC을 구성하는 ESP(encapsulating Security PayLoad)는 데이타의 기밀성을 제공한다.
③ IPSEC의 모드 중 전송모드는 원래의 IP와 Payload를 같이 암호화하고 새로운 IP 헤더를 생성하여 전송하게 된다
④ 터널모드는 트래픽 분석을 하더라도 최종 목적지는 알 수가 없고, 터널의 End Point만 알 수 있다.

040 파밍에 대한 설명 중 틀린 것은?

① hosts 파일을 변조하여 가짜 사이트로 유도한다.
② hosts.ics 파일을 변조하여 가짜 사이트로 유도한다.
③ 네트워크에 설정된 DNS 서버를 수정하여 가짜 사이트로 유도한다.
④ 인터네상에서 웹 주소를 잘 알려진 도메인과 비슷한 도메인을 만들어 사용자의 접속을 유도한다.

제3과목 어플리케이션 보안

041 다음 중 DNSSEC 기술에 대한 설명 중 틀린 것은?

① DNSSEC는 기존의 DNS를 대체하는 것으로 DNS에 공개키 암호화 방식의 전자서명을 추가 부여하는 역할을 한다.
② DNSSEC으로 인해, DNS Data 원본을 가지고 있는 DNS Server는, 각 DNS Data에 대한 서명데이터가 추가된다.
③ IPv4인 경우, A 레코드에 대한 전자서명으로 RRSIG 레코드가 생성된다.
④ DNSSEC으로 인해, DNS Query의 응답으로 A 레코드와 함께 RRSIG 레코드도 함께 응답된다.

042 다음 중 용어 설명이 잘못된 것은?

① 이메일 등을 이용하여 실제 도메인과 비슷한 가짜 도메인 명을 사용해 공격하는 기법을 피싱(Phishing)이라 한다.
② DNS Server나 호스트파일 등 사용자 컴퓨터의 DNS Cache를 변조해서 공격하는 기법을 파밍(Pharming)이라 한다.
③ 최근 유행하는 문자메시지에 링크를 삽입하여 이용하는 공격을 스미싱(Smishing)이라 한다.
④ DNSSEC으로 예방가능한건 공격기법은 피싱 공격이다.

043 아래 설명하는 서비스 공격유형은 무엇인가?

- FTP 서버가 데이터를 전송할 때, 목적지를 검사하지 않는 설계상의 문제점을 이용한 공격
- 공격자가 FTP 서버를 거쳐 간접적으로 임의의 호스트에 접근하거나 존재 여부를 파악 가능

① FTP Poison Attack
② FTP Spoofing Attack
③ FTP Bounce Attack
④ FTP Reconnection Attack

044 다음 중 FTP 공격에 대한 대응 방법 중 옳지 않은 것은?

① FTP 서버 접속 시, /(Root)로 접속하는 것을 차단한다.
② Anonymous FTP 서버의 경우, 디렉토리 소유자와 퍼미션을 관리한다.
③ Anonymous 계정을 위한 디렉토리를 별도로 만들고 소유자는 사용자로 하고 읽기 권한만 준다.
④ FTP 자체의 취약점 존재 여부를 주기적으로 확인하고, 업데이트 한다.

045 아래 설명하는 것은 무엇인가?

- Application Layer에서 보안을 제공하는 대표적인 프로토콜
- MIME 객체에 암호화와 전자서명을 기능을 추가함
- PKI 인증서를 사용

① PEM/MIME
② S/MIME(Secure/MIME)
③ PGP/MIME
④ PGP(Pretty Good Privacy)

046 다음은 PGP가 사용하는 공개키 암호화의 과정을 설명하고 있다. 아래 붉은색 박스에 들어갈 내용은 무엇인가?

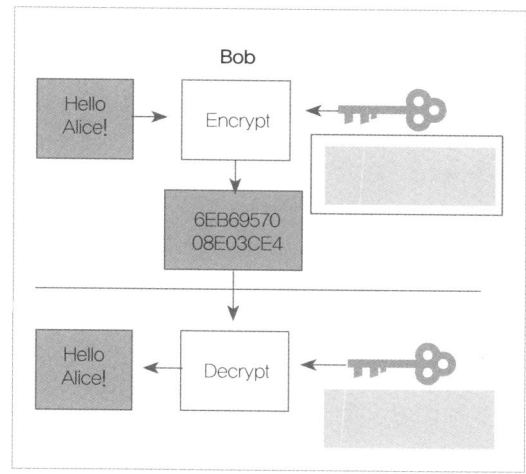

① Alice's public key
② Alice's private key
③ Bob's public key
④ Bob's private key

047 아래에서 설명하는 공격기법은 어떤 취약점을 설명한 것인가?

- 리눅스 계열 OS에서 주로 사용하는 GNU Bash에서 공격자가 원격에서 악의적인 시스템 명령을 실행할 수 있는 취약점
- 영향을 받는 프로그램들 중 가장 대표적인 것은 CGI(Common Gateway Interface)로 CGI 웹서버 및 NAS 장비등으로 공격이 확산됨
- 취약점은 원격명령 실행, 잘못된 메모리 접근 등이 있음
- 공격유형은 리버스쉘연결, 악성코드 다운로드, 패스워드 파일 탈취 등이 있음

① HeartBleed
② Ghost
③ ShellShock
④ Freak

048 아래에서 설명하는 공격기법은 어떤 취약점을 설명한 것인가?

- SSL을 통해 강제로 취약한 RSA로 다운 그레이드 시킬 수 있는 취약점
- OpenSSL s3_clnt.c의 ssl3_get_key exchange 함수에서 발생하는 취약점으로 공격자가 MITM(Man In The Middle Attack)을 통해 512비트 RSA로 다운 그레이드 시켜 정보를 유출
- 서버 운영자의 경우 해당 취약점을 해결하기 위해서는 OpenSSL 1.0.2 버전으로 업그레이드

① HeartBleed
② Ghost
③ ShellShock
④ Freak

049 다음의 취약점이 발견된 순서대로 나열한 것은 무엇인가?

(ㄱ) HeartBleed
(ㄴ) Ghost
(ㄷ) ShellShock
(ㄹ) Freak

① (ㄱ)(ㄴ)(ㄷ)(ㄹ)
② (ㄴ)(ㄷ)(ㄹ)(ㄱ)
③ (ㄱ)(ㄷ)(ㄴ)(ㄹ)
④ (ㄹ)(ㄴ)(ㄷ)(ㄱ)

050 다음 중 2013 OWASP TOP 10의 항목과 가장 거리가 먼 것은?

① 크로스 사이트 요청 변조
② 취약한 직접객체 참조
③ 보안설정 오류
④ 불완전한 암호화 통신

051 다음은 무엇에 대한 설명인가?

> 주문정보의 메시지 다이제스트와 지불정보의 메시지 다이제스트를 합하여 다시 이것의 메시지 다이제스트를 구한 후 고객의 서명용 개인키로 암호화를 수행

① 메시지 인증 코드
② 이중 서명
③ 전자 서명
④ 해쉬

052 전자 화폐의 기본 프로토콜 구성과 거리가 먼 것은?

① 인출 프로토콜(withdrawal protocol)
② 지불 프로토콜(payment protocol)
③ 구매 프로토콜(buy protocol)
④ 예치 프로토콜(deposit protocol)

053 다음 정보 보호 기술 중 사용 목적이 가장 유사한 것을 묶은 것은?

① 이중 서명 - 키 분배
② OTP - 은닉채널
③ 워터마킹 - 핑거프린팅
④ 스테가노그래피 - SSL

054 저작권 보호 기술에 대한 설명 중 틀린 것은?

① 워터 마크는 저작권 보호를 위해 고안된 기술이다.
② 강성 워터 마킹(Robust Watermarking)로 저작권자를 증명할 수 있다.
③ 연성 워크 마킹(Fragile Watermarking)은 위조, 변조 행위를 감지하기 위한 기술이다.
④ 핑거 프린트는 불법 유통을 원천 차단하기 위한 기술이다.

055 컨텐츠 보호를 위한 워터마크를 공격하는 기법으로 거리가 먼 것은?

① 제거 공격
② 비동기화 공격
③ 프로토콜 공격
④ 위조 공격

056 데이터베이스에서 릴레이션의 속성 집합이 다른 릴레이션의 기본키로 이용되는 키(Key)는 무엇인가?

① 기본키
② 외래키
③ 후보키
④ 대체키

057 최근 다양한 유형의 대규모 데이터 처리를 위해 NoSQL이 산업 현장에 널리 활용되고 있다. 다음 보기에서 NoSQL 유형이 아닌 것은 무엇인가?

① MongoDB
② Cassandra
③ CouchDB
④ mySQL

058 데이터베이스 트랜잭션의 특징에 대한 설명으로 틀린 것은?

① 원자성 : 트랜잭션은 데이터 반영의 최소 단위로 모두 반영 또는 모두 취소되어야 한다.
② 일관성 : 트랜잭션 처리 결과 오류 없는 유효한 데이터가 저장되어야 한다.
③ 독립성 : 두 개 이상의 트랜잭션이 동시 실행 시 각각의 트랜잭션은 다른 트랜잭션에 영향을 줄 수 없으며, 처리 중인 트랜잭션의 내용은 다른 트랜잭션이 참조 불가하다.
④ 영속성 : 보관중인 데이터는 임의적인 변경이 없는 한 영구적인 저장을 보장해야 한다.

059 버퍼 오버플로우 공격 대응 방법으로 가장 거리가 먼 것은?

① 최소 권한으로 프로그램이 실행되도록 설정한다.
② 스택 가드와 같은 보안 프로그램으로 스택을 보호한다.
③ set noexec_user_stack = 1을 설정한다.
④ prinf() 함수에서 형식 지정 문자열의 이상 여부를 점검한다.

060 SW 개발 보안 기법 중 다음과 같은 보안 약점은 어떤 유형으로 분류할 수 있는가?

> - 무결성 검사 없는 코드 다운로드
> - 적절하지 않은 난수 값 사용
> - 주석문 안에 포함된 시스템 주요 정보

① 코드 오류
② 입력데이터 검증 및 표현
③ 보안 기능
④ 시간 및 상태

제4과목 정보보안 일반

061 접근통제 정책 중 임의적 접근통제(DAC : Discretionary Access Control)에 대한 설명으로 잘못된 것은?

① 정책상 접근을 유연하게 대응할 수 있으며, 구현이 쉽다.
② DAC 구현은 접근통제 목록을 통해서 구현된다.
③ 접근을 요청하는 객체에 대하여 사용자가 접근 권한의 추가나 삭제가 가능하다.
④ 모든 개개의 주체와 객체단위로 접근 권한 설정을 할 수 없다.

062 다음 중 메시지 위협의 대응방안으로 잘못된 내용을 고르시오.

① 메시지 인증 : 수신된 메시지 출처가 주장된 곳에서 온 것인지 변조된 것인지 확인
② 메시지 출처 인증 : 메시지 내의 송신자 필드에 기록된 송신자와 일치하는지 검증
③ 순서변경 : 통신 상대방들의 메시지 순서를 변경하여 변조를 확인
④ 단독인증 : 통신하는 개체들 사이에 실제인증을 한쪽으로만 검증

063 클락 윌슨 모델에 대한 설명으로 잘못된 것은?

① 무결성을 위한 접근통제 모델이다.
② 주체가 권한을 직접 접근하는 것이 아니라 프로그램을 통해서 접근하는 것이다.
③ 효율적인 업무처리, 임무 분할을 기준으로 설계되었다.
④ 비바모델보다 더욱 더 기밀성을 높인 접근통제 모델이다.

064 다음 중 높은 주체가 낮은 객체의 정보를 읽을 수 없는 속성(no-read-down)을 갖는 접근통제 기법은?

① 비바(biba)
② 벨-라파듈라(bell-lapadula)
③ 클락윌슨(clark wilson)
④ 테이크그랜트(take grant)

065 무결성을 중심으로 상업성을 갖는 접근통제 모델은 무엇인가?

① 비바(biba)
② 벨-라파듈라(bell-lapadula)
③ 테이크그랜트(take grant)
④ 클락윌슨(clark wilson)

066 다음 중 공개키 암호시스템에 대한 설명으로 잘못된 것은?

① 사용자가 증가해도 관리해야 할 키의 개수가 많지 않다.
② 암호화/복호화 키를 자주 변경하지 않아도 된다.
③ 개인키만 비밀로 보관하면 된다.
④ 대칭키 암호시스템보다 키의 길이가 상대적으로 짧다.

067 Diffie-Hellman 키 교환 프로토콜에서 man-in-the-middle 공격에 취약하다. 그 이유는 무엇인가?

① 타임 스탬프를 사용하지 않는다.
② 유효기간이 표시되지 않는다.
③ 메시지의 인증 과정이 없다.
④ 난수를 사용하지 않는다.

068 데이터를 암호화하는데 사용되는 RSA 기법에 대한 설명으로 잘못된 것은?

① 암호화키를 사용하여 복호화키를 유도하는 것은 가능하다.
② 암호화키를 일반적으로 공개키라고도 한다.
③ 복호화키는 반드시 비밀로 보호되어야 한다.
④ 암호화키와 복호화키는 별도로 사용한다.

069 다음 중 전자서명법 제4조의 규정에 의하여 지정된 공인인증기관이 아닌 곳은?

① 금융보안원
② 한국정보인증
③ 한국무역정보통신
④ (주)코스콤

070 다음 중 전자 투표의 종류 아닌 것은 무엇인가?

① PSEV(Poll Site E-Voting)
② 키오스크(Kiosk E-Voting)
③ REV(Remote Internet E-Voting)
④ IEV(Indirect Internet E-Voting)

071 다음 중 전자서명법 제15조의 규정에 의하여 공인인증서의 필수사항이 아닌 것은 무엇인가?

① 가입자의 전자서명검증정보
② 공인인증서의 일련번호
③ 공인인증서의 유효기간
④ 가입자의 소속

072 다음 중 전자서명법 제2조의 규정에 의하여 공인전자서명의 요건에 해당되지 않는 것은 무엇인가?

① 서명 당시 가입자가 전자서명 생성정보를 보관하고 있을 것
② 전자서명생성정보가 가입자에게 유일하게 속할 것
③ 전자서명이 있은 후에 당해 전자서명에 대한 변경여부를 확인할 수 있을 것
④ 전자서명이 있은 후에 당해 전자문서의 변경여부를 확인할 수 있을 것

073 다음 중 비밀키 암호 공격 방법으로 옳지 않은 것은?

① Brute Force 공격
② 재전송 공격
③ 선형암호분석 공격
④ 선택평문 공격

074 접근통제기법 중 민감도 레이블(Sensitivity Label)에 영향을 받는 접근통제 방법은?

① 임의적 접근통제(DAC)
② 강제적 접근통제(MAC)
③ 역할기반 접근통제(RBAC)
④ 접근통제리스트(ACL)

075 접근통제 기법과 기술에 대한 설명으로 옳지 않은 것은?

① 특정한 규칙에 기반하여 규칙을 지정하고 통제하는 것을 규칙기반 통제라고 한다.
② 역할기반 통제는 객체에 대한 주체의 역할에 의해 결정되는 통제를 말한다.
③ 능력테이블은 객체에 속한 그의 능력대로 ACL에 통제를 받는다.
④ 사용자와 객체 간의 접근 범위를 테이블로 만든 것이 접근통제 매트릭스이다.

076 OCSP(Online Certificate Status Protocol)의 설명으로 옳지 않은 것은?

① RFC 3280을 따른다.
② 실시간으로 인증서 유효성을 검증할 수 있는 프로토콜이고 인증서가 폐기되면 실시간으로 그 폐기가 반영된다.
③ 특정 CA기관과 사용계약을 맺어야 하고 사용량에 따라 추가 비용을 지불해야 한다.
④ 서버용 인증서는 1년마다 교체해야 한다.

077 SHA와 MD5에 대한 설명으로 옳지 않은 것은?

① SHA와 MD5는 모두 MD4로부터 유래하여 서로 유사하다.
② SHA에 의한 해쉬코드가 MD5에 의한 해쉬코드보다 32비트 더 길다.
③ 단순성과 간결성 관점에서 SHA가 MD5보다 유리하다.
④ MD5는 32비트 단어 계열로서 메시지를 해석하는데 big-endian 방식을 사용한다. 반면 SHA는 little-endian 방식을 사용한다.

078 해쉬함수(Hash Function)의 공격방법 중 옳지 않은 것은?

① 일치블록 연쇄공격
② 중간자 연쇄공격
③ 고정점 연쇄공격
④ IP Spoofing 공격

079 다음 중 전자서명법 시행규칙에서 신원확인의 기준 및 방법에 포함되지 않는 것은 무엇인가?

① 주민등록번호
② 운전면허번호
③ 여권번호
④ 외국인등록번호

080 PMI에 대한 설명으로 틀린 것은 무엇인가?

① 사용자의 권한 정보 관리를 통한 접근 제어 서비스를 지원한다.
② PKI가 전자서명을 이용한 사용자 인증에 중점을 두고 있다면, PMI는 인증 소유자들의 특정 권한 등을 사용자 속성(Attribute)으로 정의한다.
③ 속성 인증서(Attribute Certificate)를 발급, 갱신, 관리해주는 정보보호 기반 구조를 말한다.
④ PMI에서는 일반적으로 사용자의 신원확인과 사용자의 권한정의를 동시에 정의한다.

제5과목 정보보안관리 및 법규

081 다음은 개인정보보호법 상 개인정보처리자가 개인정보보호법을 위반한 경우 손해배상에 관한 규정이다. (A)와 (B)에 적합한 용어는?

> 정보주체는 개인정보처리자가 이 법을 위반한 행위로 손해를 입으면 개인정보처리자에게 손해배상을 청구할 수 있다. 이 경우 그 (A)는 고의 또는 (B)가/이 없음을 입증하지 아니하면 책임을 면할 수 없다.

① A : 정보주체, B : 부주의
② A : 개인정보처리자, B : 과실
③ A : 정보주체, B : 과실
④ A : 개인정보처리자, B : 부주의

082 다음 중 개인정보보호법 상 개인정보를 제3자에게 제공하기 위하여 동의를 받는 경우에 이용자에게 알려야 하는 사항은?

> ㄱ. 개인정보를 제공받는 자
> ㄴ. 개인정보를 제공받는 자의 개인정보 이용 목적
> ㄷ. 제공하는 개인정보의 항목
> ㄹ. 개인정보를 제공받는 자의 개인정보 보유 및 이용 기간
> ㅁ. 동의를 거부할 권리가 있다는 사실 및 동의 거부에 따른 불이익이 있는 경우에는 그 불이익의 내용

① ㄱ, ㄴ, ㄷ, ㄹ
② ㄱ, ㄴ, ㄷ, ㅁ
③ ㄱ, ㄷ, ㄹ, ㅁ
④ ㄱ, ㄴ, ㄷ, ㄹ, ㅁ

083 다음 중 개인정보보호법상 수집한 목적 범위에서 개인정보를 제3자에게 제공할 수 있는 사유에 해당되지 않는 것은?

① 법률에 특별한 규정이 있거나 법령상 의무를 준수하기 위하여 불가피한 경우
② 공공기관이 법령 등에서 정하는 소관 업무의 수행을 위하여 불가피한 경우

③ 정보주체와의 계약의 체결 및 이행을 위하여 불가피하게 필요한 경우
④ 정보주체 또는 그 법정대리인이 의사표시를 할 수 없는 상태에 있거나 주소불명 등으로 사전 동의를 받을 수 없는 경우로서 명백히 정보주체 또는 제3자의 급박한 생명, 신체, 재산의 이익을 위하여 필요하다고 인정되는 경우

084 다음 중 정보통신망법상 개인정보 누출 시 통지·신고에 관한 내용으로 옳지 않은 것은?

① 정보통신서비스 제공자 등은 개인정보의 누출 사실을 인식할 때에는 지체없이 이용자에게 통지해야 한다.
② 정보통신서비스 제공자 등 개인정보의 누출시 이용자에게 알려야 할 사항은 누출이 된 개인정보 항목, 누출이 발생한 시점, 이용자가 취할 수 있는 조치, 정보통신서비스 제공자 등의 대응 조치, 이용자가 상담 등을 접수할 수 있는 부서 및 연락처이다.
③ 정보통신서비스 제공자 등은 누출 사실을 인식할 때에는 지체 없이 방송통신위원회 또는 한국인터넷진흥원에 신고하여야 한다.
④ 정보통신서비스 제공자 등은 정당한 사유 없이 누출 사실을 인식할 때부터 48시간을 경과하여 통지·신고해서는 아니 된다.

085 정보통신망법의 개인정보의 기술적·관리적 보호조치 기준에 규정된 접근통제에 관한 내용으로 옳지 않은 것은?

① 정보통신서비스 제공자 등은 전보 또는 퇴직 등 인사이동이 발생하여 개인정보취급자가 변경되었을 경우 지체 없이 개인정보처리시스템의 접근권한을 변경 또는 말소한다.
② 정보통신서비스 제공자 등은 개인정보취급자에 대한 권한 부여, 변경 또는 말소에 대한 내역을 기록하고, 그 기록을 최소 5년간 보관한다.
③ 전년도 말 기준 직전 3개월간 그 개인정보가 저장·관리되고 있는 이용자수가 일일평균 100만명 이상이거나 정보통신서비스 부문 전년도(법인인 경우에는 전 사업연도를 말한다) 매출액이 100억원 이상인 정보통신서비스 제공자 등은 개인정보처리시스템에서 개인정보를 다운로드 또는 조회할 수 있거나 개인정보처리시스템에 대한 접근권한을 설정할 수 있는 개인정보취급자의 컴퓨터 등을 물리적 또는 논리적으로 망분리 하여야 한다.
④ 정보통신서비스 제공자 등은 이용자가 안전한 비밀번호를 이용할 수 있도록 비밀번호 작성규칙을 수립하고, 이행한다.

086 정보통신망법의 개인정보의 기술적·관리적 보호조치 기준에서 규정된 저장시 양방향 암호화 대상은?

```
ㄱ. 비밀번호            ㄴ. 주민등록번호
ㄷ. 여권번호            ㄹ. 운전면허번호
ㅁ. 외국인등록번호      ㅂ. 민감정보
ㅅ. 신용카드번호        ㅇ. 계좌번호
ㅈ. 바이오정보
```

① ㄱ, ㄴ, ㄷ, ㄹ, ㅁ, ㅂ, ㅅ, ㅇ, ㅈ
② ㄴ, ㄷ, ㄹ, ㅁ, ㅂ, ㅅ, ㅇ, ㅈ
③ ㄴ, ㄷ, ㄹ, ㅁ, ㅅ, ㅇ, ㅈ
④ ㄴ, ㄷ, ㄹ, ㅁ, ㅂ, ㅅ, ㅇ

087 정보통신망법의 개인정보의 기술적·관리적 보호조치 기준에 규정된 내용으로 옳지 않은 것은?

① 백신 소프트웨어는 보안 프로그램의 자동 업데이트 기능을 사용하거나, 또는 일 1회 이상 업데이트를 실시하여 최신의 상태로 유지한다.
② 정보통신서비스 제공자 등은 개인정보가 포함된 보조저장매체의 반출·입 통제를 위한 보안대책을 마련하여야 한다.
③ 정보통신서비스 제공자 등은 개인정보 업무처리를 목적으로 개인정보의 조회, 출력 등의 업무를 수행하는 과정에서 개인정보보호를 위하여 개인정보를 마스킹하여 표시제한 조치를 취해야 한다.
④ 정보통신서비스 제공자 등은 개인정보가 포함된 종이 인쇄물, 개인정보가 복사된 외부 저장매체 등 개인정보의 출력·복사물을 안전하게 관리하기 위해 출력·복사 기록 등 필요한 보호조치를 갖추어야 한다.

088 정보통신망법 상 규정된 이용자의 권리에 해당되지 않는 것은?

① 개인정보 수집·이용·제공 등의 동의를 철회할 권리
② 개인정보 처리의 정지를 요구할 권리
③ 개인정보를 열람이나 제공을 요구할 권리
④ 개인정보에 오류가 있는 경우에는 그 정정을 요구할 권리

089 개인정보 보호법의 개인정보에 개념 및 범위에 관한 설명으로 옳지 않은 것은?

① 이미 사망하였거나 실종선고 등 관계 법령에 의해 사망한 것으로 간주 되는 자에 관한 정보는 개인정보로 볼 수 있다.
② 법인(法人)이나 단체에 관한 정보는 원칙적으로 개인정보에 해당하지 않는다. 예를 들어 법인 또는 단체의 이름(상호), 사업자등록번호, 영업소 주소 및 전화번호, 대표자 성명 등 임원 현황, 자산 또는 자본의 규모, 주가, 영업실적, 납세실적, 영업비밀 등은 이 법에 따른 보호대상에 해당하지 않는다.
③ 특정 단체 임원들의 평균연봉, 특정 대학의 해당연도 졸업생의 취업률 등의 정보는 단지 전체적인 통계적 정보만을 보여줄 뿐 특정 개인과의 관련성이 없는 정보이므로 개인정보에 해당하지 않는다.
④ 특정 개인의 신장, 체중, 나이 등 객관적 사실에 관한 정보에서부터, 직장에서 직원에 대한 근무평가나 금융기관에서 개인의 신용도 평가 등 그 사람에 대한 제3자의 의견·평가와 같은 주관적 정보도 개인정보에 해당된다.

090 개인정보 안정성 확보조치 기준의 아래 용어정의가 가장 옳게 표시된 것은 무엇인가?

① "위험도 평가"란 개인정보처리시스템에 적용되고 있는 개인정보보호를 위한 수단과 개인정보 유출시 정보주체의 권리를 해할 가능성 및 그 위험의 정도를 분석하는 행위를 말한다.
② "중소사업자"란 상시 근로자 수가 5인 이상 50인 미만인 개인정보처리자를 말한다.
③ "공개된 무선망"은 특정 다수가 무선접속장치(AP)를 통하여 인터넷을 이용할 수 있는 망을 말한다.
④ "개인정보처리시스템"은 개인정보를 처리할 수 있도록 체계적으로 구성한 데이터베이스시스템을 말하며, 중소사업자의 내부 직원 개인정보만을 포함한 시스템의 경우에도 포함한다.

091 정보통신망법에 규정된 개인정보 유효기간제(휴면계정 파기)에 대한 설명으로 옳지 않은 것은?

① 정보통신서비스 제공자등은 정보통신서비스를 1년의 기간 동안 이용하지 아니하는 이용자의 개인정보를 보호하기 위하여 개인정보의 파기 등 필요한 조치를 취하여야 한다.
② 정보통신서비스 제공자등은 정보통신서비스를 1년동안 이용하지 않은 이용자 대상으로 만료 30일 전까지 개인정보가 파기되거나 분리되어 저장·관리되는 사실과 기간 만료일 및 해당 개인정보의 항목을 전자우편·서면·모사전송·전화 또는 이와 유사한 방법 중 어느 하나의 방법으로 이용자에게 알려야 한다.

③ 정보통신서비스 제공자등은 이용자가 정보통신서비스를 1년동안 이용하지 않은 이용자 대상으로 개인정보를 해당 기간 경과 후 즉시 파기하거나 다른 이용자의 개인정보와 분리하여 별도로 저장·관리하여야 한다.
④ 정보통신서비스 제공자등은 별도로 저장·관리하는 경우에는 법 또는 다른 법률에 특별한 규정이 없는 경우 해당 개인정보를 제공 할 수 없지만, 개인 정보 수집 목적 내에서 이용이 가능하다.

092 개인정보 보호법의 개인정보 안전성 확보조치 기준에는 내부관리계획을 수립·시행하도록 규정되어 있다. 다음 중 내부관리계획에 포함되어야 하는 내용은?

> ㄱ. 개인정보 보호책임자의 지정에 관한 사항
> ㄴ. 개인정보 보호책임자 및 개인정보취급자의 역할 및 책임에 관한 사항
> ㄷ. 개인정보의 안전성 확보에 필요한 조치에 관한 사항
> ㄹ. 개인정보취급자에 대한 교육에 관한 사항
> ㅁ. 개인정보 처리업무를 위탁하는 경우 수탁자에 대한 관리 및 감독에 관한 사항

① ㄱ, ㄴ, ㄷ, ㄹ, ㅁ
② ㄱ, ㄴ, ㄷ, ㄹ
③ ㄱ, ㄷ, ㄹ, ㅁ
④ ㄱ, ㄴ, ㄹ, ㅁ

093 개인정보 보호법에서 규정된 개인정보 암호화에 관해 옳지 않은 것은?

① 개인정보보호법에서 암호화 대상 개인정보는 고유식별정보, 비밀번호 및 바이오정보이다.
② 개인정보처리자는 고유식별정보, 비밀번호 및 바이오정보를 정보통신망을 통하여 송·수신하거나 보조저장매체 등을 통하여 전달하는 경우에는 이를 암호화하여야 한다.
③ 개인정보처리자는 비밀번호 및 바이오정보는 암호화하여 저장하여야 한다. 단 비밀번호를 저장하는 경우에는 복호화 되지 아니하도록 일방향 암호화하여 저장하여야 한다.
④ 개인정보처리자는 인터넷 구간 및 인터넷 구간과 내부망의 중간 지점(DMZ : Demilitarized Zone)에 고유식별정보를 저장하는 경우에는 이를 암호화하여야 한다. 단 DMZ 구간에 고유식별정보를 저장하는 경우에는 위험도 분석에 따라 암호화의 적용여부 및 적용범위를 정하여 시행할 수 있다.

094 개인정보 보호법의 개인정보 안전성 확보조치 기준에 규정된 내용이 아닌 것은?

① 개인정보처리자는 개인정보취급자가 정보통신망을 통해 외부에서 개인정보처리시스템에 접속하려는 경우에는 가상사설망(VPN : Virtual Private Network) 또는 전용선 등 안전한 접속수단을 적용하여야 한다.
② 개인정보처리자는 취급중인 개인정보가 인터넷 홈페이지, P2P, 공유설정, 공개된 무선망 이용 등을 통하여 열람권한이 없는 자에게 공개되거나 유출되지 않도록 개인정보처리시스템, 업무용 컴퓨터 및 모바일 기기 등에 조치를 하여야 한다.
③ 고유식별정보를 처리하는 개인정보처리자는 인터넷 홈페이지를 통해 고유식별정보가 유출·변조·훼손되지 않도록 반기 1회 이상 취약점을 점검하여야 한다.
④ 개인정보처리자는 인터넷 홈페이지에서 다른 법령에 근거하여 정보주체의 본인 확인을 위해 성명, 주민등록번호를 사용할 수 있는 경우에도 정보주체의 추가적인 정보를 확인하여야 한다.

095 다음 중 개인정보보호법에서 규정하는 영상정보 처리기기의 설치 및 운영이 가능한 곳이 아닌 곳은?

① 시설안전 및 화재 예방을 위하여 필요한 경우
② 교통단속을 위하여 필요한 경우
③ 범죄예방을 목적으로 불특정 다수가 이용하는 화장실, 발한실(發汗室)
④ 교도소, 정신보건 시설 등 법령에 근거하여 사람을 구금하거나 보호하는 시설

096 정보통신망법의 개인정보의 기술적·관리적 보호조치 기준에는 개인정보취급자의 비밀번호 작성 규칙을 규정하고 있다. 다음 중 비밀번호 작성 규칙에 가장 적합한 비밀번호를 고르시오.

① qwer!35
② administrator12
③ abcdefg12345
④ bdfee35709

097 정보통신망법의 개인정보의 기술적·관리적 보호조치 기준에는 개인정보관리책임자 및 개인정보취급자를 대상으로 연간 교육 실시 횟수를 가장 잘 설명한 것을 고르시오.

① 연 1회 이상
② 연 2회 이상

③ 연 3회 이상
④ 정기적으로 실시

098 개인정보보호법의 민감정보에 대한 설명으로 옳지 않은 것은?

① 민감정보란 사상·신념, 노동조합·정당의 가입·탈퇴, 정치적 견해, 건강, 성생활 등에 관한 정보, 그 밖에 정보주체의 사생활을 현저히 침해할 우려가 있는 개인정보로서 대통령령이 정하는 정보이다.
② 개인정보보호법 시행령은 정보주체의 사생활을 현저히 침해할 우려가 있는 개인정보로 유전자검사 등의 결과로 얻어진 유전정보, 형의 선고·면제 및 선고유예, 보호감호, 치료감호, 보호관찰, 선고유예의 무효, 집행유예의 취소 등 범죄경력에 관한 정보를 민감정보로 보고 있다.
③ 공공기관이 법원의 재판업무 수행을 위하여 필요한 경우, 조약, 그 밖의 국제협정의 이행을 위하여 외국정부 또는 국제기구에 제공하기 위하여 필요한 경우 유전정보, 사상·신념, 노동조합·정당의 가입·탈퇴, 정치적 견해는 민감정보로 보지 않을 수 있다.
④ '건강 및 성생활 등에 관한 정보'란 개인의 과거 및 현재의 병력(病歷), 신체적·정신적 장애(장애등급 유무 등), 성적 취향 등에 관한 정보이다. 혈액형은 해당하지 않는다.

099 정보통신망법 상 법정대리인의 권리에 관한 내용 중 괄호 안에 들어갈 나이는?

> 정보통신서비스 제공자등이 (   )의 아동으로부터 개인정보 수집·이용·제공 등의 동의를 받으려면 그 법정대리인의 동의를 받아야 한다. 이 경우 정보통신서비스 제공자는 그 아동에게 법정대리인의 동의를 받기 위하여 필요한 법정대리인의 성명 등 최소한의 정보를 요구할 수 있다.

① 만 10세 미만
② 만 12세 미만
③ 만 14세 미만
④ 만 18세 미만

100 다음 중 정보통신망법상 침해사고 대응을 위하여 미래창조과학부 장관 또는 한국인터넷진흥원이 할 수 있는 업무에 해당되지 않는 것은?

① 국가 정보통신망 안전에 필요한 경우 관계 기관의 장에 대한 침해사고 관련정보

의 제공
② 침해사고와 관련이 있는 소프트웨어를 제작 또는 배포한 자에 대한 해당 소프트웨어의 보안상 취약점을 수정·보완한 프로그램의 제작·배포 요청 및 정보통신서비스 제공자에 대한 보안취약점 보완 프로그램의 정보통신망 게재 요청
③ 언론기관 및 정보통신서비스 제공자에 대한 침해사고 예보·경보의 전파
④ 주요정보통신서비스 제공자 및 정보통신서비스 제공을 위하여 집적된 정보통신시설을 운영·관리하는 사업자에 대한 침해사고 확산에 이용되거나 이용될 가능성에 상관없이 접속경로 차단 요청

실전모의고사 2회 정답

제1과목 | 시스템 보안

1	④	2	③	3	③	4	④	5	①
6	④	7	③	8	③	9	④	10	③
11	②	12	③	13	④	14	③	15	①
16	④	17	④	18	③	19	①	20	②

제2과목 | 네트워크 보안

21	③	22	④	23	①	24	③	25	③
26	②	27	②	28	③	29	②	30	①
31	③	32	④	33	④	34	④	35	④
36	①	37	④	38	④	39	③	40	④

제3과목 | 어플리케이션 보안

41	①	42	④	43	③	44	③	45	②
46	①	47	③	48	④	49	③	50	④
51	②	52	③	53	③	54	④	55	④
56	②	57	④	58	④	59	④	60	③

제4과목 | 정보보안 일반

61	④	62	③	63	④	64	①	65	④
66	④	67	③	68	①	69	①	70	④
71	④	72	①	73	④	74	②	75	③
76	①	77	④	78	④	79	②	80	④

제5과목 | 정보보안관리 및 법규

81	②	82	④	83	③	84	④	85	③
86	③	87	③	88	②	89	①	90	②
91	④	92	①	93	④	94	③	95	③
96	④	97	①	98	③	99	③	100	④

실전모의고사 2회 | 제1과목 시스템 보안 해설

001
- 1세대 : 일괄처리시스템
- 2세대 : 다중프로그램시스템, 시분할시스템, 다중처리시스템, 실시간시스템
- 3세대 : 다중모드처리
- 4세대 : 분산처리시스템

002
- 대기상태는 프로세스가 입출력 종료와 같은 Event를 기다리는 상태

003
- 비선점(Non-Preemption) 스케쥴링 기법에 대한 설명이다.

004
- 쓰기 권한을 부여한 경우 파일만들기, 데이터 쓰기, 폴더 만들기, 데이터 추가, 읽기 그리고 동기화 작업 등이 가능하다.

005
- 하나의 디스크에는 주 파티션, 확장 파티션 포함 4개까지 패티션 생성 가능하며, 저장 공간이 없는 확장 파티션은 논리 파티션을 생성하는 역할을 가짐. 또한 GPT 사용 시 최대 128개의 파티션 생성 가능

006
- SSTF(Shortest Seek Time First) : 디스크에서 탐색거리가 가장 짧은 요청을 먼저 처리하는 디스크 스케쥴링

007
- 시스템 및 응용 프로그램 로그의 심각도 수준 : 정보, 경고, 오류, 위험
- 보안 로그의 이벤트 심각도 수준 : 성공 감사, 실패 감사

008
- svchost 프로세스는 dll이 생성하는 프로세스, 한 시스템 내 다수의 svchost 프로세스가 생성되며, 특히, 웜/바이러스 백도어가 svchost와 csrss로 위장하는 경우가 많다.

009
- 윈도우 운영체제의 최상위 레지스트는 다음 5가지가 있다.
  - HKEY_CLASSES_ROOT(HKCR)
  - HKEY_CURRENT_USER(HKCU)
  - HKEY_LOCAL_MACHINE(HKLM)
  - HKEY_UERS(HKU)
  - HKEY_CURRENT_CONFIG(HKCC)

010
- Do Not Track : 브라우저가 Do Not Track 요청을 사용자가 방문하는 사이트에 보내 개인정보 보호 요청을 하나 보호의 결정은 해당 사이트의 정책에 따라서 결정된다.

011
- /etc/passwd 파일의 세 번째 항목은 UID, 네 번째 항목은 GID를 나타내며, 0으로 표기된 경우 root 권한을 의미 함.

012
- 패스워드 파일을 안전하게 보호하기 위해서는 /etc/passwd 파일의 소유자가 root이고 권한이 644 이하이며, /etc/shadow 파일의 소유자가 root이고 권한이 400 로 설정하여야 한다.

013
- TCP Wrapper 는 네트워크 기능 SYSTAT, FINGER, FTP, TELNET, RLOGIN, RSH, TALK, EXEC, TFTP, SSH 등의 명령어에 대해 IP 기반의 접근 허용, 접근 불가 정책을 적용할 수 있다.

014
- /etc/mail/access 파일을 통해 sendmail 접근 제한을 확인할 수 O/S SunOS, Lunux, HP-UX 등이다.

015
- /etc/passwd 파일에 지정된 sync 계정은 원격지 서버 동기화를 위한 계정이다.

016
- 바이너리 로그 종류 및 확인 명령어
  - utmp: w, who, whodo, finger
  - wtmp: last
  - pacct: acctcom, lastcomm

017
- 계정 생성 시 유효한 날(day) 수를 지정하는 옵션은 -f 옵션이다.

018
- chmod 755의 7은 소유자(user), 첫번째 5는 그룹(group), 두번재 5는 나머지(other)에 대한 권한을 의미하는데 5(r-x)는 읽기와 실행하기 권한을 의미하므로 그룹과 나머지에 대한 쓰기 권한 부여는 맞지 않다.

019
- shutdown -h 또는 -r 옵션 사용 후에 숫자는 분을 의미하고 20:10은 시간:분을 의미한다.

020
- passwd -l 명령은 해당 계정의 패스워드를 잠금 설정하여 사용하지 못하게 하는 것으로 관리자가 잠금을 해지해주어야 사용이 가능하다.

실전모의고사 2회 | 제2과목 네트워크 보안 해설

021
- 긴급한 데이터냐 아니냐를 말해주는 필드는 URG(긴급포인터 : Urgent Pointer)이며, 긴급할 때 값은 1, 아닐때는 0의 값을 가진다.
  ① URG : 긴급 포인터가 유효(Urgent Pointer), 즉, 긴급한 데이터냐 아니냐를 말해주는 필드(긴급이면 1 아니면 0)
  ② ACK : 확인 응답 번호(잘 받았다고 말해주는 필드)
  ③ PSH : 데이터를 가능한 빨리 응용 계층으로 보내야 할 때 사용(이것부터 처리해 달라는 의미)
  ④ RST : 연결을 재설정한다. 즉, 초기화 한다는 의미
  ⑤ SYN : 연결을 초기화하기 위해 순서 번호를 동기화 시킨다. 누군가와의 통신을 하기 전에 싱크를 맞추는 것
  ⑥ FIN : 송신측이 데이터 전송을 종료할 때 사용함

022
- IP V.6 헤더 에서는 체크섬 필드가 삭제되었으며, Flow Label이 신규로 생성되었다.

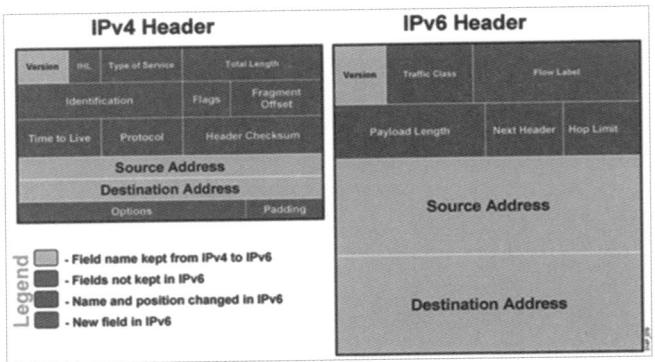

http://blog.neosk.kr:9999/upimgfile/633984214336136136131[1].png

023
- 수퍼넷팅은 서브넷팅과는 다르게 서로 인접한 여러개의 네트워크를 하나의 네트워크 주소로 묶는다. 예를 들면 여러개의 네트워크가 통신하기 위해서는 라우터가 필요하겠지만, 수퍼넷팅은 하나로 묶어주면 해결된다.

024
- 유니캐스트(unicast)와 브로드캐스트(broadcast)의 중간 형태 멀티캐스트는 그룹주소(group address)를 가지고 연속적인 데이터를 효율적으로 전송하는 방식이므로, 데이터 중복 전송으로 인한 네트워크 자원 낭비를 막을 수 있다.

025
- DNS 서버 유형
  - 마스터 서버 : 일반적인 네임서버, 존(zone)형태의 DB 파일을 유지
  - 슬레이브 서버 : 마스터 서버의 이상시 운영. 마스터 서버와 동일한 설정
  - 캐시 전용 서버 : 존(zone) 파일이 없이 중간 역할만을 수행
  - 포워드 서버 : 대표적으로 루트(.) 네임서버, 존(zone) 파일이 없으며 해당서버로 전달하는 역할만 수행
  - zone transfer : 슬래이브 네임서버로 zone 대한 정보가 전달되는 것을 의미이고, 공격자에게 정보를 무분별하게 제공하지 못하도록 차단 설정이 필요하다.

026
- Community string은 Public 또는 private을 사용하고 있다. SNMP 서비스를 사용하지 않거나 불필요할 경우에는 서비스를 중지하여 보안을 강화하여야 한다.

027
- Cut Through 방식은 프레임을 수신하는 대로 스위치가 목적지 주소를 확인한 후 바로 포워딩하며, 신뢰도(성)가 낮은 편이다.

028
- VLAN의 특징은 모든 스위치의 모든 포트로 브로드캐스트 프레임을 전송하지 않기 위해서다.
  - VLAN 관련 문제에서는 VTP의 개념 및 VLAN 구성방식으로 포트기반, MAC 기반, IP 기반, 프로토콜기반이 있다는 것을 이해하고 숙지하기 바란다.

029
- Tcpdump는 커멘트 창에서 실행하는 일반적인 패킷 가로채기 소프트웨어이다. 사용자가 TCP/IP뿐 아니라, 컴

퓨터에 부착된 네트워크를 통해 송수신되는 기타 패킷을 가로채고 표시할 수 있게 도와준다. Tcpdump는 리눅스, 솔라리스, BSD, 맥 OS X, HP-UX, AIX 따위의 대부분의 유닉스 계열 운영 체제에서 동작한다. 윈도우용 tcpdump 이식판으로는 WinDump가 있으며, 이는 libpcap의 윈도 이식판인 WinPcap을 이용한다.

030
- Maximum Hop Count를 이용하여 15를 최대홉으로 결정하고 이를 넘어가는 값은 unreachable로 간주하며 Flush Time 이 지난 후에는 삭제시킨다.

031
- 인터페이스 s0에 대한 in-bound 패킷 정책 설정
  # interface (s0)
  # (ip) access-group 101 (in)
  # access-list 101 deny (ip) 10.0.0.0 0.255.255.255 any

032
- WPKI(Wireless Public Key Infrastructure)는 무선 인터넷 공개키(비대칭키) 기반 구조이다.

033
- icmp 프로토콜에서 전송할 수 있는 패킷 사이즈를 최대한 줄이거나, 사용하지 않을 경우에는 icmp 프로토콜 사용을 막는다.

034
- jolt, sPING, ICMP bug : ping of death 공격의 변종 공격
- Burp suite : web proxy tool

035
- Finger printing은 배너 그래빙(Banner Grabbing : 웹서버에 노출되는 정보를 수집하는 것이며, 웹서버 종류에 따라 생각보다 많은 정보가 노출되기도 함)을 이용하며, 운영체제 버전까지 수집 하기도 한다. 또한 Telnet/SSH 접속 시 원격지 서버 혹은 라우터 등의 장비 정보 출력을 획득한다.
- 랜섬웨어(ransomware)란 몸값이라는 뜻의 ransom과 software의 합성어로 문서, 이미지, 동영상 파일 등을 암호화한 후 돈을 요구하는 악성코드이다.

036
- 공격자가 자신의 IP를 악용하고자 하는 호스트의 IP 주소로 변조하여 공격하는 방법으로 공격 대상 서버로부터 정보를 가로채는 방식. IP Spoofing을 통해 Dos공격이 가능하며 Session도 끊을 수 있다.

037
- SSL Strip 공격은 서버와 클라이언트 사이 개입하여 중요 패킷을 가로채는 중간자 공격(MITM, Man In The Middle)으로 각 서버와 클라이언트로 위장하여 패킷을 가로채는 기법이다.

038
- VPN(Virtual Private Network)이란 외부 네크워크에 있는 사용자 내부 네트워크에 있는 것처럼 IP를 할당 받아 연결되는 것으로 IP를 알 수 있다. 내부 네크워트 사용이 가능하며 모든 데이터가 암호화되는 것이 기본이다.
- L2TP 단독으로 Transport mode를 지원하지는 않는다.

039
- 전송모드는 원래의 IP Header는 그대로 두고 Payload만 암호화하여 전송하는 반면에, 터널모드는 원래의 IP와 Payload를 같이 암호화하고 새로운 IP 헤더를 생성하여 전송하게 된다.

040
- 파밍 : PC를 악성코드에 감염시킨 뒤 정상적인 사이트로 접속을 시도해도 공격자가 만든 가짜 사이트로 유도하여 개인정보 및 금융사기를 발생시키는 수법
- 피싱 : 인터네상에서 웹 주소를 잘 알려진 도메인과 비슷한 도메인을 만들어 사용자의 접속을 유도하는 수법

실전모의고사 2회 | 제3과목 어플리케이션 보안 해설

041
- DNSSEC(DNS Security Extentions) : 기존의 DNS를 대체하는 게 아니라, DNS에 공개키 암호화 방식의 전자서명을 추가 부여하는 역할이다.

042
- DNSSEC으로 예방가능한건 피싱이 아니라 파밍 공격이다.

043
- FTP Bounce Attack
  - FTP 서버가 데이터를 전송할 때, 목적지를 검사하지 않는 설계상의 문제점을 이용한 공격이다.
  - 공격자가 FTP 서버를 거쳐 간접적으로 임의의 호스트에 접근하거나 존재 여부를 파악가능하다.
  - 포트 스캐닝에 쓰일 수 있다.

044
- Anonymous 계정을 위한 디렉토리를 별도로 만들고 소유자는 관리자로 하고 해당 디렉토리는 읽기 권한만 준다.

045
- S/MIME(Secure/MIME)
  - Application Layer에서 보안을 제공하는 대표적인 프로토콜
  - MIME 객체에 암호화와 전자서명 기능을 추가함
  - PKI 인증서를 사용

046
- 공개키 암호화의 과정은 다음과 같다.

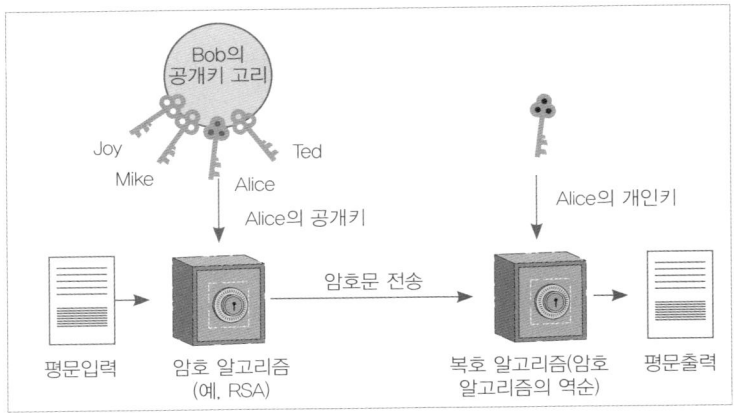

047
- GNU Bash 원격코드실행 취약점(또는 ShellShock 취약점)
  - 배시 버그(Bash Bug 또는 Shellshock)는 배시 환경변수에 정의해 놓은 함수를 처리할 때, 해당 함수 명령 뒤에 따라오는 추가적인 명령도 함께 실행되는 것으로, 공격자는 해당 취약점을 이용하여 원하는 코드를 실행시킬 수 있다.

048
- Freak 취약점 : Freak는 SSL을 통해 강제로 취약한 RSA로 다운 그레이드 시킬 수 있는 취약점이다.

049
- 최근 주요 취약점이 발견된 일시는 다음과 같다.
  - HeartBleed 2014.04.1
  - Ghost 2015.01.28
  - ShellShock 2014.11.12
  - Freak 2015.03.04.

050
- 불완전한 암호화 통신은 2013 OWASP TOP 10 항목과 관계가 없음

051
- 이중 서명이란 주문정보의 메시지 다이제스트와 지불정보의 메시지 다이제스트를 구하고, 두 정보의 메시지 다이제스트를 합하여 생성된 새로운 메시지의 메시지 다이제스트를 구한 후, 고객의 서명용 개인키로 암호화 한 것이다.

052
- 전자화폐의 기본 구성 요소는 인출 프로토콜, 지불 프로토콜, 예치 프로토콜이며, 구매 프로토콜은 관계가 없다.

053
- 이중 서명 : 주문정보의 메시지 다이제스트와 지불정보의 메시지 다이제스트를 구하고, 두 정보의 메시지 다이제스트를 합하여 생성된 새로운 메시지의 메시지 다이제스트를 구한 후, 고객의 서명용 개인키로 암호화한 것이다.
- 핑거프린팅 : 핑거프린트 기술을 활용하여 콘텐츠를 불법 배포한 부정자를 추적, 그 증거자료를 확보하여 불법 복제에 대한 법적 책임을 물음으로써, 디지털 콘텐츠의 저작권을 보호할 수 있는 시스템을 말한다.
- 은닉 채널 : 높은 등급 주체가 낮은 등급에게 비공식적 / 비인가된 방법으로 정보를 전달하는 방법이다.
- 스테가노그래피 : 데이터 은폐 기술 중 하나이며, 데이터를 다른 데이터에 삽입하는 기술 혹은 그 연구를 가리킨다. 크립토그래피(cryptography)가 메시지의 내용을 읽을 수 없게 하는 수단인 반면, 스테가노그라피는 존재 자체를 숨긴다.
- 디지털 워터마킹(Digital Watermarking) : 인간의 의식 체계 또는 감지 능력으로는 검출할 수 없도록 저작권자 또는 판매권자의 정보를 멀티미디어 콘텐츠 내에 삽입하여 추후 발생하게 될 지적 재산권 분쟁에서 정당함을 증명하는 데 사용하기 위한 기술이다. 이는 사전적 의미의 보호 시스템인 DRM과 상호 보완적인 수단으로 활용될 수 있다.

054
- 저작권 보호 기법 체계도

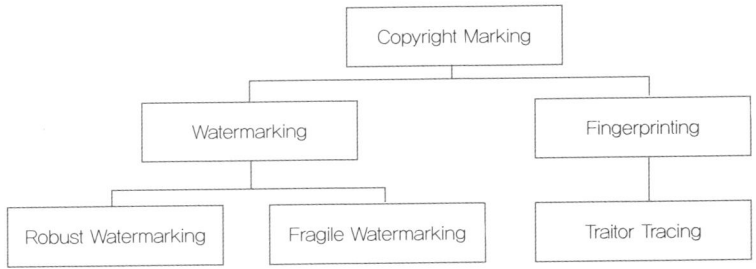

- 워터마킹(Digital Watermarking) : 저작권 표기 관점
  - 저작권자(판매자)의 보호(증명)를 위해 활용하는 기법
- 연성 워터마킹(Fragile Watermarking)
  - 원 저작물에 대한 약간의 변형에도 워터마크가 쉽게 사라지도록 함으로써 무결성을 확인할 수 있는 기술
  - 변형된 부분의 워터마크가 사라짐으로써 어떤 형태의 위조, 변조가 가해졌는지 파악하기 쉽고 법정에서 무결성을 주장하는 근거가 될 수 있음
- 강성 워터마킹(Robust Watermarking)
  - 원 저작물의 데이터를 파괴하지 않고서는 도저히 삽입된 워터마크를 없앨 수 없도록 하는 것
  - 저작물의 원 소유자 확인 및 불법 제공자의 신원 확인 등에 사용
- 핑거프린팅(Digital Fingerprinting) : 저작권 보호 관점
  - 구매자의 구매 행위 여부를 증명하는 기법으로 불법 유통의 검출이 목적(차단,통제 아님)
- 핑거프린터 기술 요구 사항

기술 요구 사항	설명
품질 보장성(Fidelity)	- 비 가시성
견고성 (Robustness)	- 의도적, 비의도적인 공격에 관한 견고성 - 공모공격 허용(Collusion tolerance)
비대칭성 (asymmetry)	- 콘텐츠를 구매자만 확인 가능하며, 판매자는 알수 없도록 하는 조건
익명성 (anonymity)	- 구매자에 대한 익명성 보장

055
- 워터 마크 공격 기법에는 제거 공격, 비동기화 공격, 암호 공격, 프로토콜 공격이 있다.

056
- 외래키 : 릴레이션의 속성 집합이 다른 릴레이션의 기본키로 이용되는 키

057
- NoSQL
  - 관계형 DB의 한계를 탈피하여 다양한 비정형의 대용량 데이터의 처리를 주 목적으로 하는 수평 확장이 용이한 분산 DBMS를 의미한다.
  - mySQL은 NoSQL 유형이 아니라 관계형 DBMS이다.

058
- 트랜잭션의 데이터베이스의 무결성을 보장하기 위한 기본 단위로 원자성, 일관성, 독립성, 영속성(지속성)의 4가지 특성(ACID)을 만족해야 함.
  - 영속성은 보관중인 데이터가 아니라 성공적으로 처리된 트랜잭션의 결과를 영구 저장한다.

059
- printf() 함수로 발생할 수 있는 보안 취약점은 Format String Bug이다.

060
- SW 보안 약점 분류 중 보안 기능에 대한 세부 사항은 다음과 같다.

분류	보안 약점 세부 사항
보안 기능	적절한 인증 없는 중요기능 허용, 부적절한 인가 중요한 자원에 대한 잘못된 권한 설정, 취약한 암호화 알고리즘 사용 사용자 중요정보 평문저장(또는 전송), 패스워드 평문 저장 하드코드된 패스워드, 충분하지 않은 키 길이 사용 적절하지 않은 난수 값 사용, 하드코드된 암호화 키 취약한 패스워드 사용 사용자 하드디스크에 저장되는 쿠키를 통한 정보노출 보안속성 미적용으로 인한 쿠키노출 주석문안에 포함된 패스워드등 시스템 주요정보 무결성 검사 없는 코드 다운로드

실전모의고사 2회 | 제4과목 정보보안 일반 해설

061
- DAC는 모든 개개의 주체와 객체 단위로 접근 권한이 설정되며, 객체의 소유주에 의하여 접근 권한을 변경할 수 있는 각 주체와 객체간의 접근 통제 관계를 정의한다.

062
- 순서변경은 통신상에서의 공격 위험의 종류이다.

063
- 클락 윌슨 특성
  - 무결성을 위한 접근통제 모델이다.
  - 주체가 권한을 직접 접근하는 것이 아니라 프로그램을 통해서 접근하는 것이다.
  - 감사가 요구되는 모델이며, 객체에 대한 변경, 외부로부터 입력을 추적한다.
  - 무결성 중심으로 상업용으로 제작된 모델이다.

064
- 하위레벨 읽기금지 정책(no-read-down) : 주체는 자신의 무결성 접근 등급보다 객체의 무결성 접근등급이 높은 경우에만 읽을 수 있다.

065
- 클락윌슨(clark wilson)의 특성
  - 무결성을 위한 접근통제 모델이다.
  - 주체가 권한을 직접 접근하는 것이 아니라 프로그램을 통해서 접근하는 것이다.
  - 감사가 요구되는 모델이며, 객체에대한 변경, 외부로부터 입력을 추적한다.
  - 무결성 중심으로 상업용으로 제작된 모델이다.

066
- 공개키 암호시스템의 키 길이는 대칭키 암호시스템 보다 키의 길이가 상대적으로 길다.

067
- 디피-헬만 키 교환은 통신을 하는 대상과 비밀 정보를 공유할 수 있지만, 상대방에 대한 인증은 보장되지 않으며 중간자 공격이 가능하다. 앨리스와 밥이 상대방에 대한 인증을 하지 못할 경우, 공격자는 중간에서 통신을 가로채 앨리스와 공격자, 그리고 공격자와 밥 사이에 각각 두 개의 디피 헬만 키 교환을 생성하고, 앨리스와 밥이 각각 서로와 통신을 하는 것처럼 위장할 수 있다. 이와 같은 종류의 중간자 공격을 막기 위한 여러가지 다른 알고리즘이 개발되어 있다.

068
- RSA는 소인수분해의 난해함에 기반하여, 공개키만을 가지고는 개인키를 쉽게 짐작할 수 없도록 디자인되어 있다.

069
- 공인인증기관
  - 한국정보인증(주) http://www.signgate.com
  - (주)코스콤 http://www.signkorea.com
  - 금융결제원 http://www.yessign.or.kr
  - 한국전자인증(주) http://www.crosscert.com
  - 한국무역정보통신 http://www.tradesign.net

070
- 전자 투표의 종류에는 PSEV, 키오스크, REV 방식 등이 있다.

071
- 가입자의 소속 항목은 전자서명법 제 15조에 포함된 내용이 아니다.

072
- "공인전자서명"이라 함은 다음 각목의 요건을 갖추고 공인인증서에 기초한 전자서명을 말한다.
  가. 전자서명생성정보가 가입자에게 유일하게 속할 것
  나. 서명 당시 가입자가 전자서명생성정보를 지배·관리하고 있을 것
  다. 전자서명이 있은 후에 당해 전자서명에 대한 변경여부를 확인할 수 있을 것
  라. 전자서명이 있은 후에 당해 전자문서의 변경여부를 확인할 수 있을 것

073
- 선택평문공격(Chosen-plaintext Cryptanalysis Attack)은 비밀키 암호공격방법이 아닌 공개키 암호공격 방법이다.

074
- 민감도 레이블에 의해 접근을 허용할 것인지에 대한 결정을 내리는 방식은 강제적 접근제어 방식이다.

075
- 능력테이블(Capability Tables)은 객체에 속한 ACL(접근통제리스트)에 통제를 받지 않는다.

076
- OCSP의 경우 RFC 2560을 따르며, CA기관과 계약 후 서버 인증서와 개인키가 발급되고 CA기관의 OCSP 서버에 인증서 요청시 서버용 인증서가 사용된다.
- RFC 3280을 따르는 것은 OCSP가 아니라 CRL(Certificate Revocation List)이다.

077
MD5는 32비트 단어 계열로서 메시지를 해석하는데 little-endian 방식을 사용한다. 반면 SHA는 big-endian 방식을 사용한다.

078
- 해쉬함수 공격방법에는 일치블록 연쇄공격, 중간자 연쇄공격, 고정점 연쇄공격, 차분 연쇄공격 등이 있다.
- IP Spoofing 공격은 출발지 IP를 속이는 공격기법으로 해쉬함수의 공격방법으로 보기 어렵다.

079
- 전자서명법 시행규칙 제13조의2(신원확인의 기준 및 방법)에 따라 신원확인 기준을 주민등록번호, 여권번호, 외국인등록번호로 제한한다.

080
- PMI는 기업 및 기관 단위에서 사용자들에게 특정 시스템 및 애플리케이션에 접근할 수 있는 권한을 차등 부여해주는 권한 관리 체계이다.

실전모의고사 2회 | 제5과목 정보보안관리 및 법규 해설

081
- 정보주체는 개인정보처리자가 이 법을 위반한 행위로 손해를 입으면 개인정보처리자에게 손해배상을 청구할 수 있다. 이 경우 그 개인정보처리자는 고의 또는 과실이 없음을 입증하지 아니하면 책임을 면할 수 없다.

082
- 개인정보보호법 상 개인정보처리자는 제3자에게 개인정보를 제공하기 위하여 동의를 받을 때에는 문제 보기의 모든 사항을 정보주체에게 알려야 한다.

083
- 정보주체와의 계약의 체결 및 이행을 위하여 불가피하게 필요한 경우는 개인정보보호법 제15조 제1항 제4호로 개인정보를 제3자에게 제공하는 사유에 해당되지 않는다.

084
- 정보통신서비스 제공자등은 개인정보의 분실·도난·누출(이하 "누출등"이라 한다) 사실을 안 때에는 지체없이 해당 이용자에게 알리고 방송통신위원회 또는 한국인터넷진흥원에 신고하여야 하며, 정당한 사유 없이 그 사실을 안 때부터 24시간을 경과하여 통지·신고해서는 아니 된다.

085
- 정보통신망법상 망분리 대상은 개인정보처리시스템에서 개인정보를 다운로드 또는 파기(조회가 아님) 할 수 있거나 개인정보처리시스템에 대한 접근권한을 설정할 수 있는 개인정보취급자의 컴퓨터 등이다.

086
- 정보통신서비스 제공자등은 다음 정보에 대해서는 안전한 암호알고리즘으로 암호화하여 저장한다.
  – 주민등록번호, 여권번호, 운전면허번호, 외국인등록번호, 신용카드번호, 계좌번호, 바이오정보

087
- 개인정보 마스킹 처리는 필수가 아닌 권고 사항이다.

088
- 개인정보 처리의 정지를 요구할 권리는 개인정보보호법에 규정된 권리이다.
- 처리정지 요구권은 개인정보처리 활동에 대한 정지를 요구하는 것으로 동의 철회권보다는 그 개념이 넓다. 동의 철회권은 정보주체 자신이 동의한 것에 대해서만 동의를 철회할 수 있으나, 처리정지 요구권은 정보주체 자신이 처리에 동의하지 아니한 것에 대해서는 처리정지를 요구할 수 있는 일종의 법정 해지권과 같은 성격의 것이라고 할 수 있다. 정보주체는 처리정지 요구의 이유를 댈 필요가 없으며 언제든지 요구가 가능하다.

089
- "개인정보"란 살아 있는 개인에 관한 정보로서 성명, 주민등록번호 및 영상 등을 통하여 개인을 알아볼 수 있는 정보(해당 정보만으로는 특정 개인을 알아볼 수 없더라도 다른 정보와 쉽게 결합하여 알아볼 수 있는 것을 포함한다)를 말한다.

090
- ①번은 "위험도 평가"가 아니라 "위험도 분석"에 대한 설명이다.
- ③번은 특정이 아닌 불특정 다수이다.
- ④번은 소상공인 또는 중소사업자의 내부 직원의 개인정보만을 보유한 시스템은 개인정보처리시스템으로 포함하지 않는다.

091
- 정보통신망법 시행령 제16조(개인정보의 파기 등) 제3항에 따라 정보통신서비스 제공자등은 개인정보를 별도로 저장·관리하는 경우에는 법 또는 다른 법률에 특별한 규정이 있는 경우를 제외하고는 해당 개인정보를 이용하거나 제공하여서는 아니 된다.

092
- 문제 보기의 모든 사항은 내부관리계획에 포함되어야 한다.

093
- 개인정보처리자는 인터넷 구간 및 인터넷 구간과 내부망의 중간 지점(DMZ : Demilitarized Zone)에 고유식별정보를 저장하는 경우에는 이를 암호화하여야 한다.

094
- 고유식별정보를 처리하는 개인정보처리자는 인터넷 홈페이지를 통해 고유식별정보가 유출·변조·훼손되지 않도록 연 1회 이상 취약점을 점검하여야 한다.

095
- 범죄의 예방 및 수사를 위하여 필요한 경우 공개된 장소에는 영상정보 처리기기를 설치 및 운영이 가능하지만, 불특정 다수가 이용하는 화장실, 발한실(發汗室)은 설치 및 운영을 하여서는 아니된다. 다만 교도소, 정신보건 시설 등 법령에 근거하여 사람을 구금하거나 보호하는 시설은 설치 및 운영이 가능하다.

096
- 정보통신망법에 따라 비밀번호는 영문, 숫자, 특수문자 중 2종류 이상을 조합하여 최소 10자리 이상 또는 3종류 이상을 조합하여 최소 8자리 이상의 길이로 구성해야 한다.
- ④번은 위의 비밀번호 작성규칙을 만족한다.

097
- 정보통신서비스 제공자등은 다음 각 호의 사항을 정하여 개인정보관리책임자 및 개인정보취급자를 대상으로 사업규모, 개인정보 보유 수 등을 고려하여 필요한 교육을 정기적으로 실시하여야 한다.

098
- 공공기관이 법원의 재판업무 수행을 위하여 필요한 경우, 조약, 그 밖의 국제협정의 이행을 위하여 외국정부 또는 국제기구에 제공하기 위하여 필요한 경우 개인정보보호법 시행령에서 규정된 유전정보, 범죄경력에 관한 정보를 민감정보로 보지 않고, 개인정보보호법에서 정의된 사상·신념. 노동조합·정당의 가입·탈퇴. 정치적 견해 등 민감정보는 이에 해당 되지 않는다.

099
- 정보통신서비스 제공자등이 만 14세 미만의 아동으로부터 개인정보 수집·이용·제공 등의 동의를 받으려면 그 법정대리인의 동의를 받아야 한다. 이 경우 정보통신서비스 제공자는 그 아동에게 법정대리인의 동의를 받기 위하여 필요한 법정대리인의 성명 등 최소한의 정보를 요구할 수 있다.

100
- 미래창조과학부장관은 침해사고에 적절히 대응하기 위하여 주요정보통신서비스 제공자 및 법 제46조제1항에 따른 타인의 정보통신서비스 제공을 위하여 집적된 정보통신시설을 운영·관리하는 사업자에 대한 접속경로(침해사고 확산에 이용되고 있거나 이용될 가능성이 있는 접속경로만 해당한다)의 차단 요청할 수 있다.

정보보안
기사/산업기사 필기
출제적중문제집

2016년 2월 29일 초판 1쇄 인쇄
2016년 3월 7일 초판 1쇄 발행

지은이 : 공병철 외 16인
감　수 : (사)한국인터넷정보학회, 정보보호연구회
펴 낸 이 : 최정식
진　행 : 인포더북스 출판기획팀

펴 낸 곳 : 인포더북스(books@infothe.com)
홈페이지 : www.infothebooks.com
주　소 : (121-708) 서울시 마포구 마포대로 25(마포동, 신한디엠빌딩 13F)
전　화 : (02) 719-6931
팩　스 : (02) 715-8245
등　록 : 제10-1691호

표지 · 내지 디자인 : 윤지영

Copyright ⓒ 한국정보보호심사원협회(KISCA) 2016 Printed in Seoul, Korea.

본 도서는 저작권법에 의해 보호를 받는 저작물이므로 내용을 무단으로 복사, 복제, 전재 및 발췌하는 행위는 저작권법에 저촉되며, 민형사상의 처벌을 받게 됩니다.

출제 문의 Q&A
http://cafe.naver.com/kisca15

정가 18,000원

ISBN 978-89-94567-62-4 (13000)